古代歷史文化研究輯刊

六編

王明蓀 主編

第 17 冊

中古史學觀念史（下）

雷家驥 著

國家圖書館出版品預行編目資料

中古史學觀念史（下）／雷家驥 著 — 初版 — 新北市：花木
蘭文化出版社，2011〔民100〕
目 2+276 面；19×26 公分
（古代歷史文化研究輯刊 六編：第 17 冊）
ISBN：978-986-254-611-6（精裝）
1. 史學史　2. 中國
618　　　　　　　　　　　　　　　　　100015464

ISBN-978-986-254-611-6

9 789862 546116

古代歷史文化研究輯刊
六 編　第十七冊　　　　　ISBN：978-986-254-611-6

中古史學觀念史（下）

作　　　者　雷家驥
主　　　編　王明蓀
總 編 輯　杜潔祥
出　　　版　花木蘭文化出版社
發 行 所　花木蘭文化出版社
發 行 人　高小娟
聯絡地址　新北市永和區中正路五九五號七樓
　　　　　　電話：02-2923-1455／傳眞：02-2923-1452
網　　　址　http://www.huamulan.tw 信箱 sut81518@gmail.com
印　　　刷　普羅文化出版廣告事業
初　　　版　2011 年 9 月
定　　　價　六編 25 冊（精裝）新台幣 40,000 元

中古史學觀念史（下）

雷家驥　著

第八章　「以史制君」與反制：及其對南北朝官修制度的影響

一、南朝君主撰史現象與實錄的創修

　　本書前章論及一世紀以還，東漢政府實行國史修撰權中央化政策，導至東觀修史制度的形成，及秦漢一統以降首部官修國史——《漢記》的出現。

　　大體上說，劉珍是《漢記》的領銜者，但此書在東漢約兩個世紀間，分數梯次完成。儘管劉珍是第一梯次的主持人及實際策劃者，然而在其之前，尚有班固等人入內修中興國史，應為東觀修史的前奏。班固在明、章朝，幾因「私改作國史」肇禍，此國史猶指前漢書而言。然而此僅在官方關注及批准下完成的《漢書》，已備受三世紀後期史官兼經史批評家傅玄的指責，認其書「飾主闕」、「抑忠臣」等，斯則於官方領導控制、以集體形式完成的《漢記》，更因切東漢之時忌而益受限制，司馬彪、范曄等人一再評其書不實、「拘于時」，顯然代表世人的公論，而為不斷重修東漢史之主因也。繼起的《（曹）魏書》、吳史，前者有「多為時諱，未若陳壽之實錄也」之譏，後者有拘繫史官，乃至殺史見極之懼。

　　三、四世紀之間，西晉仍沿國史官修慣例，先後委張華、賈謐等監領其事。然而內有后、戚，外有宗藩，強臣專國柄，五胡窺邦畿，當此之際而為史臣者，其心惟危；加上蔡邕、韋昭兩史禍殷鑑不遠，史官能「直書」者幾稀。其間陳壽《三國志》號為「實錄」，然於漢魏、魏晉授受之際，魏三祖君臣牽涉晉三祖君臣之事，所隱亦多，或乃至不書。陳壽行「春秋不書」之義，

原有害於史文之絕續問題，而世人竟不之怪，反號其書爲實錄也者，蓋知壽所不書者，正是最該深思批判處者也。著史者與讀史者竟共鳴合契若茲，則三、四世紀魏、（西）晉之際，世道危微、史心恐懼之情勢，可以知矣。

史實失實，史書不書，誠危害史學根本之最大者。即就功用論角度言，亂君賊臣由是無所懼，經驗借鑑由是無可本，所謂經世致用云何哉？是以東晉承喪亂隅居之餘，留心經世之學者，痛定思痛，利用史學對時代大加批判，且直溯其致亂之源，冀能發明其事，究其因果，以待來者之取鑑，開撥亂之太平。由於時值儒學衰退，漢儒通經致用之風，浸浸然已爲「以史經世」之風所取代。漢儒「以天制君」的思想，亦漸由「以史制君」所落實。漢末以降，天不僅不足以制君，反而成爲亂臣賊子禪受之際的護符，是則以史經世、以史制君觀念之所由起與所用心，可想而知。

嚴格而言，「以史制君」是「以史經世」思想中最尖銳的觀念，其制約對象不僅在亂君賊主，也兼且涵蓋了專權不法的亂臣賊子。權力制衡原是政治問題，謀國者在法治上不能予賊亂之君臣以制衡或制裁，此即中國政治及政制之可悲者。及其不得已而必須假借抽象之「天」以制之，及至天不可制之而又不得已以「史」制之，乃至再不得已而落實於「以親制君」（即祖宗家法）及「以師制君」。如此由抽象至具體，層層轉落，終無以制之，而反受其利用。

東晉至唐的「以史制君」，是漢儒「以天制君」過渡至宋儒「以親制君」及「以師制君」的中介。本章研討重心即在承上述拙文論述之餘，欲就君主於此期間對此思想觀念的反應，乃至此反應對當時史官制度的影響，略作探究而已。

四世紀早期——永嘉之亂、晉室東渡之初，宰相王導上疏請重建史官，建議「務以實錄，爲後代之準」，首批史官即干寶、郭璞、王隱等人。王導提示的國史修撰原則，顯然不是循例之辭。稍後他曾面述晉朝開國姦惡之跡於明帝，致使「明帝以面覆床曰：『若如公言，晉祚復安得長遠？』」表示王導實述其事，俾明帝瞭解晉室何以至此地步，以作龜鑑也。此與其所提示的修史原則相符。正唯如此，始有干寶「直而能婉」的《晉紀》出現，有系統地載述及批判晉朝君臣的寡德淫僻，並因而刺激起四世紀批判之風。此下至六、七十年代，由於桓溫覬覦，史家以史制裁之心更切。孫盛、習鑿齒、袁宏、袁山松等人，或直載桓溫之跡；或因桓溫自比司馬懿，遂至直溯魏晉時

君之惡；乃至如二袁之逆溯至東漢，由光武乘其君（更始）之危而取位起痛諭。〔註1〕

　　桓溫幕下史才甚盛，孫、習、袁諸子皆其僚屬。溫曾乘北伐復洛之威，上疏請選史官修國史。然上述諸子反對其思想行為甚堅，是則即使桓溫遺其幕下這些名史修撰國史，蓋亦自知彼等對己必不虛美隱惡也，故嘗「撫枕起曰：『既不能流芳後世，不足復遺臭萬載邪!?』」〔註2〕桓溫此語誠為千古名言，它代表了人生追求不朽的入史成名意識。而且，這是一種正面意義大於反面意義的意識。「流芳後世」乃成就慾和榮譽感的最高目標，非極無奈則不落入「遺臭萬載」也。此意識實促使桓溫不敢貿然篡位稱帝，而受制於史者。希望自己的人生有正面之不朽，這是多數君主的共同心理，也是他們控制國史修撰及受制於史的原因；若無此心理或憺然不知於此，則「以史制君」終將無所施為。403年，溫少子桓玄廢晉安帝，改國號「楚」，自行告天稱帝，完成桓溫未竟之志。及至事敗兵潰，史載其逃亡情況云：

　　玄於道作《起居注》，敘其距義軍（指劉裕勤王之師）之事。自謂經略指授，算無遺策；諸將違節度，以致虧喪，非戰之罪。於是不遑與群下謀議。唯耽思誦述，宣示遠近。〔註3〕

此事北方亦知，《魏書》竟亦載之。〔註4〕儘管桓玄為僭篡之主，但卻是中國第一個自撰起居注的君主。他自撰注記的心理，蓋與其父正同，亦是惟恐被「以史制君」所制的恐懼意識之表現也。父子二人，皆為復興的史學觀念及鋒而試之對象，且試之效者也。相對的，人君自作注記，也正是抗拒史家「以史制君」的模式之一，開創了南朝某些君主躬自撰史之風。

　　638年（貞觀十三年），唐太宗與修注官褚遂良有如下對話：

　　太宗問曰：「卿比知起居，書何等事？大抵於人君得觀見否？朕欲見此注記者，將卻觀所為得失，以自警戒耳！」

　　遂良曰：「今之起居，古之左、右史，以記人君言行，善惡畢書，庶幾人主不為非法，不聞帝王躬自觀史。」

　　太宗曰：「朕有不善，卿必記耶？」

　　遂良曰：「臣聞守道不如守官，臣職當載筆，何不書之？」

〔註1〕　請參上章四、五兩節。
〔註2〕　溫言行參《晉書》本傳，卷九十八，頁265D～267B。
〔註3〕　桓玄於403～404年建楚國，引文見《晉書》本傳，卷九十九，頁269B。
〔註4〕　參《魏書·島夷桓玄列傳》，卷九十七，頁216A。

　　黃門侍郎劉洎進曰：「人君有過失，如日月之蝕，人皆見之。設令遂良不記，天下之人，皆記之矣。」〔註5〕

起居注是國史最基本史料之一，專書人君言行，且善惡必書為其傳統原則，斯則桓玄及一些亂君賊主所懼者在此。建立人君不躬自觀史的慣例，其目的是為了達成原則而附設的史官保護制度，以消除史官之恐懼感。是則官修注記制度，適足以造成人君及史臣兩皆恐懼，且是互相恐懼對方也。其實人君在禁中起居，修注官若不書，則天下之人能知而書者幾稀。天下之人，能知而書者，只是人君昭如日月、民皆可知之顯惡而已。不過無論如何，修注官之修注記或他人之書君惡，兩皆足以制君之非矣，劉洎誠得斯旨。

　　修撰注記是國史修撰制度中之前序工作，起於漢代，但帝王不能躬自觀之的慣例，則今不可考。人君既恐史官書其惡，解決的措施遂有三途：一為任命心腹文人任修注官。二為派遣心腹重臣監修注記。三為人君親撰其起居注。第三種措施除桓玄外，東晉南朝一系君主權臣向鮮顯例。第二種則盛於北朝系統。第一種則為南、北朝所常見，劉知幾史才少、文才多之嘆實因於此。一些與君主親狎、而又對史官責任與傳統不甚了了的文豪——當時常稱之為「大手筆」——參與修注或修史，其所代表的意義——政治上的及史學上的——該是可想而知的。自三世紀末，西晉政府即已奠定秘書省之著作省掌修國史及起居注的建制。東晉南朝，著作郎、佐已漸成高門子弟起資之官，未必勝任史職，加上前述因素，遂導致史官制度的改變：即文人以他官奉詔領著作，或知著作事，代行律令上著作郎、佐的法定職責。這種彈性的任務授權慣例，向北影響北朝隋唐一系，竟至 629 年（唐太宗貞觀三年）改制，取消著作局修史之任，而逕以他官帶「修國史」或「兼修國史」的制度於焉形成；至於修注權則移隸供奉機關，且在高宗以後中書、門下兩省均置也。〔註6〕

　　四世紀復興的史學經世制君思潮，在桓玄以後的南朝時代似即受挫，此下史官及史家已多不見作口頭或文字上之鼓吹。繼承的脈絡，則於北朝隋唐

〔註5〕 詳《貞觀政要》（臺北：臺灣中華書局明校本，民國 68 年 7 月臺三版），卷七，頁 7B～8A。按：該條對話《資治通鑑》繫於十六年四月壬子，殆誤。

〔註6〕 兩《唐書》官志之中書、門下、秘書三省項，及《唐會要》同上述三機關項均有載述，不贅引。但《唐會要‧秘書省》項謂貞觀二十三年閏十月置史館於門下省，而罷著作史任者（見卷六十五，臺北：世界書局，民國 57 年 11 月三版，頁 1123），應為三年之誤。唐朝官修制度容於第十章再論。

不斷出現。

　　竊思此風在南朝漸寢的原因，可能有數點：

　　第一，東晉君權長期低落，君主對國史修撰的拘束力原就不大。如在王導領導之下，史官批判晉室開國惡跡，時君亦無可奈何也，更遑論控制私修之國史。四世紀史家同情弱晉怯主，常專力制裁權臣，發揮了「鋤強扶弱」的心理，而桓氏乃首當其衝者。桓氏名門子弟，其學術素養甚佳，足以自覺受制之懼，而稍歛其迹，雖對史家發出威脅，終仍尊重此春秋褒貶的史學傳統。不幸劉裕出身北府兵，寒素無學，平桓玄之後即行專政，弒君篡主，於十六年（420 年）之後遂建宋國。此下南朝之局，外則權臣覬覦相篡，內則宗室攘奪相殺。茲舉一例：南朝常與北朝交聘，蕭子顯於梁武帝時著《（南）齊書》，載北魏孝文帝元宏之談話云：

　　　　（孝文帝宏）常謂其臣下曰：「江南多好臣！」

　　　　偽侍臣李元凱對曰：「江南多好臣，歲一易主！江北無好臣，而百年

　　　　一主！」

　　　　宏大慙，出元凱為雍州長史。俄召復職。〔註7〕

南朝篡亂頻仍、臣下潔身自保，顯然已騰笑北廷。孝文帝只見其多「好臣」，蓋未深究其實也，第思元凱言，或始心知其弊，故即召還元凱。子顯乃齊王室子弟，齊為梁武帝所篡，記此事或有深意焉。據此記述，則知自劉裕以後，亂君篡臣蔚成風氣，早已不知恐懼、忠義為何事，與桓氏父子意識顯已不同，則「以史制君」尚有何所施為？進而言之，篡臣亂君已成風氣，臣民已司空見慣，或竟至習焉不察，既不敢諤諤，亦無須操心，明哲尸位，與篡亂相安，遂成「好臣」。君臣心理風氣如此，尚何思「以史制君」？況其制不勝制耶？

　　第二，五世紀前半期，繼 192 年（漢獻帝初平三年）蔡邕史禍、273 年（吳主皓鳳皇二年）韋昭史禍，連續發生了三次史禍事件：433 年（宋文帝元嘉十年）殺曾奉敕修晉史之文豪謝靈運，445 年（元嘉二十二年），殺私修《後漢書》之范曄，450 年（宋元嘉二十七年，魏太武帝太平真君十一年）殺修撰北魏《國記》之宰相崔浩及諸修史官員。南北一片血腥之中，殺身者皆兩地頂尖的文豪名史，尤以北朝集體屠殺為甚，當世及來者，孰不震懾？此事原與晉宋之際君權之消長轉變有關，《宋書・劉穆之列傳・史臣曰》云：「晉綱

〔註7〕《南齊書・魏虜列傳》，卷五十七，頁 92C；開明書局鑄版。

弛紊，其漸有由，……主威不樹，臣道專行，國典人殊，朝綱家異。……（宋）高祖一朝創義，事屬橫流。改亂章，布平道，尊主卑臣之義，定於馬棰之間。威令一施，內外從禁。以建武、永平之風，變太元、隆安之俗，此蓋文宣公（穆之）之爲也。」〔註8〕然而「以史制君」的落實，原即能令君主與史臣互相兩皆恐懼，先前桓氏父子恐懼於史家，於今以後則勢必令史家恐懼於時君也。九世紀初期，韓愈〈答劉秀才論史書〉歷述史禍，其中謂「陳壽起又廢，……王隱謗退死家，習鑿齒無一足，崔浩、范曄赤誅，……夫爲史者，不有人禍，則有天刑，豈可不畏懼而輕爲之哉」!?〔註9〕此與司馬遷在西元前二世紀於〈太史公自序〉中，歷述聖賢著作之禍，可謂古今心同也。史禍切在近世，南北朝史官、史家，能不心驚畏慎耶？

　　第三，南朝王室似甚善於控制史學。例如東晉末任史官王韶之，因私撰《晉安帝陽秋》號爲「後代佳史」，遂除佐郎，與徐廣等修《晉紀》。然不久即成劉裕心腹，奉裕指示密酖安帝。恭帝立，因功遷黃門侍郎‧領著作郎，兼爲劉裕之機要秘書與國史修撰官。劉裕篡位弒恭帝，韶之奉新君詔命復掌《宋書》。是則晉、宋授受之間，兩國史當有可議之處。〔註10〕宋亡之後，沈約奉敕撰《宋書》，即據韶之以降何承天等歷任宋之史官著作，以一年之功完成是書，但卻批評承天以下史臣云：「一代典文，始末未舉；且事屬當時，多非實錄。又立傳之方，取捨乖衷，進由時旨，退傍世情。垂之方來，難以取信！」〔註11〕事實上，王韶之修晉、宋二史於晉、宋禪受之間，何承天、裴松之、徐爰等繼續於宋文帝（殺謝、范二史者）之世。宋武帝劉裕指揮心腹創製於前，宋文帝義隆高壓威脅於後，「時旨」「世情」交至，國史修撰即在史官不覺或自覺中受控制。「事屬當時，多非實錄」，因而爲當然之事也。此下齊、梁、陳，又何能免於此？

　　即以沈約爲例。《宋書‧自序》謂齊初奉敕撰《國史》（指南齊史），尋兼撰起居注。齊武帝立，奉詔撰《宋書》（487～488 年），遂指責何承天等人失

〔註8〕劉穆之乃劉裕第一謀主，謚文宣公。這裡所謂建武、永平之風，指東漢光武及明帝以法繩公卿之風也。太元、隆安之俗，指東晉末代孝武帝及安帝君弱國危之況也。文見《宋書》，卷四十二，頁136B；開明書局鑄版。

〔註9〕參《韓昌黎集‧外集》（臺北：河洛圖書出版社，民國64年3月臺景印初版），卷上，頁387～389。

〔註10〕詳《宋書‧王韶之列傳》，卷六十，頁165A～B。

〔註11〕參《宋書‧自序》所錄〈上宋書表〉，卷一〇〇，頁247A～B。

實難信。但據《南齊書‧王智深列傳》云：

> 世祖（齊武帝）使與太子家令（後兼著作郎）沈約撰《宋書》，擬立
> 〈袁粲傳〉，以審世祖。世祖曰：「袁粲自是宋家忠臣。」（沈）約又
> 多載孝武、明帝諸鄙瀆事。上遣左右謂約曰：「孝武事跡不容頓爾！
> 我昔經事宋明帝，卿可思諱惡之義。」於是多所省除。〔註12〕

王智深與沈約皆爲文學之士，前者史筆亦有溫情偏差之弊。二人修史書，竟
至取旨於時君，斯則沈約批評何承天等人之語，亦一一可用以批評其自己
也。

　　沈約爲南齊名王——竟陵王子良（齊武帝次子，居宰相）——竟陵八友
之一，自武帝起漸被重任。但他卻暗中成爲蕭衍（後來之梁武帝）心腹，乘
齊末政亂，屢次建議蕭衍奪權篡位，竟操切至謂若待局勢漸定，「豈復有人方
更同公作賊」！遂至蕭衍篡位建梁。沈約當時爲世文宗，恐即北魏孝文帝所
指的「姧臣」之一。但此類「姧臣」視易君篡國如平常事，勸人作賊，自己
亦陪同作賊，卻竟又罵人爲賊：如於《宋書》特創〈二凶列傳〉，開以後國史
創立亂臣賊子、姧凶叛逆專傳之先河。此「身爲賊而喊捉賊」者，當然與其
所指責的前輩史臣般，難以做到獨立撰史的地步，因而也更不可能想到「以
史制君」。除《宋書》外，沈約曾另修《晉書》一百一十卷、《齊紀》二十
卷、《高祖紀》（應指梁武帝？）十四卷。〔註13〕646 年（貞觀二十年）唐朝重
修《晉書》，即表示不認可沈約之作，抑且重修底本爲臧榮緒本，則沈書之價
值可知也。梁武帝與沈約共同作賊，則沈約之《高祖紀》是否實錄，亦可想
而知。

　　關於南齊史之撰，江淹、沈約於六世紀初（梁武帝天監初）即曾先後奉
詔修之。沈約《齊紀》當爲此時完成，時任端揆之官也。但不久蕭子顯即以
齊室子弟身份，請准修其故國歷史；另一文豪吳均亦私撰《齊春秋》三十
卷。蕭書紀傳體，今列爲正史。吳春秋乃編年體，雖爲梁武所惡，亦能與蕭
書並行。斯則沈約之紀，當時評價殆即甚差也。事實上，蕭子顯《齊書》已
不敢直述梁武集團之篡逆，頗盡委曲求全之能事矣；而吳均《齊春秋》修撰
之時，梁武帝竟不准其參閱官藏起居注並群臣行狀，書成則又「惡其實，詔

〔註12〕引文見《齊書》該傳，卷五十二，頁 84C。
〔註13〕詳參《梁書‧沈約列傳》（開明鑄版），卷十三，頁 24B～25C。

燔之」。〔註14〕是則沈約據與蕭衍同一利益立場而撰者，世不以爲可信而竟不行也。時君之善於控制修史，或乃至勇於焚史，於此可窺。

上述只是略舉南朝修史之一二顯例，以見當時史風及其大概原因。總括而言，南朝王室加緊控制史學，是導至「以史制君」無效果及寢息之主因。控制的方式，大約爲：派遣心腹文人——他們往往與王室有親密關係及利益一致者——主持修史，如劉裕之與王韶之，劉義隆之與徐爰，蕭衍之與沈約。或君主直接或間接指示如何修史，或以時旨世情形成一種意識形態，令史官及史家自覺自制。或更甚者乃拒絕公開官藏史料給史家，使之難以進行研撰；其已撰成者，亦詆其失實而公然焚之。

際此潮流之下，尚有兩個問題值得留意：一爲帝王親自撰史的現象。一爲修實錄的制度與意義。

南朝君主較北朝爲文采風流。他們呼吸到四世紀的史學思潮，在意識恐懼之餘，其反應一爲逆向的作用——此即反恐懼及阻止恐懼發生的上述控制措施並干預行爲；另一方面則是順向反應——重視史學之功用而率先利用之。

南、北朝各國修史，以至七世紀唐初官修前代諸史及其國史，莫不汲汲利用史著，以宣揚政權之眞命，與夫其行事之正義，這是「以史經世」之大者。至於以史表揚忠孝節義人物，此則東漢以來官方早已持續爲之。三世紀前期魏明帝曹叡親撰《海內先賢傳》，更是君主躬自撰史之濫觴。〔註15〕劉義恭乃劉宋名王，爲宰輔而謙愼。文帝劉義隆爲其子兵變所弑，義恭於亂後卑辭奉迎孝武帝劉駿。孝武帝中期詔修國史，「自爲義恭作傳」。〔註16〕孝武帝與魏明帝不同者，乃是後者所撰乃一般傳記史學，而前者則是撰入皇皇國史列傳也。用意雖同，但層次及意義則有異。此前不久，裴松之注《三國

〔註14〕 關於吳均及其修史工作，請參本書第九章第一節。

〔註15〕 曹叡父魏文帝丕也曾撰《列異傳》，下開魏晉以降以紀傳史學搜神志怪，開創唐宋傳奇一系。但曹叡則是較符合史學正統的方式，用以表彰人物。父子二人著作見《五代史志·經籍二·史·雜傳》類（收入《隋書》，卷三十三，臺北宏業書局，民國 63 年 7 月 1 日版）。以紀傳史學表彰人物，自司馬遷《史記》以來即如此，劉向《列女傳》、《高士傳》即承此而創單行傳記之風，遂爲光武以下所聞風繼起。由於東漢國史修撰權中央化，故此類紀傳體的人物志著作遂大興，本書第六章二、三節已論之。

〔註16〕 詳《宋書·江夏文獻王義恭列傳》，卷六十一，頁 166C～168A。修史時義恭猶未死。

志》，批評吳、蜀二國史官「各記所聞，競欲稱揚本國容美，各取其功」云云。
〔註17〕孝武帝之舉，為激勵來者、稱揚國美，又豈讓吳、蜀史官專美於前也。
按自東漢以降，官修國史莫不著意於國事之揚美隱惡，天子親自操筆，益見
其情之切。

四世紀初，桓玄首創人君修注記之例。五世紀中，劉駿（宋孝武帝）首
創人君修國史之例。降至六世紀的梁朝，蕭衍父子更是重視國史的名君。
史部成立此時已成定局。但自五世紀中期至六世紀中期，國史猶無「正史」
之名分。「正史」一名，似由蕭繹（梁元帝，梁武帝衍第七子）等首先確定。
他倡議人之所以為人，是因為有師儒教育，故呼籲凡讀書必讀五經、「正史」
及譜牒，此外群書自可汎觀；認為「正史既見得失成敗，此經國之所急」。
〔註18〕他曾撰《孝德傳》、《忠臣傳》各三十卷，《丹陽尹傳》十卷，皆為發揮
「以史經世」之旨者也。其兄蕭綱（簡文帝，蕭衍次子），亦著《昭明太子傳》
五卷（昭明太子蕭統乃綱之同母長兄）、《諸王傳》三十卷。兄弟二人可謂將
梁室子弟群臣之忠孝者，搜羅殆盡而親為之撰者。既不假史官之手，即日後
雖有史官重修，恐亦難免受其影響矣。兄弟二人此舉，恐受其父蕭衍所影響
者。

梁武帝的構想可分三方面：一是依慣例命令及批准江淹、沈約、蕭子顯
等修前代之齊史。一是命沈約、周興嗣等修梁注記及國史。一即為命吳均等
修《通史》。他自認堪稱偉業者乃是修成《通史》六百二十卷，主要為本著完
美主義及正統主義、民族主義而進行，曾向蕭子顯誇云：「我造通史，此書若
成，眾史可廢！」此書實際水準似乎並不甚高，實際主持人吳均亦於 520 年
（普通元年）中途死去，是則此書實為梁武帝貫徹意志，勉強完成者而已，
政治意味大於創新。換句話說，是召集史臣為統一其政治思想，以罷黜眾史

〔註17〕裴松之死於 451 年，宋孝武修史當在 457～464 年之間。松之此論，蓋評備、權
　　　　合力拒操之事也，詳參《三國志‧魯肅傳》，卷五十四，頁 1269。
〔註18〕五、六世紀學術分類目錄名家王儉（死於 489 年，齊武帝永明七年）、阮孝緒
　　　　（死於 536 年，梁武帝大同二年）皆已將史部獨立。但遲至孝緒之《七錄》，
　　　　紀傳類——即史部——分為十二部，首部「國史部」猶未如《五代史志》般
　　　　正名為「正史」；然其自撰《正史刪繁》，一書，則又以「正史」命名。（參釋
　　　　道宣撰，《廣弘明集》，卷三〈七錄序〉，頁 7～20；臺北：新文豐出版公司，
　　　　民國 65 年 10 月初版）。蕭繹為湘東王時撰《金樓子》（書已佚，今據臺北、
　　　　世界書局景《永樂大典》輯本，民國 64 年 7 月再版），其中〈戒子篇〉即倡
　　　　議讀「正史」（卷二，頁 12B～13A）。

爲目的之作也。這部大通史的修撰，或有繼承史公父子效法孔子修舊起廢的
精神，但究其內裡意義，其實爲史學上的獨尊梁武、罷黜百史之舉。其下限
止於齊室，故不很重視江、沈、蕭諸人之修齊史。〔註19〕倒是梁朝國史不在
《通史》斷限之內，梁武對此似甚重視。

梁武帝爲南朝在位最久、最以佑文著稱的君主，應是「以史制君」的最
佳對象。他拒絕讓吳均私修《齊春秋》時可參考起居注及群臣行狀，詔他自
我搜訪齊氏故事，可能是「作賊心虛」，不敢公開史料的舉動。及至《齊春秋》
完成，梁武特遣劉之遴前往質詢吳均，並「惡其實，詔燔之」。按理史事不實
則只需修正，何以竟特「敕付省焚之」，無乃使人啓疑耶？吳均坐免職，然而
「尋有敕召見，使撰《通史》」。是則焚其書而免其職，尋即召見而賦予修撰
大書之任者，殆爲慰其心以息眾議之舉耶？梁武恐懼爲史所制及利用史家的
意識流露可知。〔註20〕

起居注是國史前序工作，爲有關君主言行最密切的資料所在。南朝修注
工作職責雖在秘書省之著作郎、佐，但此時已常以君主侍從供奉官充領之，
蓋以其心腹密近也。人君欲竄改歷史，若非如桓玄之自撰，則必須假此等心
腹密近者爲之。沈約以端揆之重，撰《齊紀》及《（梁）高祖紀》，殆爲國史
終程著作。但前書似有「難以取信」之虞，後書亦因曾「同公作賊」，恐也有
「事屬當時，多非實錄」之憂，恐難爲後之修梁史者所取信，於是前序工作
遂甚重要。然而，前序性的起居注，必須與其他史料及時人史著綜合研究，
始克完成終程性的國史，是則儘管起居注已授意竄改，亦必難盡改他書及一
切檔案，因而修國史時，人君簒逆諸惡仍將能被發現。設若介於國史修撰前
序工作與終程工作之間，有一中介性工作，則起居注及一切其他史料，在此
中介工作修撰期間，必會加以搜集選擇，使中介得以完成。於是終程性的國
史即可不經起居注等研究階段，而在此中介性成果上再構思潤飾以完成也。
前序性的注記若已竄改，即原始史料已經修飾；至於中程性的實錄，遂可在
此前序基礎上任意解釋，上下其手，以合時君之旨，作爲日後修正式國史之

〔註19〕詳同註14。
〔註20〕姚思廉撰梁書吳均本傳，謂帝「以其書不實」，均又「支離無對」於劉之遴的
　　　　數條質詢，故焚書免職云（參《梁書》，卷四十九，頁 69B），似爲據官方所
　　　　修之史者。劉知幾謂「帝惡其實」，恐得真情（參《史通通釋・古今正史》，
　　　　卷十二，頁 355）。《齊春秋》恐非「不實」而是真實，故爲梁武所惡也。否則
　　　　此等史才，免職之後，又何需召見而委以更重大的修史之任？

定論準備。梁武父子君臣皆爲大文豪，必有如桓氏父子般珍惜令名之意識，因而在觀念上亦會瞭解被史所制之恐懼，以及創立中介性作業之需要，這是實錄修撰之所由起。〔註21〕梁武惡吳均之「實錄」，而誣其書失實以焚之，但又竟命名中介性撰著爲實錄，則其意旨可知矣。

　　七世紀初唐史臣有竄改注記之事，故太宗讀實錄，遂得從容指示史臣解釋的原則與理據。此事與梁武批評吳均不實，觀念意識上殆有同工異曲之妙。640 年（貞觀十四年）唐太宗索閱實錄，《貞觀政要》記云：

　　　玄齡等遂刪略《國史》爲編年體，撰《高祖、太宗實錄》各二十卷，
　　　表上之。太宗見六月四日事（指玄武門兵變），語多微文。乃謂玄齡
　　　曰：「昔周公誅管、蔡而周室安，季友鴆叔牙而魯國寧。朕之所爲，
　　　義同此類。蓋所以安社稷、利萬人耳！史官執筆，何須有隱？宜即
　　　改削浮詞，直書其事！」〔註22〕

史臣據注記及有關史料刪竄爲「實錄」，猶未令太宗滿意。他提示解釋理據——如周公、季友之爲安社稷而行權宜也——指示史官據此原則直書。如此則其逼君父、弒兄弟、屠子侄之奪權勾當，遂因而成爲正義行爲，何須浮隱耶？《國（唐）史》及後來之兩《唐書》，遂即據此實錄而成書者。

　　實錄在國史全程修撰上有如此巨大作用，則六世紀梁武帝創立修實錄之制度，誠值得留意也。況且，沈約所撰《齊記》及〈高祖紀〉非常可能不實；周興嗣爲梁武愛寵之另一侍從文人，死於 521 年（普通二年），生前爲梁武撰就《皇帝實錄》、《皇德記》、《起居注》，既頌「皇德」，又一手包辦注記及實錄，其內容亦值得懷疑。〔註23〕興嗣時，梁武始五十八歲盛年（梁武八十歲

〔註21〕政府一面修前序性的注記，待其陸續完成，即同時陸續修終程性的國史（紀
　　　傳體），這是東漢以來即已形成的制度。例如漢明帝一面詔班固、馬嚴等雜定
　　　《建武注記》——光武帝之起居注，一面又命班固與陳宗等共成〈世祖本紀〉
　　　——光武帝的國史本記，及其他東漢開國諸載記、列傳二十八篇。118 年（安
　　　帝元初五年）劉毅請爲臨朝鄧太后修《長樂宮注》。兩年之後，鄧太后隨即詔
　　　劉珍、劉毅等入東觀修中興以下名臣列士傳。顯示前序與終程修撰時間或略
　　　有先後之分，但幾可同時進行，不必中間加入一中介性之修實錄工作也。東
　　　漢此段修史事實，請詳拙著〈漢書撰者質疑與試釋〉（分刊於《華學月刊》一
　　　二二、一二三期，民國 71 年 2 月、3 月）。
〔註22〕按：二實錄上於貞觀十七年。引文據該書卷七，頁 7B〜8A。
〔註23〕周興嗣生平見《梁書》本傳，卷四十九，頁 69A〜B。其所撰《皇帝實錄》及
　　　《起居注》，皆記梁武帝事，爲《五代史志》、兩《唐書》經籍藝文志之首部
　　　實錄，今已不存，內容難詳。

崩，三十九歲稱帝）。實錄自創立時即不必待人君崩逝後始進行修撰，此爲梁武帝與後之唐太宗另一同工之妙的地方，唐太宗因急欲覽閱其前半生之實錄，俾能及時更正史臣「微文」「浮詞」，免妨日後歷史上不朽之名跡，故其指示史臣「直書」，與梁武帝之創建官方實錄，可謂此心同、此理同。〔註24〕唐朝何以沿襲南朝此制度，殆由此可得解釋。

當然，官修實錄制度的開創，自正面視之，對國史最後完成有一定的貢獻。它使官修國史制度更嚴密化，更系統化，故遂爲唐代以後所遵沿不替。只是論其開創之初期，應難脫君主創用此制，使國史有多一種修撰步驟，即多一層上下其手的機會之意。梁武、唐宗已有此傾向，此下唐宋歷朝，重修實錄、竄改僞飾，實非鮮見之事，則其功能與影響可知，蓋毀譽參半也。跡此制度創立運用的內裡意義，應與人君恐懼「以史制君」之觀念有密切關係，故修起居注制度爲漢魏以降南、北朝所共遵不替，獨官修實錄制度爲梁武帝、元帝父子所創行，爲唐太宗所繼承以爲永制。三帝大體皆爲興文之主，其歷史意識又均強烈，而且得位手段俱出於不正，宜乎三者皆銳意「實錄」官修，乃至竟提昇至宰相——房玄齡爲玄武門兵變第一功臣而監修——監督修撰者也。其後武則天創女主領銜修實錄，效果爲史臣批評不已，皆值注意。筆者將於第十一章詳論之。

二、五胡對「以史制君」觀念的反應

「永嘉之亂」以來，天下崩潰，但胡人或漢人據地稱雄者，大亂初期常有一股歷史與政治意識在流動，以後喪亂日久始漸消失，此即假西漢經史之

〔註24〕《貞觀政要·文史篇》載唐太宗於貞觀十四年指示房玄齡錄進《國史》，俾以爲「自修」及「鑒誡」之用。玄齡遂將《高祖實錄》及《太宗實錄》各十二卷表上之（詳表七，頁 8A～9A）。《唐會要·史館·史館雜錄上》對〈文史篇〉所載語褚遂良及房玄齡二事，亦有記載（參卷六十三，頁 1102～1103）。然在同書〈史館·修國史〉部份，則載明上述二實錄表上於貞觀十七年七月十六日，由玄齡和許敬宗等署銜奏上。許敬宗正是篡改國史的重要人物，李樹桐師在其《唐史考辨》（臺北：臺灣中華書局，民國 54 年 4 月初版）所錄諸文中，多已就修改各事一一指出。又，此《太宗實錄》下限止貞觀十四年，太宗生前即修撰及閱讀其本人的實錄，其內心對史官的微文褒貶之恐懼，是非常明顯的。《太宗實錄》之續編，由長孫無忌等於高宗永徽元年修成，斷限自貞觀十五年至二十三年，亦分爲二十卷。前、續二編之修成，均見〈修國史〉類，卷六十三，頁 1092～1093。

學、以復續漢室爲口號潮流也。〔註25〕四世紀十年代末期，匈奴之漢內亂，劉曜因緣崛起，於318年（東晉元帝太興二年）改國號爲「趙」，宣布「以水承（西）晉金行」，遂下開五胡自行推曆建統，承認漢、魏、西晉──不承認東晉之先河。既然與東晉爭正統，則不得不襲漢魏衣冠制度，五胡政權多置史官者亦在此。劉曜略改劉淵的規模，所假借者仍爲漢儒符讖經史之學；且一反劉聰之殺史，仍續修漢趙一系之史。〔註26〕石勒於劉曜奪權篡號的翌年，即對此等虛僞假借之事不表贊同。先前劉琨曾致書於勒云：「自古已來，誠無戎人而爲帝王者，至於名臣建功業則有之矣！」石勒即答書云：「事功殊塗，非腐儒所聞！」及至劉曜篡號而懼其逼，加趙公、十郡、九錫之封，尋又令其晉封趙王，服王子輿服，「如曹公（指操）輔漢故事」。石勒率直表白云：「趙王、趙帝孤自取！」〔註27〕石勒宣言，遠較當時南北許多野心人物，假「曹公故事」、「司馬宣王（懿）故事」，乃至「諸葛丞相故事」或「王丞相（導）故事」來得坦率可愛，但卻適足以啓示以後更大更直接的野心與動亂。

石勒不假任何堂皇口號而帝王自爲之行爲，並非表示有意完全放棄漢魏制度，直以胡羯部落制度統治佔領區也。他在319年建立（後）趙，與劉曜（前趙）在北方對抗，又需南向與東晉爭正統，因而歷史意識亦甚強。他鄙視近代以來開國垂統之君皆不正。直斥「曹孟德、司馬仲達欺他孤兒寡婦，狐媚以取天下也」；亟論三國以來正統所屬，惟恐自己非眞命天子。因而大興漢魏制度文教，且以洛陽爲中原故都所在，詔建南都，此即一個半世紀以後，北魏孝文帝遷都漢化之先驅，而素爲史家所忽視之五胡一般心理也。〔註28〕

〔註25〕五胡最早起事者應爲巴氏李氏，李氏先稱「成」，後稱「漢」，有紹續蜀漢之志，此在常璩《華陽國志》述之已審。這是比較上有詳細史料可供研述者，稍後劉淵稱帝，亦以紹漢自居，其父子皆曾留學東京，深諳漢學者也。即使如張昌，雖爲義陽蠻，亦識利用東漢官方讖緯之學，據地劫縣史丘沈爲聖人，改丘沈姓名爲劉尼，稱漢後，造符瑞、服飾如漢故事，此皆《晉書》劉淵父子等人之載記，及昌傳均有載述者也。又劉淵復漢事，拙文〈從漢匈關係的演變略論劉淵屬各集團復國的問題〉頗論之，請詳《東吳文史學報》第八號，臺北：東吳大學，民國79年3月，頁47～91。

〔註26〕前趙立國規模參《晉書・劉曜載記》（卷一〇三，頁 278A～B），劉聰殺史劉曜續修之事參《史通通釋・古今正史》（卷十二，頁358），上註所引拙文亦論之。

〔註27〕參《晉書・石勒載記上》，卷一〇四，頁 281C～283B。

〔註28〕石勒興制度置南都，論三國正統而恐其非正，詳《晉書・石勒載記下》，卷一

　　石勒在建制興文之中，與本文論旨有關者，厥爲創立官方之「史學」制度。他於 319 年，建立經學、律學、史學、門臣四祭酒，皆爲各有所司的實職機關。惜史傳闕如，職掌已不可考，但其意義及功能大略可推者如下：第一，史學祭酒機關系統，甚可能帶有培育史才之責任，一如經、律二學。第二，此系統可能直掌史官，以修當時之《上黨國記》、《大將軍起居注》等，蓋沿襲東漢東觀修《漢記》及《起居注》，以及下開北魏官修記、注之制度也。第三，這是中國歷史上首次直以「史學」爲名，而創立的史學訓練或修撰之建制機關，較南朝之宋文帝創立「史學」早了約一個世紀，而且是胡人政權所率先創立者。石勒不如劉淵父子般深通漢文化，但他經常親臨太學考課諸生。「雖在軍旅，常令儒生讀史書而聽之，每以其意論古帝王善惡」；其後又「擢拜太學生五人爲佐著作郎，錄述時事」。顯示上述創制，實與石勒瞭解歷史功用論，深具歷史意識有關。他痛論魏晉之欺詐，恐懼自己之非眞命，甚至臨死猶以史實誡其子弟云：「司馬氏汝等之殷鑒，其務於敦穆也！」〔註29〕是則他有「以史爲鑑」、「以史經世」之識志，確可知者也。至於「每以其意論古帝王善惡」，則表示亦知「以史制君」之旨矣。因而創修「史學」及諸記、注，應與他此諸種識志有密切關係。影響所及，雖五胡中最殘暴之石虎，亦爲大興經史文教、具有這些識志之主，苻洪甚至諫之云：「刑政如此，其如史筆何！?」〔註30〕此即石趙一朝，君臣間「以史制君」最直接明顯的表示。其淵源蓋一面直承兩漢觀念，而另一面或亦與當時東晉史臣和史家所倡揚之史學思潮有關。

　　苻洪能以史制君，則此略陽氐人之識見可知。其後創立苻秦一系，幾乎統一北方，並能在北大興儒史文教，至苻堅而鼎盛。苻堅大興儒學，禁止老莊、圖讖等南朝之流行學術，大體仍沿劉淵、石趙以來的認識及發展，加上留在北方的門第學風之配合有關也。四世紀後期，〈苻堅載記上〉云：

　　　初，堅母少寡，將軍李威有辟陽之寵，史官載之。至是（381 年，六十二國入貢，淝水之戰前兩年），堅收起居注及著作所錄而觀之。見其事，慚怒，乃焚其書而大檢史官，將加其罪。著作郎趙泉、車

○五，頁 285B、D。

〔註29〕石勒創立「史學」及諸記、注等事，詳同註28，頁 283D、284B、285C。
〔註30〕石勒死於 333 年，內亂，從子石虎稱兵崛起，其行事詳《晉書‧石季龍（避唐諱而稱其字）載記》上及下，苻洪時爲其部將，諫語詳〈載記上〉，卷一○六，頁 288B。

　　敬等已死，乃止。〔註31〕

按符堅當時亦有龍陽之僻，史亦載之。堅有此僻，恐即爲其親閱起居注及國史的主因；以母穢被書，恐是借題發揮或二者兼有之舉也。〔註32〕無論如何，國惡君穢不能入史，此例即「以史制君」及「君懼被制」之相對表現。

　　大體而言，北方胡人諸政權中，各國皆有史官撰錄國史與起居注，此爲六世紀前期崔鴻撰《十六國春秋》所資者也，〔註33〕也應爲南朝蕭梁王室子弟蕭方等所以能撰《三十國春秋》之本。〔註34〕不過，有二事似值注意者：

　　第一，劉淵、劉聰雖依漢制，但其史官官稱爲「左國史」。左、右國史之名，乃孫吳之制，而非漢魏之典。漢於東觀著作，以他官充職而未有專名；魏晉即建置著作省，由中書省移隸秘書省爲定制，此下爲東晉南朝之正常建制，諸史官志已述之。北方則自匈奴劉漢置左國史，至石勒而置史學祭酒，蓋至石勒晚期，始置著作佐郎撰錄時事，此下五胡諸國至魏、齊、隋，遂大體以著作省（或著作局、曹）修國史，與東晉南朝一系秘書著作相同也。五胡君主對史之爲用有瞭解，則史官建置始得能建立而奠定。

　　第二，五胡初以紹漢反晉而起，所用諸儒亦多爲留在北方，保守漢代經史之學的人物，與南渡士族崇尙莊老的新風氣不同，關於此問題論者已眾，不遑再贅。要之，東漢三國，對史態度是要求以官方所定之政教爲本，政府依此而加以干預控制，筆者亦頗已論之。斯則北方諸國既承漢魏衣冠之餘，當亦頗有繼承其對史之態度與要求者，故四世紀初葉，漢趙左國史公師或修撰國史，而爲人誣爲「訕謗先帝」，劉聰因而殺之；四世紀末葉，符堅惡史官

〔註31〕按：符堅乃符洪之孫，符雄之子，原姓蒲氏，因讖改姓以應之。其家族興亡改革，《晉書》載記大體頗詳，不贅述；引文見卷一一三，頁 301B。當時符堅以文教漸盛、國威遠播，大約即因此閱史，而不欲留穢史於後代也。

〔註32〕符堅於 370 年滅燕，即收慕容沖姊弟並專寵後宮，長安爲此流傳其龍陽之謠，詳其《載記下》，《晉書》，卷一一四，頁 303。

〔註33〕崔鴻《十六國春秋》之遲遲完成表上之，是因等待搜閱諸國史書，「因其舊記，時有增損褒貶」而成。《北魏書‧鴻傳》及所錄〈上十六國春秋表〉（鴻附見於其伯父〈崔光列傳〉，卷六十七，頁 154C～D），以及《史通通釋‧古今正史篇》（卷十二，頁 36C）已述之。

〔註34〕蕭方等乃湘東王（梁元帝）世子，梁武帝蕭衍之孫也，生卒時間約在 528～549年，曾注范曄《後漢書》，撰《三十國春秋》，著述時間當與崔鴻約同時，而一在北，一居南也。其事見《梁書‧忠壯世子方等列傳》，卷四十四，頁 61C。

之實錄，竟有焚書究史之禍。兩次史禍皆與 192 年王允殺蔡邕、273 年孫皓殺韋昭之事件類似，均與史官直書或不肯虛美有關，恐其危及統治者的權威和聲譽者也。〔註35〕

第二點影響所及，此下至北魏復興，列國史官頗有虛美之事發生，可徵者厥有二事：一在 386 年間，慕容垂因淝水之戰後復國，命董統草創《國書》，勒成三十卷。「慕容垂稱其敘事富贍，足成一家之言；但褒述過美，有慚董、史之直」。此爲時君自閱國史，亦以過美爲慚者。〔註36〕一爲五世紀二十年代，匈奴赫連勃勃乘亂建夏國（407～431 年），得趙逸、張淵等而命之撰國書。北魏太武帝於 431 年平夏，「見逸所著，曰：『此豎無道，安得爲此言乎！？ 作者誰也，其速推之！』司徒崔浩進曰：『彼之謬述，亦猶子雲之美新。皇王之道，因宜容之！』世祖乃止。」〔註 37〕赫連勃勃甚有歷史意識，自稱大禹之後，且重視身後之名；爲人以「凶暴好殺，無順守之規」著名。〔註38〕是則史官居其世，一如揚雄之劇秦美新者，不得不然也，況趙逸本亡虜而爲其所役使者耶？

筆者舉茲二例，並非意謂自 381 年苻秦焚史事件以來，北方史官即已虛美成風。在此事件之前後，史官之直筆或曲筆，固與其人格及制度有關，亦與時君人格有關，不可一概而論。只是苻秦焚史之後，即有燕、夏國史之虛美，在解釋上應有一定的關係與意義，猶如 450 年太武帝殺史事件以後，一

〔註35〕 王允殺蔡邕是懼其能「正」國史，故自我解釋其理由云：「昔武帝不殺司馬遷，使作謗書，流於後世。方今國祚中衰，神器不固，不可令佞臣執筆，在幼主左右，既無益聖德，復使吾黨蒙其訕議！」（詳《後漢書‧邕傳》，卷六十下，頁 2006；及《三國志‧董卓傳》注引謝承《後漢書》，卷六，頁 179～180）此爲假借危害國家統治權及聲譽，誣史訕謗而殺之者。韋昭不苟同及順應孫皓要求——要求記符瑞以明其眞命及其父作本紀——而獲罪，尋而又因於獄中上《洞紀》一書而益觸君怒，終被殺（詳《三國志‧韋曜（即昭）傳》，卷六十五，頁 1462～1464），此則爲據實直書不肯虛美時君而見殺者也。公師彧原有爲劉淵改造歷史之嫌，請詳註 25 所引拙文。

〔註36〕 事詳《史通通釋‧古今正史》，卷十二，頁 358。按：劉知幾敘此事於苻堅焚史之前，蓋因燕國本有前、後之分，故合而敘之。前燕本已撰有《起居注》及《燕記》，爲苻堅所亡；慕容垂復後燕，再創國史也。其後申秀、范亨各取二燕史合爲一史。

〔註37〕 趙逸即《史通‧古今正史篇》所述之趙思群，本仕後秦姚興，後爲赫連所虜，而仕夏爲著作郎，奉命修國史。引文見《魏書》本傳，卷五十二，頁 117C。

〔註38〕 赫連勃勃事詳《晉書》本載記，卷一三○，頁 331B～332D。

度對北魏史官制度及史官心理影響甚大，不得遽謂無前後因果關係也。

四世紀間，南北此史學思潮的發展似有所異同。南方自初期王導、干寶等，重建史官制度及實行「以史經世」、「以史制君」觀念以降，由於東晉君權低落，故君主實無力控御及逼害史官。基此發展，至中期以後，史家及史臣竟至演變爲同情弱晉、制裁桓氏父子的趨勢。桓氏父子的反應，桓溫對諸史家不過止於口頭的威脅警告，至於逼令孫盛修改《晉陽秋》所書枋頭之敗（此役發生在 369 年），要脅以「關君門戶事」，已是極致的表現。其問題出在枋頭之敗的解釋上，而溫、盛二人各皆承認失利之事實，並無異議也。〔註39〕桓玄大概吸取其父此事件之教訓，知政治壓力不足以絕對支配史官，且其敗亡之餘亦無復壓力可言，故逕自撰錄起居注，對其失敗先行作好解釋基礎，庶幾可影響當世或後世史家的意見也。劉宋以降，委任心腹文人修史或帝王親自撰述，即是承桓氏父子之教訓而來，

相對的，北方胡主文采風流及與文士之關係不如南方。他們親自撰述的可能性極微。尋得君臣關係密切的文士，俾以修史之任，使能隱惡揚善者，五胡初亂時可能性亦不甚高。「以史經世」、「以史制君」的思想觀念原因漢儒之經學而倡盛，胡主們用此等保守漢儒風氣的學者修史，即使不受南方思潮影響，他們也可能直書實錄，以申「貶天子，退諸侯，討大夫」之旨。因此，北方統治者費神留意於國史如何書寫，當在南方上，而劉聰、石虎、符堅、慕容垂等，遂竟至親閱記、注，指示改修，以及追究史臣也。此爲桓氏在南方受制於史之約略同時，北方則人君不躬自閱史的慣例被打破，史禍屢傳，終至史臣有虛美過實之事發生者也。

自下思潮的發展，南朝由於君威的重振，帝王重視史學，遂回後漢魏施展無形壓力，使史官產生自我警覺而自我約束的路線，故大體無史禍之發生。北朝則不然，他們仍在舊路線上摸索，則能走出一條合理之道路，建立一種可避免史禍的官修制度。他們的努力是非常明顯的，往往也是出於君臣雙方溝通共識的。

〔註39〕桓溫以《晉陽秋》書枋頭之敗不當，實另有其解釋立場與理由，所謂「枋頭誠爲失利，何至乃如尊公（指孫盛）所說」是也。他並非焚禁《晉陽秋》之行世，而是謂若不刪改，「此史遂行，自是關君門戶事」耳。即施加政治壓力或暴力要其修改也。至於枋頭之敗到底應如何解釋始合理，此不贅論之。詳參《晉書·孫盛列傳》，卷八十二，頁 222C。

三、北魏制君觀念的變化與官修制度的調整

關於四世紀末葉道武帝拓跋珪復興北魏以還，至於七世紀初葉隋末喪亂，北朝一系的史官制度及其修撰情況，劉知幾於《史通・史官建置》及〈古今正史〉兩篇，已有綜合而扼要的論述，是以若非值得再商榷探討之問題，此處從略不贅。劉氏〈史官建置篇〉概論北魏云：

> 元魏初稱制即有史臣，雜取他官，不恆厥職。故如崔浩、高閭之徒，唯知著述，而未列名號。其後始於祕書置著作局，正郎二人，佐郎四人。其佐三史者（「三史」一作「參史」，下同，未詳）不過一二而已。普泰（531～532 年）以來，三史稍替，別置修史局，其職有六人。

又〈古今正史〉論述北魏早期修史情況云：

> 元魏史，道武時始令鄧淵著國記，唯爲十卷，而條例未成。暨乎明元，廢而不述。（太武帝）神䴥二年（429 年），又詔集諸文士崔浩、浩弟覽、高讜、鄧穎（鄧淵子）、晁繼、范亨、黃輔等撰國書，爲三十卷。又特命浩總監史任，務從實錄，復以中書郎高允、散騎侍郎張偉並參著作，續成前史書。敘述國事，無隱所惡，而刊石寫之，以示行路。浩坐此夷三族，同作死者百二十八人。自是遂廢史官。至文成帝和平元年（460 年）始復其職，而以高允典著作，修國記。

按知幾〈古今正史〉之言，蓋綜略魏收《魏書》之崔浩及高允二列傳而成，論其概略則無誤，但有若干關鍵處則忽略之。至於〈史官建置〉之言，由於魏收撰〈官氏志〉，所本者爲孝文之《太和令》，對孝文以前史官語焉未詳，故知幾亦略推之而不甚了了也。

北魏太祖道武帝拓跋珪、太宗明元帝嗣、世祖太武帝燾以降至高祖孝文帝宏，本紀多記其好尚漢儒經史之學，而據崔玄伯、崔浩父子、鄧淵、高允、崔光諸列傳，則知此數帝均曾與此數人論學或受其教育者，而此數人正是北方保守漢代經史圖讖之學的典型人物也。北魏一代學風制度，實奠始於此數位君臣的學識，尤以崔玄伯最爲關鍵。

〈史官建置篇〉曾概述五胡政權史官，謂除少數外，「自餘僞主，多置著作官」，此即余前文謂五胡多奉漢魏制度，以祕書著作爲史官之意。拓跋珪崛起代北，396 年平并州，初拓中原，始建臺省百官，大量起用文人，而留心慰

籍士大夫。398 年改定國號稱「魏」，遷都平城，始正式詔尚書吏部郎中鄧淵典官制，立爵品，而令吏部尚書崔玄伯總裁之。玄伯尋奏魏從土德，服色尚黃，數用五，是宣佈元魏欲越曹魏而上承炎漢之統，其政治取向可知矣。故於 400 年，道武帝下詔爲漢高祖劉邦之由布衣得統辯護，聲言「革命之主，大運所鐘，不可以非望求也」，遂由推明炎漢而以自況，警告狂狡迷命、逐鹿從亂之徒。〔註 40〕當此之時，制度初定，不如孝文帝以後般律令嚴整完備。道武帝對設官分職、格遵律令猶未適應，故曾下詔申論「官無常名，而任有定分」，雖三公臺司，「在人主所任耳！用之則重，捨之則輕」，大有輕視魏晉刑名論循名責實之理的意思。〔註 41〕此與三十七年後，其孫太武帝拓跋燾明詔劃分君主、公卿、宰民之官間的權分，聲言「各修其分，謂之有序；今更不然，何以爲治。越職侵官，有紊綱紀；上無定令，民知何從」的律令法治精神，顯已大大不同。〔註 42〕是則魏初有史臣而無常職，自非意外之事。

　　然而，雜取他官充史職，原即爲東漢東觀修史的慣例。這種慣例雖或無律令依據，但行之已久，遂得視爲制度。元魏初期承襲東漢此制，應無疑議。進而有可論者，元魏創制之初，殆即有秘書省著作省之史官機關建制。其秘書省自始即爲墳籍收藏校訂之機關，或稱之爲「東觀」；著作郎、佐隸屬秘書省爲常制性史官，殆自始即有秘書省下領著作省的建制。此蓋承襲（曹）魏、晉制度而置者也。〔註 43〕

　　元魏早期，由秘書省之著作省修史，當職者爲著作郎、佐郎。復因郎、

〔註40〕分詳《魏書》，卷二〈太祖紀〉皇始元年、天興元年、天興三年諸條。

〔註41〕該詔詳同上紀天興三年十二月丙申條，是繼乙未詔爲漢高祖辯護後翌日而頒下者，卷二，頁 9B。

〔註42〕該詔詳《魏書・世祖紀上》太延元年十二月甲申條，卷四上，頁 13C。

〔註43〕魏、晉秘書省下領著作省的常制性建制，至 292 年（晉惠帝元康二年）奠定（詳參《晉書・職官志》中書監令、秘書監、著作郎諸條，卷二十四，頁 73A～75D）。《魏書・官氏志》只載官品職稱，未詳其建制與編制，但北「齊制官，多循後魏」，《五代史志・百官志・秘書省》條即記該省省本部及領著作省之關係，與夫著作郎、佐等編制，是則北魏建制應亦如此，最多編制上有出入而已（詳《隋書》，卷二十七，頁 751）。北魏初有著作郎之常制，鄧淵即爲其例，〈淵傳〉稱「太祖定中原，擢爲著作郎」，後來始遷吏部郎（《魏書》本傳，卷二十四，頁 66C），可能是北魏首任著作郎也。至於秘書省始終爲典籍機關，而有「東觀」之稱，則可詳《魏書・高謐（附父湖）列傳》（卷三十二，頁 77D），及〈孫惠蔚列傳〉（卷八十四，頁 189C～D）。

佐編制有限，人才、人力不足則不得不調他官充職，此即「參著作」或「參著作事」職銜之所由生（前引《史通》文之「參史」，即應指此），正是以魏晉建制爲本、東漢慣例爲輔之運作，與東晉南朝大體相同。例如鄧淵曾任著作郎，累遷吏部郎，道武帝蓋以其「多識舊事」，遂詔其撰國記，史未言其是否「領著作」或有參佐者。至於崔浩，於道武帝天興（398～403年）中即已轉著作郎，太武帝時以太常卿，奉詔與「弟覽、高讜、鄧穎（穎？）、晁繼、范耳（亨？）、黃輔等，共參著作，敘成國書三十卷」。此爲「共參著作」之例，是時崔覽似以征虜將軍「參著作事」，高讜似以游擊將軍「參著作」，鄧穎以中書侍郎「參著作事」，而由崔浩爲召集人也。〔註44〕此與劉珍以謁者僕射召集他官充職者共修《東觀漢記》之例正同。

　　439年（太武帝太延五年，宋文帝元嘉十六年，是年正式南北二朝對峙）太武帝伐涼，詔崔浩留臺，以「司徒‧監秘書事」續修國記，此爲北魏以宰相監修國史之始，似取法西晉張華之監領國史也。劉知幾不明北魏雖有著作郎、佐而仍有共參著作之制度於前，復對439年以前崔浩以太常卿爲召集人，而此年以宰輔監修之差異，似有混淆之嫌於後。是時，「以中書侍郎高允、散騎常侍張偉參著作，續成前紀。至於損益褒貶，折中潤色，浩所總焉」。〔註45〕其實此時或稍後，高允即以本官「領著作郎」，實際負責注疏工作；而正式之著作郎陰仲達、段承根、宗欽亦爲參與工作者。〔註46〕同作死者既有一百二十八人，則共參著作而不可考知者尚多也。如此大規模同修國史（並非修前代史），自非一個秘書省所屬之小編制著作省（劉知幾稱著作局，殆誤）所能負擔。再者如此多人同修，又自非委派一人總監裁奪不可。是以此次修史，實下開北朝以至隋唐，必須另外設局建制，以及必須專委宰臣或要官監修之先河。這種發展遂與東晉南朝有所差異也。

　　上述問題既明，則進一步可究者，厥爲崔浩集團修史，到底依據何種指

〔註44〕神䴥二年由崔浩以太常卿召集文士共參著作，〈浩傳〉及〈鄧穎列傳〉（附其父淵傳，見同上注）皆明載之。共參諸人或失載，或附傳所載歷官不詳。崔覽一名簡，附其父玄伯傳（《魏書》，卷二十四，頁65B）；高讜附其子〈高祐列傳〉（卷五十七，頁129A）。

〔註45〕見浩本傳（《魏書》，卷三十五，頁85A）。崔浩案發後，高允之供詞亦稱「浩綜務處多，總裁而已」（見〈允傳〉，卷四十八，頁110A）。

〔註46〕三著作郎均載《魏書》，卷五十二，段承根自吐谷渾來歸，崔浩奇其才，奏請爲著作郎，引爲同事。宗欽及陰仲達皆太武帝平涼所得之史才，故崔浩奏請二人「同修國史，除秘書著作郎」，三人皆與浩案同被殺。

導觀念進行，復又如何釀致史禍，使史官一度停廢也？

太武帝之詔云：

> ……（自述先帝威德及己功業），逮於神䴥，始命史職，注集前功，
> 以成一代之典。自爾已來，戎旗仍舉……（述至滅涼），群公卿士宣
> 力之效也！而史闕其職，篇籍不著，每懼斯事之墜焉！公（指浩）
> 德冠朝列，言為世範。小大之任，望君存之。命公留臺，綜理史務：
> 述成此書，務從實錄！〔註47〕

究其觀念，正與司馬談、遷父子的懼史文斷廢及實述其事之觀念相同，亦即
太武帝本於史不可亡意識而瞭解史必須真實的第一原則，並從而發言指示崔
浩也。此即崔浩等修史時之指導觀念。然而，北方自苻堅之敗至此年，始甫
告統一；北魏諸臣，多來自原先割據各國，即使參修史臣亦多如此。加上鮮
卑與漢化之矛盾、胡人與漢人之差異、高門與寒素之歧別、佛教與道教之衝
突，乃至崔浩個人學術、人格及其政治上之糾紛，如此而欲宣揚國家威德，
敘事解釋務從實錄也者，實因身在環中而戛戛乎難矣。何況高允於案發後，
答太武帝之面質云：「夫史籍者，帝王之實錄，將來之炯戒，今之所以觀往，
後之所以知今，是以言行舉動，莫不備載，故人君慎焉！」則知崔浩、高允
等人，亦頗持「以史經世」及「以史制君」觀點。二人之學術與人生，俱具
漢儒性格，崔浩尤有道統儒的強烈傾向，是則極易引起是非之爭。〔註48〕

崔浩案當然可能與道統文化的意識形態衝突有關，但除佛、道及漢化之
矛盾外，〔註49〕崔浩表現於獨尊自己的經史，本身即具衝突的作用，〈浩傳〉
謂史禍之起伏云：

> 著作令史太原閔湛、趙郡郗標素諂事浩，乃請立石銘，刊載國書，
> 並勒所注五經。浩贊成之。……

〔註47〕詳浩傳同註45。

〔註48〕引語詳允傳同註45。二人的漢儒性格，可將二人本傳與漢劉向、歆、揚雄、
班彪等傳比較，或可有得。高允謂「今之所以觀注，後之所以知今」，正是班
彪之名言。高允答辯全文若與班彪〈史記後傳略論〉全文比較，思想上頗有
相似者（彪論見《後漢書》本傳，卷四十上，頁1324～1327），其不畏因史而
死之心情，誠深得班彪「殺史見極，平易正直」之旨。而班彪正是以聖道自
任的經史學者。浩、允二人於道術的表現，浩則強烈而明顯，蓋秉權居勢故
也；允則較沖退，蓋懲於浩禍故也。

〔註49〕就此角度探究崔浩案，請參牟潤孫之〈崔浩與其政敵〉，收入其所著《注史齋
叢稿》（香港：新亞研究所，民國48年8月），頁81～93。該文忽略了余文所
述之刊石意識諸問題。

初，郗標等立石銘刊國記，浩盡述國事，備而不典。而石銘顯在衢
路，往來行者，咸以爲言，事遂聞發。有司按驗浩，取秘書郎吏（浩
以司徒監秘書事）及長曆生數百人意狀。浩伏受賕。其秘書郎吏已
下盡死。

是則崔浩是因刻石宣佈其經史而禍發，伏「受賕」以致國事「備而不典」而
定讞者也。〈高允列傳〉頗詳其刻刊經史之意識：

是時，著作令史閔湛、郗標（標？）性巧佞，爲浩信待，見浩所注
《詩》、《論語》、《尚書》、《易》，遂上疏言馬、鄭、王、賈雖注述六
經，並多疏謬，不如浩之精微。乞收境內諸書，藏之秘府，班浩所
注，命天下習業；並求勅浩注禮傳，令後生得觀正義。浩亦表薦湛
有著述之才。既而勸浩刊所撰國史于石，用垂不朽，欲以彰浩直筆
之跡。

允聞之，謂著作郎宗欽曰：「閔湛所營分寸之間，恐爲崔門萬世之禍。
吾徒無類矣！」未幾而難作。

此爲崔浩罷黜他家、獨尊己術，且自信其史基於直筆、可得定論之意識，不
亦明甚？其後游雅評說，謂「司徒之譴，起於纖微」，〔註50〕其識實不如高
允。

綜括而言，崔浩於綜錯之世局中，而自己又是綜錯之關鍵者的情況下修
史，原即難跳出象外，修成令當時許多關係人皆滿意的國史。其他致禍因素
姑不論，即以就史論史言，崔浩以前曾批評趙逸如揚雄之劇秦美新，則其本
人當有不虛美、不隱惡之實錄觀念，故他們奉到太武帝實錄原則的指示，則
勢必講求實證之風，況論他們兼且帶有「以史經世」、「以史制君」，乃至追求
定論歷史之精神矣。就此而言，他們確曾努力以求達成，雖死不悔，高允答
辯太武帝，抗稱：「至於書朝廷起居之跡，言國家得失之事，此亦爲史之大體，
未爲多違！然臣與浩實同其事，死生榮辱，義無獨殊！」則他們所表現的史
官精神與努力，雖無劉知幾之推崇表揚，亦不可輕易議也。〔註51〕不論崔浩

〔註50〕游雅與高允、張偉皆友善知名，俱爲太武帝徵用，後至秘書監負責修史，但
以「不勤著述，竟無所成」。卒於461年。蓋其對國史竟無貢獻者，或即懲於
浩禍。他曾對浩、允作比較批評，引語見於此，詳〈高允列傳〉（卷四十八，
頁110D）。其生平則詳本傳，《魏書》，卷五十四，頁122B～C。
〔註51〕允語見本傳同註45。劉知幾於《史通·直書篇》推崇其直筆無阿，至與南史、
董狐、韋昭並列，稱「遺芳餘烈，人到於今稱之」云云，參卷七，頁192～194。

是否真在司法上成立「受賕」罪，要之高允答辯也曾批評浩有「私欲」和「愛憎」，此與浩傳所述之學術、人生及政治，大體脗合。是則史禍之觸發，乃是其個人的人格表現累積而成，表面纖微，其實則甚複雜。明白乎此，則知果於殺戮而常後悔的太武帝，何以後來說「崔司徒可惜」也。

崔浩之死牽涉許多漩渦，談不上可惜不可惜。要之，他樹立了一個創舉——當代國史修成後隨即公開發表的先例。其初意雖是炫耀自誇，但卻也必須先能自信其坦蕩精確。自馬、班及東漢官修以來，當代國史以身死或國亡，然後始宣佈而出為慣例。這是因漢儒相信孔子修其國史——《春秋》——有經世之意，有「貶損大小當世君臣」之旨，故隱約其辭，書而不刊，由是取得教訓而成此慣例。〔註52〕社會若有公開的學術批評風氣，而不流於意氣與暴力，則官修當代史及時發表，將更明助益於史學的發展，官史遂不易成為「一言堂」，以至纂改失實，喪失經世制君之最大效用。六世紀中期，西魏、北周之際的史家柳虯，似即因於時弊而有感於此，提出其著名的「國史即時發表論」，而被一度採行，〈虯傳〉云：

> 虯以史官密書善惡，未足懲勸，乃上疏曰：「古者人君立史官，非但記事而已，蓋所以監誡也。動則左史書之，言則右史書之，彰善癉惡，以樹風聲。故南史抗節，表崔杼之罪；董狐書法，明趙盾之愆，是知直筆於朝，其來久矣。而漢、魏已還，密為記、注，徒聞後世，無益當時，非所謂將順其美，匡救其惡者也。
>
> 且著述之人，密書其事，縱能直筆，人莫之知。何止物生橫議，亦自異端互起！故班固致受金之名，陳壽有求米之論；著漢、魏者非一氏，造晉史者至數家。後代紛紜，莫知准的。
>
> ……諸史官記事者，請皆當朝顯言其狀，然後付之史閣。庶令是非明著，得失無隱；使聞善者日修，有過者知懼！……〔註53〕

柳虯理論，顯然是根據孔子以前史官直書宣示於朝的舊慣例，以論漢以來奉孔子模式為先例之不當；而且強調史以制君經世的功用論，以批評密書秘藏的官修形式；進而指出即時發表始能達致制君經世的完全效果，與夫具有促進整齊史學的正面積極意義。前引唐太宗要求觀史改過，正可印證此理論。惜乎崔浩當年以其聲勢，而不能確立此理論為慣例；柳虯人微言輕，遂只能

〔註52〕對此說法，最佳之綜合可參《漢書・藝文志・春秋序》，卷三十，頁1715。
〔註53〕詳《北周書》，卷三十八，頁56D～57A。

行於一時而無法建立經制，唐朝以降，竟至變調。

　　崔浩史禍負面的震撼遠大於正面的影響。自 450～460 年，北魏竟至爲史官停廢期。高允在文成、獻文、孝文三朝被任遇而參大政。文成帝是「好覽史傳」之主，感「此人把筆匡我國家，不過著作郎」而已，遂拜允爲「中書令・著作如故」，自後屢遷，但常負責修史，逐漸成爲崔浩以後的史壇領袖。不過「雖久典史事，然而不能專勤屬述，時與校書郎劉模有所緝綴，大較續崔浩故事，準《春秋》之體，而時有刊正」罷了。其間游雅爲秘書監，亦「不勤著述，竟無所成」。〔註54〕竊思其因，蓋魏初收自各國之史才大多隨浩案喪命，且高允、游雅因浩案之餘，志氣不復當年，大較略有刊修，能續崔浩當年故事者已是萬幸，至於不勤不專者，恐爲謹愼塞責之反應也。這種沈寂敷衍之狀況，似需待此一輩人物死去，新人挺起，始可能有轉機。

　　478 年（宋亡後八年，齊武帝永明五年，孝文帝太和十一年）沈約被勅修國（齊）史之餘，於是年復奉詔修《宋書》。《南齊書》先由檀超、江淹首次開創國史凡例，而《宋書》之輕蔑「索虜」，均各在史學及政治上給予北魏甚大刺激。是年值高允以九十八高齡卒，老輩凋謝，孝文帝、李彪君臣遂改革修史體制。〔註55〕

　　五世紀後期至六世紀初期，北朝史官並出，但高祐、崔光先後以秘書監領著作，爲史壇領袖，然而實際上縱橫專力史壇者，厥爲李彪。另一名家崔鴻（光任）著力於五胡史，雖亦擅名，卻不及彪之影響。李彪爲北朝中期史學思想的領導，一掃前此百年國史之簡陋、史官之因循，而向後創立了魏收能迅速完成《魏書》的基礎。他的思想體系與諸多貢獻姑不備論，值得注意者乃是他和孝文帝之關係，實爲導致整個國史觀念及體制改變的基因。487 年（太和十一年）與高祐合上的〈請改國書爲紀傳體疏〉，及約在 500 年（宣武帝景明元年）所上的〈求復舊職修史表〉，尤爲當時大文。〔註56〕

〔註54〕詳同註 50 所注二人本傳。

〔註55〕檀、江二人開創修史凡例，雜採班固、蔡邕、司馬彪、范曄諸家之長，詳《齊書・檀超列傳》（卷五十二，頁 84A）。李彪推崇馬、班史學，以二彪（班彪、司馬彪）自況，其改變《國書》爲紀傳體之議，頗有受檀、江之議立凡例所影響者。至於政治與史學受沈約之刺激，本書第十章第一節，頗已論之。

〔註56〕李彪的史學成就與地位，除《魏書》卷六十二本傳外，猶需與卷五十七〈高祐列傳〉、卷六十七〈崔光列傳〉合讀，始有所得。李彪之名，爲孝文帝所賜，冀其遠擬班彪、近準司馬彪也。李彪自舉孝廉入京，即「深宗附高祖（孝文帝）」，故君臣關係密切，後雖被論以大辟罪，孝文猶特赦之。前疏見於祐傳，

李彪前疏，除了有立即改變北魏國史體例結構及修史方式之功外，尚有在中國史學史上，正式宣揚國史必須以紀傳體爲正史的意義，具有澄清汲冢出書以來古、今正史之爭的效果。六世紀中期梁元帝、阮孝緒有「正史」之名，七世紀中期《五代史志》在史部分類上正式將紀傳國史劃歸「正史」類，不得謂無受其影響。〔註57〕後表其中有一觀念，即提出「國之大籍，成於私家」，乃是末世不得已之弊；蓋無異主張國史必須官修，對當時私修之風誠爲挫折。他自己雖不居史職，卻堅求官准以白衣入省修史，下開六世紀末王孝緒及八世紀中吳兢，官准以布衣入史館修史之先例也。

後表另又提出「國史明乎得失之際」，聲稱馬、班二史「懲勸兩書，華實兼載」。其深得史學功用論之經世制君觀念，應可無疑。故同表述當年建議改革書體，孝文帝特頒詔給他云：「平爾雅志，正爾筆端；書而不法，後世何觀！」是則當時二十一歲而仍被太后干政之孝文帝，恐有受其觀念所影響，有感而發者也。三年之後太后崩，孝文始親政，遂「詔定起居注制」。翌年（491 年，太和十五年）後，乃正式「分置左、右史官」，且「常從容謂史官曰：『直書時事，無諱國惡。人君威福自己，史復不書，將何所懼！』」〔註58〕孝文若受李彪史觀影響，則影響可謂深矣。中國帝王，或雖知史學有制君經世之用，無論恐懼與否，自君主本人口出闡揚指示若此者，幾爲空前絕後之創舉。

孝文所創立的左、右史官，實北魏前所未有的起居注制度，亦即要求即時書君善惡以收制裁之效的體系。若非出於對史學之瞭解和自覺，焉能如此？當時南朝修注權與修史權均仍在秘書省之著作郎、佐，官職與天子頗疏遠。而孝文建制，秘書省之著作省掌修史權，集書省之起居省掌修注權。集書省魏、齊皆爲侍從供奉機關，官員有密近諷議獻納之責，故修注官最能迅速知曉君惡也。在機關的建制構想及意義上，表示孝文帝制君觀念，已充分落實於制度及技術層次，大不同於南朝。隋文帝《開皇令》無集書省，其屬官皆

後表見於本傳。

〔註57〕漢魏晉南朝一系，原即以紀傳體爲國史正體。但三世紀末因竹書紀年出土，引起古今正史之爭，許多史家及史官，紛紛以編年體修國史，北魏在李彪改革之前的國紀，即承此編年潮流。故李彪此疏，對古、今正史之爭與國史正體之體認，有澄清奠定之功，請參本書第十章第四節。

〔註58〕參《魏書》，卷七下〈高祖紀下〉，太和十四年二月及十五年正月條。語史官則載於卷末之綜述，見頁 23C。

併入門下省；而門下、中書省據令已是宰相兼供奉機關，構意較孝文帝更進一步矣。及至唐太宗於門下省置起居郎，高宗復於中書省置起居舍人，使兩省皆有修注官，實即承隋制而建爲永制也。〔註59〕前引唐太宗與褚遂良談話的內容，正見孝文創建此制的落實表現及對後世之影響。

孝文有律令觀念，而對此又出於自覺上之需要，因而並非口說而已之徒。494 年（太和十八年）遷都洛陽後，行之更切，曾責罰宰相廣陵王羽以下失職大臣。其中責守尚書尉羽云：「卿在集書，殊無憂存左史之事。……」責盧淵云：「卿在集書，……嘗不以左史在意。如此之咎，罪無所歸！……」又責散騎常侍元景云：「卿等自任集書，合省通墮，致使王言遺滯，起居不修。如此之咎，責在於卿！……」他也曾與另一宰相任城王澄論革新禮教，深怪澄言不當，竟指示曰：「一言可以喪邦者，斯之謂歟？可命史官之！」〔註60〕這種即時書惡以達制君經世目的，其實踐意志可知。起居注爲國史最重要的原料，要求修史書惡，若修史時斟酌刪去，則用心枉然矣。孝文曾對著作官韓顯宗和程靈虬有所批評諷嘲，《魏書·韓麒麟列傳》云：

> 高祖曾謂顯宗及程靈虬曰：「著作之任，國書是司。卿等之文，朕自委悉。……」又謂顯宗曰：「見卿所撰《燕志》及在《齊詩詠》，大勝比來之文，然著述之功，我所不見，……可居中第。」高祖又曰：「卿爲著作（時任佐郎），僅名奉職，未是良史也！」
>
> 顯宗曰：「臣仰遭明時，直筆而無懼，又不受金，安眠美食，此臣優於遷、固也！」高祖哂之。〔註61〕

顯宗有文才，其僅名奉職若非懶惰，即爲仍震於浩案的影響。要之，孝文帝自覺史須制君經世，而督責史臣實踐之志甚決，且親閱記、注以作考課者甚明。褚遂良、劉洎答唐太宗，論史官職責及史書功用，實本於此。至於說「不聞帝王躬自觀史」，遂良若非無識於崔浩、高允、孝文帝、李彪、柳虯等北朝此系發展的傳統，則是內心另有所思，懼唐太宗開天子觀史之例而殺害史官

〔註59〕機關建制及官員編制，各據其官稱見於《五代史志·百官志》、《舊唐書·職官志》、《唐會要》卷五十六〈起居郎、起居舍人〉項。

〔註60〕事分詳《魏書·廣陵王列傳》（卷二十一上，頁58A），及〈任城王列傳〉（卷十九中，頁50A）。

〔註61〕顯宗乃麒麟次子，其長兄興宗亦曾以秘書郎參著作事，引文見卷六十，頁137D。靈虬從父駿，自文成帝時屢任佐郎及郎，485 年卒前，啓孝文擢其從子爲佐郎，後亦遷著作郎（見同卷〈駿傳〉）。

之可能也。

　　大體而言，五胡史學及其制君觀念的因子，上承漢魏，而下啓北朝。四世紀東晉史家的批判風氣所帶來的經世制君思潮，亦隱然有窒於南而傳於北的趨勢。於是崔浩、高允等承風推動於前，孝文、李彪等因勢改創於後。左、右史制度的重建，實爲制君觀念的落實化與制度化，且依律令作爲運作者也，與「故事」化具有不同的法律意義。而且，將國史前序修撰權透過起居制度劃歸集書省之起居省，將終程修撰權仍置於秘書省之著作省，此離析分行的建制構想，遂爲齊、周、隋、唐所本。至於集書省依法令爲魏、齊的供奉密近機關，起居省隸屬其下，制君的政治意義和史學意義豈不明甚乎？斯則較南朝起居之純爲行政上之建制的意義，相距甚大也。隋唐將修注權移隸宰相機關，即順此而改革奠定者也。

　　孝文的構想化爲創制定令，其後並非毫無改變。自五世紀末至七世紀初，由於世局的變亂，遂成官修的魏體制過渡爲唐型體制的時期，其間變化的因素與過程頗爲複雜，故特闢下一節目以概論之。

四、六世紀北朝官修制度的變化與風氣

　　六世紀二十年代，鮮卑六鎮反，北朝世局自此動盪。六鎮反叛之意義，具有胡、漢種族問題及漢化、反漢化問題的內涵，陳寅恪先生言之已審，不贅。反叛過程中，爾朱榮、元天穆集團首先取得了朝政專制權，三十年代以後則爲高歡集團繼起。他雖然起用北魏原有的漢人官員，或置之宰輔大臣，但也常因他們輕視文化較低的胡人及主張排胡用漢，故常殺之而不悔，高德政、杜弼即爲顯例。〔註62〕

　　叛亂集團既敢叛亂，當然不會將政治或法律上的懲罰放在心中。他們無法無天之餘，似乎僅對歷史記載頗爲不放心而已，殆即孝文提倡「以史制君」，於此時由隱而顯，自漢及胡，漸見效果。

　　最初，他們對北魏史官捶毆凌辱，如元天穆欲捶撻「大才士」修注官溫子昇，魏收則被高歡嫌疑捶楚，〔註63〕此殆爲對國史及史官之敵視也。然而

〔註62〕參《北齊書》二人本傳，〈高傳〉見卷三十，頁38D～39B；〈杜傳〉見卷二十四，頁34D。

〔註63〕溫、魏皆北朝文豪，溫事見《魏書・文苑列傳》本傳（卷八十五，頁192A），魏事見《北齊書》本傳（卷三十七，頁45A～B）。《魏書・序傳》當然不會述

注修、修史二權，俱在漢人史官之手，凌辱捶撻，不能阻其書事記言。於是山偉、綦儁等代北胡，遂主張「國書正應代人修緝，不宜委之餘人」，由是將修史權由漢人手中沒收過來。高歡以山偉爲衛大將軍・中書令・監起居注，尋又命其以本官復領著作。山偉與綦儁主持大籍，起用粗涉文史之代人如劉仁之、宇文忠之等，實際進行撰述工作，此誠種族、文化之相互歧視意識，以及害怕「以史制君」的恐懼意識，三者之間混淆交熾的反應也。其結果造成《魏書》所云：

> 二十許載，時事蕩然，萬不記一。後人執筆，無所憑據。史之遺闕，偉之由也。〔註64〕

這種情勢，在高氏專政局面稍定後，始有改變。此改變最先之原因，當爲親附高氏的漢人，在成爲心腹，取得信任後，頗以史學以及其功用論啓示高氏父子。茲以魏收事情爲例。司馬子如乃高歡權寵之一，魏收因其推薦及美言，始漸爲高歡所優禮。收投靠高歡，據李百藥《北齊書》本傳云：

> 收本以文才，必望穎（穎）脫見知。位既不遂，求修國史。崔暹爲言於文襄（歡子高澄）曰：「國史事重，公家父子霸王功業，皆須具載，非收不可！」文襄啓收兼散騎常侍・修國史。

子如及崔暹乃高氏父子寵臣，他們推薦魏收當在四十年代末至五十年代初期之間，高歡未死之前也（死於 547 年），此時仍爲東、西魏對峙之局，魏祚名義上猶未亡，高氏即以其父子在魏「功業」爲念矣。然而魏收《魏書・序傳》自述云（《北齊書》本傳略同）：

> （高歡謂司馬子如曰）：「魏收爲史官，書吾善惡。聞北伐時，諸貴常餉史官飲食。司馬僕射（子如）頗曾餉不！？」因共大笑，仍謂收曰：「卿勿見（陳）元康等在吾目下趨走，謂吾以爲勤勞。我後世身名在卿手，勿謂我不知！」

〈序傳〉又云：

> 初，帝（高洋）令群臣各言志。收曰：「臣願得直筆東觀，早出《魏書》！」故帝使收專其任。……帝敕收曰：「好直筆，我終不作魏太武帝誅史官！」

高洋時已篡東魏，於 551 年詔收專在史閣修魏史也。由此三段談話，可知司

其早年被捶辱之事也。

〔註64〕偉、儁、仁之、忠之皆代北胡人，事詳《魏書》，卷八十一各該傳。

馬子如、崔暹、陳元康（元康曾於 534 年修起居注）等高氏權寵，正是啓導高氏父子歷史意識者。及至高洋篡位，魏收此時已成爲高齊心腹文人，故也成爲啓導高洋者之一。

高氏父子歷史意識之增強，是改變胡人控制修史局面的主因。事關他們的「霸王功業」及「後世身名」，自不願山偉等遺闕蕩然之局面持續下去，因而將修史權及修注權，交還託附漢人之手也。

改變局面的其次原因，除上述歷史意識增強外，似尚與南朝天子修史的啓示有關。前期桓玄修注，早已騰笑北朝，後期梁元帝修史，亦見笑於北方。梁亡之時，正是高洋在帝位時代，梁簡文帝綱之子蕭大圓北走，後爲北周滕王迪友。史載其某次對話云：

> 迪嘗問大圓曰：「吾聞湘東王（梁元帝）作梁史，有之乎？餘傳乃可抑揚，帝紀奚若？隱則非實，記則攘羊！」
>
> 對曰：「言者之妄也，如使有之，亦不足怪。昔漢明（帝）爲〈世祖（光武）紀〉，章帝爲〈顯宗（明帝）紀〉，殷鑒不遠，足爲成例。且君子之過，如日月之蝕，彰於四海，安得而隱？蓋子爲父隱，直在其中，諱國之惡，抑又禮也！」
>
> 迪乃大笑。〔註65〕

北人似乎認爲桓玄、梁帝之修記注，乃是隱國惡、諱君非的心虛表現。當宇文迪以此相質，大圓竟以爲當然無足怪者，且夸夸然以爲得直合禮云云。這種傷害史學可信性之根本者，北朝前有孝文帝之矯正，當時北周亦有柳虯之理論在也。滕王安得不大笑。

然而，西魏北周之人或許騰笑於此，但東魏北齊情況則不然。高歡將修史權由胡人交還漢人之手，是因知道史之爲用，可以文非飾過，博取不朽也。他命令魏收修史，前提當然在錄其「霸王功業」、彰其「後世身名」也，否則胡人修史或史之殘闕，只有對其父子篡跡有利，無需交由漢人修撰。梁朝天子修史，殆盡爲北方所悉；但上述對話的涵義，正足以啓示統治者之生心。蓋高父子文采拙劣，自無可能親撰國史，若得才足以撰史的親附文人爲之，即可解決此問題。高氏篡逆若得解釋爲「霸王功業」，即是可比美齊桓、

〔註65〕 梁氏君主及子弟多有文才，能撰史，簡文帝撰史已見前述，大圓亦在北周撰《梁舊事》三十卷，顯然也爲史家。滕王之問與笑，實有意義也。事詳《北周書·蕭大圓列傳》，卷四十二，頁 63C。

晉文也。前有梁武帝「作賊」，而《梁書》寫成起義革命；後有唐太宗逼君弒儲、弒兄屠弟，而實錄得解釋爲「周公誅管、蔡」。異車同塗，如出一轍。高氏前有歷史意識若彼，後殆得梁史啓示如此，修史權交還漢人正其宜也。高氏父子據上引史料，顯然故意不提「以史制君」的功用，而集中焦點於以史揚名，以史飾姦之功用上。當高洋聲明「好直筆，我終不作魏太武帝誅史官」，無異提醒魏收以崔浩直筆被誅之例。後來唐太宗讀實錄，指示「史官執筆，何須有隱，且即改削浮詞，直書其事」，可謂善學高洋者也。蓋一爲桓文霸業，一爲周公征誅，當然不須有隱，須好好直筆而書者。

六世紀中期，高氏這種轉變顯然沒有爲官修史著帶來正面的刺激，相反的卻有不良的影響。

首先，高氏目的在驅使史官稱述其功業、頌揚其身名。此目的之外，他們並不理會太多餘事，例如史官受賕失實，高氏父子雖知之而不過問，抑且引此作爲談笑之資。北齊史風之劣，此爲重要因素。其中以魏收之大文豪，主持修《魏書》後又監齊史，實際爲魏齊史壇祭酒，故其行爲影響尤大。

當初魏收求修史，即有圖官漁利之意。他的公然受賕以作立傳書事之資，《北齊書》本傳言之甚審。李百藥乃李德林之子。德林在魏末齊朝，與諸朝貴甚稔，爲魏收所器重與友善，也曾任北齊史官，故爲隋文帝敕令修《齊書》。是則百藥繼承父業，書收輕薄姦醜諸事，應不至於厚誣。〔註66〕李百藥謂魏收及其手下史官，常以愛憎恩怨書人善惡。收且每言「何物小子，敢共魏收作色!? 舉之則使上天，按之當使入地」！〔註67〕他與崔悛的恩怨，應值提出作例，以見北齊史風。

崔悛系出清河高門第，素以門閥自恃，又恃與高歡謀起事，故頗矜縱。稍後爲常侍，求人修起居注。人推薦收。悛以其「輕薄徒耳」而卻之。既居樞要，後又奪魏收中書郎之官。高洋篡位，悛除侍中監起居，收則專典魏史，二人長期銜怨不協，至此「悛恐被惡言，乃悅之曰：『昔有班固，今則魏子！』收笑而憾不釋」。〔註68〕魏收縱肆之況可知。

蓋崔悛爲高氏父子心腹樞要之一，高氏委以監領起居注，其信任可見。但是，起居注對象爲君主，不能書群臣善惡，且爲前序性記錄而已，國史終

〔註66〕德林與收等關係，詳《隋書‧德林傳》，卷四十二，頁 1193～1209。
〔註67〕《北齊書‧魏收列傳》，卷三十七，頁 45C。
〔註68〕詳《北齊書‧悛傳》，卷二十三，頁 32C～D。開明書局鑄版。

程性著作乃是國史。魏收既掌握國史修撰權，則以崔悛之親貴，亦不得不諛媚之，他人可想而知矣。魏收既敢以此姿態對崔悛，蓋憑藉高洋專委以修《魏書》而已。是則高氏利用魏收爲稱功頌美而縱肆之，收亦利用此關係而漁利陵人，情況甚明。

《魏書》於554年完成，隨即爲世人稱爲「穢史」，訟其失實者百餘人，高洋爲降敕，令《魏書》暫勿施行，令百官博議，聽訟者投牒。投牒之多，收無以抗之，且群臣多言其書不實，遂復敕更審。事實上，高洋一度重懲部份投訴者，但無以遏止此投訴情勢也。至齊亡之歲（577 年），收冢竟被發，棄骨於外；且以後約一個世紀間，《魏書》一再爲官方或民間所重修，名史家李百藥、李延壽等亦公然於史書指其不實。是則魏收及其《魏書》之所以得惡評追怨，誠國史上空前絕後之例，未易翻案也。〔註69〕

高氏因前述目的而將國史修撰權由胡人控制交還由漢人主持，選定魏收專任其事；並只要魏收達成此任務，其餘則縱其所肆。事實上，魏收評爾朱榮爲篡逆，是則高氏父子亦然，但閱《魏書》所述高氏事跡，則知收已達成任務，且收又於高氏與宇文氏、蕭氏爭正統之時，頗偏祖於高氏，此對高氏政權的解釋極有利。是以高齊君主，始終支持魏收的《魏書》，且不惜重懲投訴者以遏止訟風。由前述意識目的，至此之心態表現，無異樹立了一個榜樣，此即：國史應以諱國惡、揚君美爲主要原則，如此官修的國史應禁止他人議論也。

國史只宜官修，不能成於私家，此義李彪早在六世紀初提出。五十年代高齊如此支持魏收之《魏書》，至不惜重懲訟議者，無異樹立官史之權威性與不可議性。是則四十年後——隋開皇十三年（西元 593 年）——楊堅下詔，命令「人間有撰集國史、臧否人物者，皆令禁絕」，〔註70〕應爲篡逆之君，前

〔註69〕近人周一良曾撰〈魏收之史學〉一文（收入杜維運等編《中國史學史論文選集（一）》）爲收辯訟，頗見同情之思。但其論證尚有待商榷者，如魏收受爾朱文暢金而爲其父爾朱榮作佳傳一例，周氏舉〈榮傳〉之論，謂其詞是褒是貶昭然明白，指後人厚誣（參頁 342）。筆者以爲單就此論言，即可見魏收似別有筆意。他先批評爾朱榮篡逆殘殺，得罪人神，然而末云：「向使榮無姦忍之失，修德義之風，則韓、彭、伊、霍何足數！」表示承認爾朱榮實有韓彭伊霍才幹，或者過之也，只是德義不及爲可惜而已。是則史謂魏收受金擬榮於伊霍，顯未完全非實。類此可待商榷之例尚有，不贅。且除《北史》之外，《魏書》所本史料及後來改修之魏史多已佚，無從精確比較魏收是否有失。是則周氏之言，僅可備存一說。

〔註70〕見《隋書・高祖紀下》該年五月癸亥條，卷二，頁 38。

後心同,而至以法令完成此趨勢也。國史修撰權及議論權的禁絕,實兼反「以史制君」及統一歷史雙重性質之舉,是危害史學的空前決策。高氏對史學的影響可云大矣。

高氏的另一影響,厥為形成後世參修國史及監修國史的制度。

五世紀後期孝文帝改革,採修注、修史分離原則,其職掌在建制上分屬起居省及著作省,北齊承之,前面已述。至於北周宇文氏未改制前,大抵無改於此。及 556 年建六官,秘書省易名外史,下領著作;而著作郎易名著作上士,佐郎易名著作中士。是則建制系統不改,而改其官稱罷了。《史通・史官建置》稱其「名諡雖易,而班秩不殊」,甚是。不過,值得留意的是:魏齊在建制上由集書省下領起居省,由秘書省下領著作省,分為兩個不同的行政統率系統。北周則不然,改制後的修注權似劃歸外史,由外史下大夫(秘書監)掌領;亦即相當於由秘書監監本部掌領修注,而另由所屬之著作系統掌領修史,修注、修史同隸屬於一個系統也。至於外史下大夫,則為春官府(相當於唐之禮部)所統轄。〔註71〕是則北周建制與魏齊不盡相同也。即:修史、修注分離運作是相同的,但魏、齊為二元統率二元運作,而北周則為一元統率二元運作也。隋朝大體循北齊,只因廢集書省,故修注直隸宰相,由起居舍人掌領。唐朝摹倣周、隋,將史館由著作系統移隸宰相(姑先不論其省別)直接監領修注、修史二系統,是即一元統率兩元運作形式也,第政治層面提昇如隋制而已。

政治層面的提昇,可溯源至孝文帝死後,而初行於修注。在建制上修注、修史雖有專官——左、右史及著作郎、佐,但參史的慣例實未廢。孝文死後,「修起居注」、「修國史」的授權用辭,逐漸形成職稱化,慢慢取代舊有之參、領著作諸名。官非專任而以他官充職,既非該官之本官法定職權,而本官又往往高於或密近於著作與左、右史,是則勢須覓一更高、更密近之官員監領其事。前述孝文帝責罰諸大臣修注不力,正是日後需設監修的原因所在。孝明帝(孝文之孫,515～528 年)以後,裴延儁、祖瑩、李神儁、高隆之等,曾先後以集書省或其他機關密近樞要官監起居注。〔註72〕隆之殆為元魏最後

〔註71〕北周改制後,自《唐六典》、《通典》以降,諸書對外史及著作之建制、職權多未釐清,甚至謂「著作不預史事」云云,致生誤解。對於二官建制、職權,王仲犖《北周六典》(臺北:華世出版社,民國 71 年 9 月臺一版)頗有整理,參頁 189～192。

〔註72〕分詳《魏書》,卷五十四延儁、卷八十二瑩,《北齊書》,卷十八隆之、卷四十

之監注官，而前述之崔悛則爲北齊早期之監注官也。魏末北齊，幾乎國有文化大事，則置監司，監太史、監金石、監撰御覽等等名號，史傳多見。國史乃國之大典，前序性工作的修注既有監司，則此終程性工作在此情況下亦將置司而止。

「監國史」職殆奠基於高齊，爲北周所效法者也。北朝國史之有監司，自崔浩始。當時除著作官參預修國記外，另大量調他官「參著作事」，故崔浩以「司徒‧監秘書事」爲職稱。西魏於537年（大統三年），趙善「轉右僕射兼侍中‧監著作」，似即因此而來。西魏當時著作雖隸秘書省，但只爲其長官所統領，卻不受其監督。西魏秘書監丞統領並監督著作，殆自六世紀中期之柳虯始。因而北周改革，官修出現一元化監領，應爲很自然的發展。〔註73〕宇文氏在西魏時代，由於修史官往往以「某官領（或兼）著作‧修國史」爲名義，斯則循舊例以他官「監著作」，乃至逕由秘書監、丞監領，應爲正常之舉。

高齊監修始於551年（天保二年）以前。魏收之奉敕修魏史也，稍後文宣帝高洋任命他爲魏尹，但「優以祿力，專在史閣，不知郡事」。554年書成時則以梁州都督‧前著作郎掛銜，參預諸臣皆非著作官，直以本官繫「修史」職稱，共同上表獻書。是則魏收奉敕修史時當爲著作郎，又由於已入北齊而修魏史，故不稱「修國史」也。〔註74〕高隆之在北齊建國時，即以「太保‧錄尚書事‧領大宗正卿‧監國史‧平原王」身份監修國史（時收仍修史）。及至魏收專史局，〈序傳〉稱：「又詔平原王高隆之總監之。隆之署名而已。」〔註75〕是則高隆之以宗室宰相總監魏史及齊史也。其才力、精力能否勝任竊可疑。所謂「署名而已」，當謂隆之甚少過問魏史事。北齊開始即以宰輔監修國史，以後監修國史的魏收（曾以太子少傅‧監國史，中書監兼侍中‧監史）、趙彥深（左僕射‧監國史，尋遷尚書令）、崔季舒（侍中‧監國史）、祖珽（左僕射‧監國史）、崔劼（五兵尚書‧監國史）、陽休之（光祿卿‧監國史）等

二陽休之各傳。
〔註73〕趙善事詳《北周書》本傳（卷三十四，頁49A）。大統十四年（548）柳虯「除秘書丞。秘書雖領著作，不參史。自虯爲丞，始令監掌焉。」（同卷，頁56D～57A）
〔註74〕詳《魏書》開始之〈前上十志啓〉，卷一○四〈序傳〉，《北齊書》，卷三十七本傳。
〔註75〕語見同上注〈序傳〉，頁235C。又隆之死於書成之年的八月。

等，皆以宰輔大臣監修，且皆爲齊君的親近之人。

監修的意義可能有二：一爲監督史臣有效地進行工作；一爲以官方意識干預修史。七世紀末劉知幾批評監修制度，即以後者爲焦點，而旁及前者。〔註76〕假若高隆之「署名而已」，則表示實際監督工作者少，或僅偶作原則性與政治性之提示而已。讀《魏書・序傳》及《北齊書・收傳》，知魏收被委以史任，已漸成爲供奉侍臣；但修成《魏書》以前，猶未即爲高洋之心腹寵臣也。是則高洋雖委以修史，而卻另委高隆之總監，應爲未盡放心之意也。高歡、澄、洋三父子長期委魏收修魏史，動機在利用魏收稱功頌美、取後世身名，茲事體大，宜其不放心，故另令宗室宰臣監之。修前代史而令宰臣監之，乃是北齊創舉。或許魏收完全本著高氏父子的上述意思而行，高隆之自然落得輕鬆而不干預也。所論若是，則高氏父子影響於中國史學又可知也。

六世紀鮮卑六鎮反叛，不但斷喪了北魏國祚，而史學觀念、風氣、制度，皆受其影響而變動。當統治者愈來愈重視史學的稱功頌美、諱惡飾非，而朝反以史制君方向發展之時，官史遂日益權威化，乃至有絕對化的傾向，新的參史及監修制度亦漸形成，整個史學體系政治氣味日濃，而馴至有國史變成政治工具的趨勢。這些變化甚爲複雜，本文所論不過是其大略而已。這些變化對史學成立的第一原則——歷史必須眞實，與史學獨立自主的要件——讓撰史者獨立研究以成一家之言，無異是傷害很大的。隋楊素一再奏請重修《魏書》，除了認爲其書是「穢史」外，應尚包含了爭正統——反對魏收偏黨東魏北齊——的政治意義。楊素又奏與陸從典等修通史，蓋效法梁武帝欲統一中國歷史，以罷廢眾史之深旨也。即使七世紀二十年代，令狐德棻奏請唐高祖大舉修六代史（北魏、北齊、北周、隋、梁、陳），說服李淵的理由之一，即爲「陛下既受禪於隋，復承周氏歷數，國家二祖，功業並在周時，如文史不存，何以貽鑑今古」？〔註77〕是亦同於崔暹說高澄所謂「國史事重，公家父子霸王功業，皆須具載」的心態意識而已。646年唐太宗李世民在五代史完成後，下詔修《晉書》，用意之一亦爲了涼武昭王李氏——唐室先人也。

唐代修史如何實際發揮其政教效用，容後另文撰述。要之，六、七世紀

〔註76〕詳《史通》，卷十〈辨職〉、〈自述〉，卷二十〈忤時〉諸篇。
〔註77〕參《舊唐書・棻傳》，卷七十三，頁3325D。

之間，君主控制歷史已嚴，國史修撰權、議論權皆在禁止之列，抑且官修之史亦特置監司矣。在此情勢之下，史家撰史或爲時君立說頌德，或爲君主以史制臣民，不一而足，大違以前孝文帝、柳虯等倡揚史學之旨。例如名家大文豪李德林，先後任齊、周史官，仕隋文帝爲宰相，曾撰齊史（未成。故其子百藥續成之）。但讀其〈天命論〉──頌揚隋之聖德眞命，痛斥陳之盜竊迷命，則其原著之觀點立場可疑也。德林之論取法於班彪〈王命論〉及班固〈典引〉，以頌揚本朝爲主，入主出奴大於眞知灼見。〔註78〕又如魏收從弟魏澹，與德林在北齊俱修國史，入隋爲著作郎，奉詔重撰《魏書》（今佚）。史載其義例，對司馬遷、班固、陳壽，范曄及收大加貶碱，聲言特重「直書」及「勸戒」，發揚「尊君卑臣」之義，痛抑「逆臣賊子」之行云云。文帝甚善此書，表示澹能承其意旨而書耶？未知澹對楊堅等「逆臣賊子」又有何意見？宜乎其書不傳也。〔註79〕又如許亨、許善心父子，乃南朝梁、陳之名史官。亨修梁、陳二史未成，善心仕隋，續成父志修梁史。自述制作之意，其中之一即爲「國惡雖諱，君舉必書，故賊臣亂子，天下大懼」。是以其書分具臣、孝德、誠臣、逸民、止足、權幸、羯賊、逆臣叛臣諸彙傳，以名教繩賊臣亂子之意甚濃。然而國惡已諱，則賊亂之源不能澄清；君非既隱，則所書除頌德之外尚有何事？若賊臣亂子一旦成爲君主，則必須爲之隱諱，是於「以史制君」之義，顯然南轅北轍也。無怪其子許敬宗（唐高宗宰相）極盡逢君之惡的能事，並一再爲太宗、高宗、武后曲筆修史也。《新唐書》將之列爲〈姦臣列傳〉的第一人，難道是家學所致，蓋有由耶？〔註80〕

　　李德林、魏澹、許善心只是當時許多史官、史家之一，但他們的名氣甚大，其撰述有足夠的影響力。或許他們也有「以史經世」、撥亂返正的意識，故倡揭誅姦貶賊的春秋精神。但不可不知的是，他們道德批判的基點，大抵是建在時君──現行統治者──好惡的觀點之上的。除北魏外，自曹操父子以降至唐高祖父子，開國之君皆是野心人物，是篡逆之人。歷史不能正其篡

〔註78〕詳《隋書・德林本傳》，卷四十二，頁 1203～1206。

〔註79〕魏澹乃魏季景之子。季景乃收從叔，雖有才學，歷官著作，但收常輕忽之（參《北齊書・收傳》，卷三十七，頁 45B；及〈魏蘭根傳〉，卷二十三，頁 32A～C）。是則魏澹一者格於君命，逢君之旨，一者或與收有父怨，故批評魏收，並改寫其書也。其義例參《隋書》本傳（卷五十八，頁 1416～1420）。

〔註80〕許敬宗曲意篡改唐史，逢君之惡，今人多已知之，兩《唐書》有傳，另本書第十一章第五節亦詳論之；許亨《梁書》有傳。善心之論述其梁史，見《隋書》本傳，卷五十八，頁 1428～1430。

逆之行爲，且反而爲其稱頌德命，是則徒爲以亂濟亂也，附從或效法之臣民焉能不逆亂？魏晉南北朝數百年政局，不是與史書傳播之成王敗寇、入主出奴思想有關耶？從魏收以降至隋唐史臣，若眞有知於此，必會格遵「以史制君」之旨，以收正本清源之效；若無知於此，而仍因循誅姦貶賊的經世傳統，則其批判標準將是虛僞的、雙重的。假若知制君之旨，但勇氣不足以抗衡時君及現制，此即中國史學常見之大不幸，齊周隋唐出現的觀念、風氣及修史制度，誠值得重視再檢討也。至於許敬宗流，則誠史學之罪人，本身即應爲史家所當率先批判者也。

史不可亡，而史有經世制君之大功能，除經學闡揚之外，自《史記》初創國史即倡斯旨。經世則必論政與教，政教之權源又操諸君主，故史學講經世致用者，其極致必指向以史制君。本文前面謂制君爲經世思想中最尖銳的觀念，其故在此。然而君主能自覺應受直書所制，如北魏孝文帝者甚少，此則行使權影響所及，必令君主、史臣兩皆恐懼而互相不安。

漢、魏、（西）晉在君主有形無形監視之下，此史權行使並不彰顯。國史若非飾君闕如班固，則往往闕而不書如陳壽。「不書之義」雖是對人君控制國史，所能表現之最沈重抗議，但史權此兩極性發展，終非史學及國家社會之福。東晉史官史家似有見乎此，始重興制君經世之思，然亦僅止於委婉隱約爲之，或借前代國史以影射。及至劉宋以降，君主權威逐漸重建，且人主亦竟相率撰史，則此風遂衰，並有史學爲人君所利用之趨勢。

五胡原承漢儒經史之學，乘胡主亂國之餘，頗有秉直書記之例，但屢致史禍，崔浩案爲其尤烈者。及至孝文、李彪出，經世制君之旨始得公然倡行，史權行使創爲制度。時值魏、梁之世，斯時史風史制，北朝勝於南朝，下開李唐之局面。然於魏末北齊之際，一度敗壞，史書爲君主權臣虛美隱惡。修史因能上下其手而圖利，其至人君透過宰臣心腹之監修以加強控制，敗壞之風，此時又逾於南朝之梁陳也。監修之風雖亦下開李唐之局，但幸孝文、柳虬、劉知幾一系倡揚制君經世的觀念，隋唐史壇風制，遂未至大壞，而尚有可足觀者。

大體言之，四世紀東晉史官史家重振制君經世之風，至五世紀竟由北朝君臣所承襲而落實，其後一度中敗，仍能下開隋唐之局。中國近代官修制度淵源於唐。李唐承受於北朝者多，南朝者少，其制度落實形成之背後思想觀念，脈絡仍可得以清楚考知，如上述者也。

第九章　正史及其形成理念（上）

一、史不可亡意識與完美主義的史學意義

　　大體而言，自西漢至唐初此八個世紀間，史學發展約略可劃分為兩大階段。前面論及的新史學運動（西元前二世紀後半期至三世紀）是第一階段，此下至七世紀中期為第二階段。

　　第一階段期間，「正史」此一觀念猶未明朗，但自班固以降，「國史」的概念已明顯。由史不可亡論進展至「一代大典」的國史觀念，不但隨著完美主義而展開，抑且提昇為國家級的撰著工作，從而奠定了官修制度。這時期，紀傳體新史學成為史學「正法」，獨擅史學制作之場，與「國史」觀念皆為促成此下「正史」形成的原因。雖然史學各類著述已日漸興起，但未至鼎盛。史學能夠脫離經學的附庸，則已日見端倪，此與史學本身的獨特性質和功能有關，也與國家級力量介入和重視有關。這些性質和功能，包括了史不可亡論、及時修撰論、完美主義、實錄主義、定論主義、功用主義等表現。亦即歷史是過去真實發生過的，因其真實故有價值，因其真實故能產生功用；能及時和完美的修撰，則其價值功能將愈大。這些認識的日明，就是上述各種表現形成的基礎；上述表現愈明，則儘管經學權威仍盛，而史部亦將會脫離而析出之，且不會隨其衰落而衰退，反會因世道的衰亂及經學之衰退，日益顯出其重要性和獨立性。

　　第二階段承前發展，本文次章所論司馬遷的觀念意識，尤其經、史差異論的觀念已大明，因而上述各種表現日趨成熟，官方介入程度和民間私撰的風氣大盛。由於風氣盛，著作多，故蔚成學術大宗。石勒的羯族政權初創於

319 年，即在建社稷百官之同時，創立了經學、律學、史學三種學術的官司結構，《晉書》卷一○五〈石勒列傳下〉對此有明述。這時，南方的東晉正考慮重建史官諸問題，復經長期的時代大批判，多假史學進行之，則史學的獨立自主價值和功能，至五世紀可說完全得到了確認，故宋文帝終在 438 年（元嘉十五年），繼石勒之後，由官方正式頒創玄、史、儒、文四學。復因正統之爭，正統主義在史著的內在表現及外部分類兩方面愈來愈明顯。史部此時範圍日廣，種類多而又數量多，遂由此產生「正」的觀念，且日益明顯化，終至由最重要的史部著作範疇──國史──取得了「正史」的「正統」地位。自宋武帝劉裕篡晉，尋即詔令王韶之掌修（宋）史；建國約六年（西元 426 年，元嘉三年）之後，宋文帝劉義隆又詔大文豪謝靈運修撰前朝（晉）國史。嚴格說，官方修本朝國史乃東漢以降慣例，修前朝國史乃宋文帝所首創，自後遂亦成為中國之慣例，此與上述第一階段之史不可亡論、及時修撰論、完美主義、定論主義等觀念意識，乃至當時熾盛的正統主義，皆有密切的關係。

史學成為一種獨立的學術，對當時大目錄學家王儉（452～489）影響並不甚大。他可能格於劉向、歆父子的學術分類七分法觀念，對史學發展潮流此種大趨勢缺乏敏感，故在 473 年（宋廢帝永徽元年，北魏孝文帝延興三年）所完成的《七志》中，史部尚附入〈經典志〉之內，未離經獨立。但由於五、六世紀時，史著已盛，尤其有許多名家在官方指導或私自撰作下，紛紛投入國史研撰的陣營之中，如范曄、臧榮緒、何承天、裴松之、沈約、江淹、吳均、蕭子顯、蕭子雲等，及北方的崔浩、崔鴻、高允、李彪等，遂使史部學術顯得更重要；加上六世紀前半期梁武帝父子皆興文之王，武帝敕修《通史》在前，元帝倡導「正史」於後，故阮孝緒（479～536）在梁世完成《七錄》，遂拔史部為〈紀傳錄〉，離經獨立，正式確定了史部在中國學術分類上的地位，為唐修《五代史志‧經籍志》所本。〔註 1〕宋文帝由官方頒定

〔註 1〕許世瑛曾對《七志》、《七錄》及《五代史志‧經籍志》之關係，頗有論述。但其人論述之間，頗有濃厚的正統意識，所以對七分法如阮錄收列佛、道，指為方外之書，非真正之七分法；碻據七分法者，只有王儉一家云云（其說詳其《中國目錄學史》，頁 36～45；臺北：中華文化出版事業委員會，民國 43 年 10 月版）。鄙意學術分類非如世俗宗教，不宜有方內、方外之分。阮孝緒《七錄》收入佛、道二錄，正得探究人類學術總體而辯章之的要旨，也正是他超越王儉及前賢之處，許氏持據正統意識而辯章學術，殆有不當，是以較不易察見人類學術之真正問題，對孝緒之卓識有所蔽也。孝緒〈七錄序〉

「史學」的地位，使之確定爲一種學術，至於此學術範圍所部，則至此亦告正式奠定。

　　《七錄》於史部本身分類中，將史著分爲國史、注曆、舊事、職官、儀典、法制、僞史、雜傳、鬼神、土地、譜狀、簿錄共十二部，實代表了時人對史部學術及其範疇的認識。不過，儘管阮孝緒據正統主義將國史級著作，劃分爲「國史」及「僞史」兩部，但「國史」猶未正名爲「正史」。晚他二十九歲的梁元帝蕭繹（508～554），與父兄一樣是位大藏書家及學者，史學著作甚豐，有書八萬卷，爲魏晉以降所鮮見，即位後曾整理其江陵藏書，殆「正史」之名自他首訂。他曾分析讀書教育之要，鼓吹讀書以經史爲最重要，說：

> 處廣廈之下，細氈之上，明師居前，勸誦在後，豈與夫馳騁原獸，同日而語哉！
>
> 凡讀書必以五經爲本，所謂非聖人之書勿讀。讀之百遍，其義自見。此外眾書，自可汎觀耳。「正史」既見得失成敗，此經國之所急。五經之外，宜以正史爲先。譜牒所以明貴賤，明是非，尤宜留意；或復中表親疏，或復通塞升降，百世衣冠，不可不悉！〔註2〕

其實「正史」及「譜牒」，皆爲《七錄》史部十二類之一，故元帝實即提倡讀經史。他首訂「正史」之名，江陵藏書分類後又被《五代史志》列入重要目錄學術之一，是則《五代史志》將阮氏之「國史」易爲「正史」，恐承梁元帝之旨也。經有關教，史繫乎政，孝緒和元帝皆本於功用主義出發也，猶之如唐太宗所謂「以古爲鏡，可以知興替」之意。

　　史學地位至此已超乎諸子百家，其中正史的地位猶得上侔於經，斯則正史豈能假手於私家？加上其他諸種觀念意識，及其落實發揮而成的諸制度之影響，遂使私修本朝國史之風漸泯，而私修前朝國史之風亦日替矣。本章所欲探究者，即爲此諸種觀念意識和制度的發展及其關係，俾能從而窺悉中國

　　原對此問題有所解釋，但其論方內、外實非根據正統觀念，而是根據學術之範疇層次，二者不宜混亂；可詳見〈七錄序〉，收入《廣弘明集》，卷三，頁11～12。

〔註 2〕蕭繹乃武帝子，昭明太子之弟，與蕭子雲，裴子野等人爲布衣之交，著作等身，屬於史者亦不少，請參《梁書·元帝本紀》，卷五，頁15C、D。引文見其名著《金樓子·戒子篇》，卷二，頁12B～13A。又唐修《五代史志》，即列其江陵藏書爲重要目錄學之一，此爲經侯景之亂後官方尚存者。至於其私家藏書即達八萬卷，見《金樓子·聚書篇》，卷二，頁16B。

史學的重要特色所在。

國可亡而史不可亡，這是中國傳統史家的共識。這種觀念意識實為中國史學特色之一。中國史學發展得早，而又延綿不絕，蔚為學術大宗，實有賴於此。然而，這種觀念意識之根，實栽植於「不朽」的理念層次。人生可以不朽，是中國哲學上的重要理念，發源亦甚早。儘管在神仙方術鼓吹下，認為人之物質生命可透過某些途徑（此即方術），亦能達至長生不死，不過根據自然律，迄今猶未得到驗證，成為虛妄之事。古代許多理性主義的思想家，早就對此洞悉透徹。他們追求人生不朽的希望，目的不在違背自然律的物質生命之長生，而是欲突破此自然率的約束，達至精神生命的不朽；其方法不是運用方術，而是透過立德、立功和立言的人文方式來進行。古人認為個人生命的不朽，確可如此達成，然而這種認識的背後，實蘊涵了人生不是孤立獨善，也不能孤立獨善的人文精神。三不朽的方式雖說是追求個人的生命，但若脫離人文群體的大生命，德、功、言皆無可依托，也無從表現，非僅毫無意義，抑且個人之不朽終將無可完成。是則追求人生不朽者，終將從個人之小我進展至人文群體之大我。國家政府乃是人文群體組織之最大者，雖為追求不朽者所屬目留意，但其本身並非即人文群體的全部。國家（朝代）崩易，並不代表人文群體的毀滅；政府消滅，更非如此。然而，人文群體的絕滅——民族的衰毀、文人的消敗——才是人生最後的幻滅，人文群體之是否絕滅，其重大關鍵之一即為歷史是否中絕空闕。史文中絕，斯則小我、大我一切成空，不朽云胡哉？據此以觀，國可亡而史不可亡者，道理在此。

有亡國者，有亡天下者。國家興亡，肉食者須負其責；天下（古人言天下，常就人文群體而言）興亡，則匹夫有責。匹夫有責並非完全外爍的，而是兼由內自足的，具有此信念的史家，大多意識甚至直覺的瞭解此旨，知道其小我生命必須與大我生命結合一體，不必假外來的督促，本身即具有小我、大我必須俱生俱傳，不能讓史文空絕的所謂使命感。

個人的生命有時而盡，必須皈依於群體生命之中，透過生生不息的自然律，來達至永恆不朽。是則個人是人文群體的基本，許多個人的集結乃是其大者，無小我即無大我，相對的無大我亦將會無小我，民族文化明顯的是小我和大我的一體融凝之表現，其表現不但是整體的，而且也是持續全程的。秦漢以降，司馬談父子應是最瞭解此旨的史家。他們父子首先明確提出史不可亡論，乃歷史總體全程發展論。筆者試再贅引〈太史公自序〉，以探討其父

子此二理論：

> 太史公執遷手而泣曰：「余先，周室之大史也，自上世常顯功名於虞
> 夏，……汝復爲太史，則續吾祖矣。……孔子修舊起廢，論《詩》、
> 《書》，作《春秋》，則學者至今則之。自獲麟以來，……史記放絕，……
> 余爲太史而弗論載，廢天下之史文，余甚懼焉！汝其念哉！」
>
> 遷俯首流涕曰：「小子不敏，請悉論先人所次舊聞，弗敢闕！」

這段中國的「史學心傳」，事實上包含了如下意義：第一，功名必須在大我活動中創建。第二，個人的物質生命須由家族的生生不息以延續，個人的精神生命亦須待此而延續。司馬談不但有此自覺，亦以此啓發其子。第三，其父不但自覺繼起其家族的生命，而且覺識到家族以外尚有更大的大我，孔子以及許多開創文化的「先人」即大我之所在。他們將透過司馬遷而不朽及重生，司馬遷亦將透過他們以融入大我，獲至不朽。第四，自獲麟以來，諸侯相兼，朝代相易，但其父子完全意識到國可亡，史不可亡，史文之廢續與否，爲「史官」大責所在，不僅是義務問題。其後司馬遷改遷中書令，仍著史不絕，自謂：「余嘗掌其官，廢明聖盛德而不載，滅功臣世家賢大夫之業而不述，墮先人所言，罪莫大焉！」此則表示他充分瞭解，史文廢絕絕非「史官」的官守責任而已，也是「史家」的責任及義務所在。所謂天下興亡，匹夫有責即由此生。第五，司馬談論孔子之言，實意含孔子的事業，是統整當時的文化事業。孔子之六藝是當時的總體文化，也是超越朝代階段的全程文化。讓此總體而全程的文化透過小我的完成以傳下去，完成大我生命的繼起，乃是孔子生命所在。司馬遷能充分瞭解其父此旨，也能直接接觸孔子之眞生命，故再三興感強調云：「先人有言，自周公卒五百歲而有孔子。孔子卒後，至於今五百歲，有能紹明世，正《易傳》，繼《春秋》，本《詩》《書》《禮》《樂》之際，意在斯乎！？意在斯乎！？小子何敢讓焉！」是則司馬遷不但是其父的繼起生命，也是孔子的繼起生命，他繼承孔子者在此，而非壺遂所詢問題之所在。他自謂「述故事，整齊其世傳」，「略以拾遺補藝，成一家之言，厥協六經異傳，整齊百家雜語」，實即指此而言，亦即要通究人文群體的全程總體文化，提出一家之言以傳下去也。〔註3〕

史不可亡，然而史又必須是總體而全程的，斯則爲司馬遷開創新史學重

〔註3〕 這段分析及司馬遷對壺遂的辯解，應參考本書第二章〈司馬遷的新史學及其觀念意識〉。

大關鍵之所在。民族是許多個人生生不息的全程總體,文化則是這許多個人生生不息創造累積的結果,是則個人實為歷史之基本,群體乃其總合。欲要完備的載述這些全程總體的內容,編年史絕對難以達成任務。司馬遷所創的通代紀傳體,目的在透過個人(列傳)以集結成大群(全部的紀傳成為一史),述其人事因果,兼及諸種文化體相(八書),以時間貫穿之而完成全程(本紀及表)的研究。亦即紀傳通史的創立,實針對歷史必須是總體全程此一要旨而成也。換句話說,司馬遷開創新史學,其實在一種完美主義驅使下以完成——他需要創作一種完美的體裁,以完美地容納總體而全程的歷史內容,會通人類文化而整齊之,使達紹世興文,繼往開來之境地,而成就個人、家族及民族的生命。尤其經秦火焚書之後,此感更見逼切。十三世紀以後宋、元之際,鄭樵從批評馬、班史學出發,掌握了司馬遷此創作觀念與認識,於《通志‧總序》開章即為之闡揚,說:

> ……會通之義大矣哉!自書契以來,立言者雖多,惟仲尼以天縱之聖,故總《詩》、《書》、《禮》、《樂》而會於一手,然後能同天下之文,貫二帝、三王,通為一家;然後能極古今之變。是以其道光明百世之上,百世之下不能及。
>
> 仲尼既沒,百家諸子興焉,各效《論語》以空言著書,至於歷代實蹟,無所紀繫。迨漢建元、元封之後,司馬氏父子出焉。
>
> 司馬氏世司典籍,工於制作,故能上稽仲尼之意,會《詩》、《書》、《左傳》、《國語》、《世本》、《戰國策》、《楚漢春秋》之言,通黃帝、堯、舜,至于秦、漢之世,勒成一書,分為五體。……使百代而下,史官不能易其法,學者不能舍其書。六經之後,惟有此作!故謂周公五百歲而有孔子,孔子五百歲而在斯乎。是其所以自待者已不淺。……自《春秋》之後,惟《史記》擅制作之規模!……

鄭樵批評馬、班,筆者認為多有缺憾,宜持保留的態度。〔註4〕站在司馬遷的

〔註4〕 鄭樵有不少意見,筆者認為欠通或不妥者。茲舉接正文引文之後,論「大著述者必深於博雅,而盡見天下之書,然後無遺恨」,批評史遷「踽踽於七、八種書」故「博不足」,《史記》「全用舊文,間以俚語」故「雅不足」為例。按:博雅並非大著述成功的充分條件。讀書博者未必即有所得,行文雅者未必就能成一家之言,鄭樵可說對讀書創作的真義,並未有真知灼見,觀念之錯誤,遂使其書有淪為百科全書之嫌。再者,史遷是否僅「踽踽於七、八種書」?是否「全用舊文」?參潘重規先生所撰〈史記導論〉(收入杜維運等維《中國史學史論文選集一》,頁213~254),即可知其大誤。至於「間以俚語」,應是

角度看，班固《漢書》誠非論述總體而全程的歷史書，其關鍵不在體裁是否完美，而是內容不能完美。亦即紀傳體原即爲追求歷史總體的完美目的而創立者，《漢書》所述實已包含了西漢的總體文化活動，只是它不能包含人文群體的全程性，僅著眼於人文群體的最大組織——朝代國家——而斷限，使其變爲階段性而已。《漢書》確爲總體而階段性之書，鄭樵等通史家法的學者，往往即就此而對之大加批評。通史家法的史家，恆秉持完美主義的追求——精神理念的完美、形式的完美及內容的完美，故對斷代史多所不滿。然而通史家法的史家，另因完美主義而有內爭，爲解釋方便，仍以鄭樵、馬端臨等爲例。

　　唐朝以來，通史家法的史家及其名著，莫過於司馬光及其《資治通鑑》。《資治通鑑》在追求歷史全程性的完美角度看，實有缺頭缺尾之憾；在追求內容的總體性之完美角度看，亦有偏倚之失——偏於政治軍事。〔註5〕《資治通鑑》後者之失，正是編年史體裁上難以補夠的先天缺憾，司馬遷將之揚棄而另行創新體裁，編年國史在魏晉至隋唐雖曾與紀傳國史競爭「正史」地位，但終至被排出「正史」之外，最大原因當在此。司馬光最初構想是欲效法梁武帝的《通史》，第一部分奏上時即名其書爲《通志》，俟全書完成後始被賜名爲《資治通鑑》。鄭樵及馬端臨，即因執完美主義的不滿，發憤另撰，以補救《資治通鑑》之失憾。鄭樵鉅著屬紀傳體，書名仍稱《通志》，此即針對司馬光而來。嚴格而言，《通志》乃總體全程之書，但也如同司馬光般具有某種尊敬或恐懼的政教意識，故亦有缺尾之憾，與司馬遷貫穿上古至當代的全程性不盡相同。〔註6〕

傳眞的史才所在，爲述史之正法，劉知幾《史通‧言語篇》最能彰明此義（詳《史通通釋》，卷六，頁149～158）。由此觀之，鄭樵只是泛讀《史記》，並未完全深入瞭解於史學也。《通志》據臺北：新興書局影印本，民國52年10月新一版。

〔註5〕由於有《春秋經》在，司馬光不敢「僭聖」，故上限斷自周威烈王；又由於政治敏感，下限止於陳橋兵變以前。這是缺頭缺尾之憾，與其政教意識有關，當時其助手劉恕即大表反對。《通鑑》全書依朝代分紀，稱爲〈周紀〉、〈秦紀〉、〈漢紀〉等，方式及名稱則頗效法於荀悅之《漢紀》及袁宏之《後漢紀》，故連內容也如此二書般，偏重了政治軍事。關於這些問題，筆者曾爲時報公司改寫《資治通鑑》一書，於該書上篇有淺近的說明，讀者或可參之。該書列爲《中國歷代經典寶庫》叢編，民國70年元月出版。

〔註6〕鄭樵《通志》上起三皇，下至楊隋，文化制度則下至唐朝，對五代及宋不敢論述。《通志‧總序》自我解釋云：「《唐書》、《五代史》，皆本朝大臣所修，

　　馬端臨的《文獻通考》是一部觀念矛盾之下的著作。其〈自序〉對班固大加批評，謂固「無會通因仍之道」，此則是其承受鄭樵啓發之處。然而，他對鄭樵甚少提及與推崇，反而大讚八、九世紀時代，唐代的著名文化通史家杜佑及其《通典》。姑不論其是否有貴遠賤近等觀念，但其不能瞭解鄭樵何以撰述紀傳通史之旨，及鄭樵所發明孔子與司馬遷創作之旨，恐即與此有關。《文獻通考》的成書，據其〈自序〉云：「倣《通典》之成規。自天寶以前，則增益其事迹之所未備，離析其門類之所未詳；自天寶以後，至宋嘉定之末，則續而成之。」〔註7〕是則表示他的構想，只是欲繼《通典》之後撰一文化通史。然而文物制度乃人所創，前後有因革變化，故不論述人物事迹，則不能知世道背景及人物之因革動機等，斯則文物制度何以創？何以爲此人此時代所創？何以如此創作？皆將無所憑藉，於「會通因仍之道」何有哉？馬端臨爲何忽視人事及其他政軍諸範疇層次？此從他批評司馬光《通鑑》一書，謂其「詳於理亂興衰，而略於典章經籍」時，所提出的理論可以窺知。他說：

> 竊嘗以爲：理亂興衰，不相因者也。晉之得國異乎漢，隋之喪邦異乎唐，代各有史，自足以該一代之始終，無以參稽互察爲也。典章經制，實相因者也，……故非融會錯綜、原始要終而推尋之，固未易言也。
>
> 其不相因者，猶有溫公之成書。而其本相因者，顧無其書，獨非後學之所宜究心乎？

馬端臨此「相因與不相因論」，實在不「通」之甚。〔註8〕筆者無意批評他完全不懂歷史的意義及會通之旨，只欲指出，若順著其觀念發展，其所欲達到的「詳」與「備」之標準，是難以臻至的，下焉者恐有形成史料堆砌現象之虞。余讀《文獻通考》，竊以爲較鄭樵《通志》更具百科全書性格，原因或恐

微臣所不敢議，故紀、傳記隋。若禮樂政刑，務存因革，故引而至唐云。」（頁志3下）

〔註7〕詳《文獻通考・自序》，頁考3中。

〔註8〕引文同上註，頁考3上。所謂「理亂興衰」不僅是軍、政之表現，實即在某個時、空之下，人文群體大我的表現，其變動的原理是可推尋的，人類的經驗亦可重演，如此者歷史始得有鑑誡之功能。即以晉之得國而論，明顯的乃是遠法漢朝王莽的軌轍，近因漢相曹氏父子之故事；至東晉元帝開國及偏安，仍與東漢光武及蜀漢昭烈有所相似因襲之跡，余前已論之。斯皆人類經驗的重演，而非人事的再生。馬端臨不通之處，於此不便詳辯。

在此。是則通史家法的內爭，重點在內容是否完美之爭，形式次之。

　　大體而言，史不可亡，而史又是總體全程性的，故史家需要研究其天人古今的總體全程之全部，並需創作某種體裁形式以容納此全部，然後始能符合完美主義的要求。站在這個角度看，司馬遷所創的通代紀傳體及其內容，實爲古代史學的卓絕創作，應爲古代最完美的史學體制。爭論馬、班史學優劣之人，就此而論，應爲無需強辯，辯之則無謂者也。但是，筆者並非說通史家法的人即能完全瞭解及符合此旨，例如杜佑、司馬光和馬端臨，其書皆合全程之義而未必合總體之旨；鄭樵與馬端臨有博雅之長，但卻僅止於炫耀其博雅於知識層次，未能融通提昇至生命智慧之層次，展開其一家之言，將小我之生命融入大我如司馬遷及司馬光者，使之交流不絕以至永恆不朽。執此而論，司馬遷以後，如司馬遷者實鳳毛麟角；他欲「俟後世聖人君子」，殆將有「後不見來者」之歎也。

　　雖然如此，但司馬遷的通史家法一直未斷，宋、元之際更加發揚而已。《五代史志・經籍・史・正史》序論正史發展，謂「自是世有著述，皆擬班、馬，以爲正史，作者尤廣。一代之史，至數十家，唯《史記》、《漢書》，師法相傳，並有解釋。……《史記》傳者甚微」云。〔註9〕「《史記》傳者甚微」，乃是相對於《漢書》之傳者而言，事實上，包括劉向父子，班固父子，譙周、陳壽師徒，譙周、司馬彪之古史辯等，皆與師法《史記》有密切關係。除此之外，晉南北朝直接研究《史記》而爲之作注者，有徐廣、裴駰、鄒誕生，乃至後來唐朝的司馬貞、張守節等人；史注學的發展，原即含有史不可亡論，及完美主義的意義。另外，順著通史家法進行撰述者，從劉向的婦女通史《列女傳》以降，其爲當時名著者，尚有韋昭《洞紀》、皇甫謐《帝王世紀》、常璩《華陽國志》、元暉《科錄》、李延壽《南史》、《北史》等書。順此以尋，當時許多如高僧傳、家傳、孝子傳及文物制度書，乃至正史諸表志，及如干寶《搜神記》（鬼神當時屬史部著作）等等，皆是逸出朝代斷限，本通史家法之作，但若以《史記》爲完美主義的標準著作，則這些書大多有所偏倚缺憾也。

　　在通史家風之下，最值得注意的是六世紀初期梁武帝敕修之《通史》，及六世紀末期陸從典之《續史記》。梁武帝對其《通史》甚自信，曾對當時有「才子」之稱的後漢、南齊及當代史名家蕭子顯誇云：「我造《通史》，此書

若成，眾史可廢！」〔註10〕很明顯的，這位名學者皇帝志欲繼司馬遷之後，集結其史臣集體創作，希望撰就一部足可取代眾史的最完美史書。劉知幾評介此書云：

> 至梁武帝，又敕其群臣，上自太初，下終齊室，撰成《通史》六百二十卷。其書自秦以上，皆以《史記》爲本，而別採他說，以廣異聞；至兩漢已還，則全錄當時紀傳，而上下通達，臭味相依；又吳、蜀二主皆入世家，五胡及拓跋氏列於夷狄傳。大抵其體皆如《史記》，其所爲異者，唯無表而已。〔註11〕

其實此乃總體全程之紀傳通史，正確斷限是上起三皇，下訖於梁朝當代，應爲《史記》以後，三通及《通鑑》以前，最符合司馬遷構想理念之著作，起碼表面上是如此。劉知幾所讀者恐是此書之新版本，與隋代舊版或有差異。〔註12〕雖然如此，但據知幾之言，可以窺見此書的構思特色如下：第一，這是集體之創作，以紀傳體爲標準，以包容自古至今的全程總體歷史。就此而言，此書若成，當可取代眾史——包括《史記》在內。第二，知幾稱此書「上下通達，臭味相依」，似乎意指其能將古今行事相類似的人物事跡歸類爲傳，如《史記·孟、荀列傳》，或〈刺客列傳〉諸例也，其意似未謂此書能「成一家之言」。事實上，書成於眾手，又大抄現成著作，恐怕難如《史記》般成一家之言，或恐竟至如一般官修正史，犯因襲堆砌之毛病。此書之未能取代眾史，乃至失傳，宜由此思之。第三，此書曾「別採他說，以廣異聞」，表示撰者有追求內容更完美的意識。然而在此意識之外，是否又另與當時流行的好奇風氣有關？其詳不得而知。若是，則其書恐如當時諸正史般，有流於荒奇怪誕之嫌也，將會損傷其作爲正史的價值，導至不受重視。第四，此書亦以強烈的正統主義及民族主義，作爲構思基礎之一，恐與史實的客觀可信性

〔註10〕 子顯原爲齊宗室，兄弟皆以文史著名，尤以子顯、子雲二人爲最。子顯著有《後漢書》一〇〇卷、《齊書》六十卷、《普通北代記》五卷、《貴儉傳》三十卷，另有文集二十卷行世。引文詳其傳，附於其兄〈蕭子恪列傳〉，《梁書》，卷三十五，頁 51A～B。

〔註11〕 參《史通通釋·六家》史記家條，卷一，頁 18。

〔註12〕 知幾所讀乃六百二十卷本，與《舊唐書·經籍志》、《新唐書·藝文志》史部所錄版本正相同。但唐初修《五代史志》，其〈經籍志〉史部，則明書四百八十卷，並注明「起三皇，訖梁」。是則此書在七、八世紀之間，有新、舊版本之異。兩版本何以相差一百四十卷之多？所差者是否即《史記》之一百三十卷，及其補作（如《史記》並無〈三皇本紀〉，而起於五帝，可見先秦以前部分曾有補充）之十卷？筆者未敢妄斷。

有所違背。概括而言，此書或許價值不大，但其以紀傳體爲標準史體，用以追求完美主義的達成，應値重視。

根據筆者上述分析，儘管梁武帝君臣欲本完美主義修撰一部大通史，但此書雖成，仍將不可取代眾史，其理一如鄭樵《通志》之不能取代眾史，蓋以因襲抄錄方式以成之，缺乏原創性也。此外，修撰此書之史臣，才學識能否比於司馬遷，亦爲另一關鍵因素。此書重要主持人爲吳均，而非當時名史家江淹、沈約、蕭子顯、蕭子雲、裴子野或杜之偉中任一人。其書在天監（502～519）間開始修撰，至520年（普通元年）吳均卒時，吳均僅完成了本紀和世家這兩部份的底稿，列傳部分連稿也未就。〔註13〕或許當時江、沈二人已謝世（江卒於505年，沈卒於513年），二蕭、裴、杜另有工作吧？《通史》確在梁武帝時已完成，是則吳均死後由誰負責，一時難明。不過吳均此人，文學成就不在上述諸人之下，其所創「吳均體」的風格，曾爲沈約所知賞；至於史學方面，他也是一位史注家、編年史家及方志家，著有范曄《後漢書注》九十卷、《齊春秋》三十卷、《十二州記》十六卷、《錢唐先賢傳》五卷。以其文才加上撰史經驗，當不至於水準太差。《梁書》卷四十九本傳云：「先是，均表求撰《齊春秋》，書成，奏之。高祖（武帝）以其書不實，使中書舍人劉之遴詰問數條，竟支離無對。敕付省焚之，坐免職（時任奉朝請）。尋有敕召見，使撰《通史》。」據《史通通釋》卷十二〈古今正史篇〉之論述，江淹、沈約先後奉詔修齊史，天監中蕭子顯繼起，請得同意撰成《齊書》，此皆紀傳體。吳均聞風而起，欲撰齊史之編年體，「乞給起居注並群臣行狀。有詔：『齊氏故事，布在流俗，聞見既多，可自搜訪也。』均遂撰《齊春秋》三十篇。其書稱梁武爲齊明（帝）佐命，帝惡其實，詔燬之。然其私本，竟能與蕭氏所撰並傳於後」。

據此，則吳均《齊春秋》顯然有先天及後天的弊病：他的著作是根據自我搜訪於流俗的資料而成，政府檔案無從看見。史料不充足完備，當然影響史事的實證，此爲先天之弊。蕭子顯是主動請准修史的，可能由於身份地位不同，梁武帝對之支持亦異，故得參考政府文件，終使《齊書》壓倒江、沈二人之著作而列爲正史，流傳至今。子顯之幸，就是吳均之不幸。照說一代

〔註13〕吳均在何年開始工作不詳，但他先任建安王蕭偉的揚州記室，然後又歷轉還坐免諸事，始奉詔撰《通史》。據〈南平元襄王偉列傳〉，偉於天監六年至七年（507～508年）刺揚州（參《梁書》，卷二十三，頁35A），是則奉詔事當在七年之後也。草稿事，詳〈吳均列傳〉，《梁書》，卷四十九，頁69B。

大典在如此狀況下，就應該暫延或不再修撰，以免過分違背實證主義。然而吳均不此之爲，明知其弊而勉力畢之，顯有史識不足之憾。其次，他強爲蕭梁王迹所興作解釋，不但與官方解釋有異，抑且又有粉飾虛美之誤，此爲其後天之弊。如此已爲武帝所惡，加上劉之遴乃博學強記、精究《春秋》經義及《左傳》編年史的名家，質詢之下，遂使吳均「支離無對」，導致焚書之後果。〔註14〕《齊春秋》既然如此，梁武帝何以焚其書之後，復委以修《通史》之任？誠爲懸案。大體而言，吳均恐爲文才高於史才之人，上述四點分析似有成立的可能。吳均以外究竟尚有何人參修？其人水準如何？皆不得而知。要之，梁武帝欲取代眾史的完美主義理想，極可能因群臣史才不濟，終成泡影也。

約略與梁武帝修《通史》的同時，北魏宗室元暉亦召集文儒之士崔鴻等修撰《科錄》。蕭、元二書究竟誰先誰後？是否互相影響？詳情不明。但似乎有一共同之點，即二書皆將歷代人物「臭味相依」，尤以《科錄》爲甚。《魏書》卷十五〈常山王遵（元暉附）列傳〉云：「暉頗愛文學，召集儒士崔鴻等，撰錄百家要事，以類相從，名爲《科錄》，凡二百七十卷；上起伏羲，迄于晉宋，凡十四代。暉疾篤，表上之，神龜元年（西元 518 年，梁武帝天監十七年）卒。」亦即在吳均死前兩年奏上也。就成書而言，《科錄》較《通史》爲早。崔鴻本傳未提及此事。蓋此時崔鴻負責修起居注，閒暇則自撰《十六國春秋》，故編錄《科錄》恐爲其不得已應命，而又未盡力之工作也。此書貌似通史，但其性質恐爲「人同此事」及「依族類傳」的編纂性書籍——史纂也。劉知幾《史通》卷一〈六家·史記家〉介紹此書云：「其編次多依放《通史》，而取其行事猶相似者，共爲一科，故以《科錄》爲號。」按：此言未

〔註14〕前文曾論沈約勸梁武帝「作賊」，以免齊和帝穩定後無人「同公作賊」。學問如梁武帝者，當必瞭解於此，亦心虛忌諱於此。據《梁書·武帝紀》，並不解釋梁武帝爲齊明帝「佐命」，僅謂梁武帝於明帝時以戰功累遷至都督雍州。明帝崩，子東昏侯立而政亂，梁武帝遂有「勤行仁義，可坐作西伯」之志行；及至東昏侯爲兵變所殺，和帝（明帝第八子）被擁立，落入梁武帝之手，翌年遂依魏晉故事受禪。蕭子顯撰《齊書》，儘管是齊宗室身分，爲父作佳傳，竟至推崇其父爲「周公以來，則未知所匹也」！（子顯乃蕭道成孫、蕭嶷子，故爲其父獨立作傳而美盛之，可參《齊書》，卷二十二〈嶷傳〉；此爲《齊書》繼皇后、太子之後，第三個列傳也）然於事涉梁武帝之處，下筆甚謹慎，不敢違犯梁官方之解釋，甚至反而劇論於明帝、東昏及和帝三主。由此觀之，吳均書爲梁武帝所惡，可以想知。至於劉之遴的學識交誼，可參其本傳，《梁書》，卷四十，頁 56D～57A。

必，恐知幾耳食之談耳。因爲《科錄》奏上兩年之後，吳均卒時，《通史》只有本紀和世家之底稿而已，是則此書何得而「依放《通史》」？筆者之意，《科錄》撰作之精神要旨不明，但殆非如劉知幾所言，其大略或可從《五代史志》探之。

《五代史志·經籍志》將此書列爲子部雜家類，與皇覽、類苑、書鈔等書並列，顯示此書有類似「名人傳」百科全書分類編輯的性質。〈雜家序〉云：「雜者，蓋出史官之職也。放著爲之，不求其本，材少而多學，言非而博，是以雜錯漫羨，而無所指歸。」斯則此書可明矣。蓋爲炫耀博雅而雜錯無旨之作，前與裴松之（《三國志注》乃史注學，尚有可諒，詳下文），後與鄭樵、馬端臨諸作略有所似；但可推知者，元暉、崔鴻固非爲了重撰大通史而爲之，此則應與梁武帝及鄭、馬二子的發揮通史家風，追求完美史著者，大不相同。故被瞭解通史意義的隋唐史臣所不認可，竟將之列爲雜家之書。反而崔鴻正在撰述中的《十六國春秋》，卻大有揉合《三國志》及《史記》，以融鑄國別及通史於一爐，下開李延壽南、北史的傾向。斯則通史家風，此時在北朝蓋已吹起，第至陸從典及李延壽，再吸南方之氣，故有撰作之事耳。

從典系出吳姓高門，與朱、張、顧三姓爲四大家族，吳、晉時代子弟文武人才輩出，至南朝則頗以文史著名。從高祖陸倕，梁武帝「竟陵八友」之一，當時梁武帝、昭明太子、元帝、沈約、任昉等，多與其家子弟有交誼。從典直系自陸雲公、陸瓊至從典，亦已三世爲史官，前後參與梁、陳、隋三朝修史工作。雲公有「今之蔡伯喈（邕）」之稱，瓊則精於譜牒學、當代史及圍棋，幼有「神童」之號。祖孫三人的史學似皆從《漢書》入門，而從典文學訓練則學自沈約的「永明體」。〔註15〕

從典十二歲即以文章知名，十五歲舉秀才，解褐爲陳朝著作佐郎。斯時其父瓊已歷中庶子、吏部尚書等官，「領大著作撰國史」。陸瓊掌陳史，是因大文豪徐陵的推薦。徐陵推崇瓊「識具優敏，文史足用」，故陳宣帝長期委以

〔註15〕吳郡陸氏，自吳、晉之世已盛，陸遜、陸抗、陸喜、陸機、陸雲、陸玩等，多才兼文武，在《三國志》和《晉書》各有傳。陸倕一系源出陸玩，《梁書》，卷二十七有傳，其爲梁武帝「竟陵八友」，見《梁書》，卷一〈武帝本紀〉。陸雲公卒於547年，三十七歲，《梁書》，卷五十列入〈文學列傳〉。陸瓊卒於586年，五十歲，《陳書》卷三十有傳；從典附見此傳。李延壽《南史》將其家族整合，依舊史刪約，敘於卷四十八。其族系家風，讀者自可依上述諸史按之。

史任，與徐陵所推薦的另一名史家姚察，分掌陳、梁二史之修撰。陸瓊最後修成訖于宣帝的四十二卷《陳書》。〔註16〕陸從典有此背景，恐是陳亡入隋，再度任為著作佐郎，為楊素奏請他執行「續史記」任務的原因。《陳書》卷三十〈陸瓊列傳（從典附）〉云：「又除著作佐郎，右僕射楊素奏從典續司馬遷《史記》，迄于隋。其書未就，值隋末喪亂，寓居南陽郡。以疾卒。時年五十七。」《南史》卷四十八〈陸慧曉列傳（從典祖孫附）〉則作補充，謂坐漢王楊諒之反，云：「其書未就，坐弟受漢王諒職，免。後卒於南陽縣主簿。」從典修通史概況，僅此寥寥記載而已，但仍可據此推知下列問題：

第一，從典居史職，經宰輔奏請而修史。是則其性質為官修，與梁武帝修《通史》之不同處，主要是後者乃集體創作，而從典則似無共事者。第二，楊素拜右僕射，時在 592～601 年（隋文帝開皇十二年十二月至仁壽元年正月）。604 年隋文帝崩，翌月漢王諒舉兵起事，尋為左僕射楊素所平。是則從典修史當在六世紀九十年代，至 604 年免職而止，自後任職於南陽縣，不久即死，故其書不能完成，也未能列入《五代史志·正史類》。第三，梁武帝在天監全盛時代立志修取代眾史之《通史》，隋文帝學術不及梁武帝，但自開皇九年統一中國，尋亦進入著名的「開皇之治」全盛時期。楊素以宰輔身分，殆以大一統新局出現，或本完美主義建議修通史。其議為隋文帝所批准，是則君相之意識，或與梁武帝君臣相同也，只是文帝甫崩，楊素即不能貫徹初志。第四，梁武帝修《通史》，實欲取代包括《史記》在內諸舊史；然而楊素識見似不及，他只是欲續《史記》以迄於隋朝當代而已。是則楊素、陸從典極推崇《史記》，其通史性質乃是《史記》續篇，欲以《史記》及其續篇二書，囊括取代諸史也。此殆為梁、隋二通史的識見及構思之大異處。第五，姚思廉乃姚察之子，對陸從典父子應當瞭解，其修《陳書》，雖頗推崇瓊之「才學」，但似指其譜牒學、符瑞學、圍棋學及文學成就而言，未有一詞提及其撰《陳書》，未有一論明顯地推崇其史學。李延壽《南史》論贊，對陸氏父子人格學問更未置一詞。是則陸氏父子史學水準應不為時人所推重，恐為劉知幾所歎——文才多而史才少——之另一例，與吳均情況略同也。否則姚思廉父子也不會兩世努力，重修《陳書》矣。

〔註16〕陸瓊任官著作，詳前註《陳書》及《南史》本傳。二傳皆未提及瓊成《陳書》，《五代史志·經籍·史·正史類》則列之，謂該書「訖宣帝」（《隋書》，卷三十三，頁 956），是則為陳史未完備之作，故有姚察父子之再修也。

修撰最完美的大通史——不論自上古至當代，或續《史記》至當代，實為艱巨的工作。雖在官方支持下集體或個人進行，若乏其才，或時間逼促，皆為可望而不可求之事。梁、隋兩次所修，或不滿人意（梁武帝《通史》若令人滿意，殆當無楊素之舉），或終告失敗；民間史家則或因於正史斷代化的習慣，或格於通史工作之艱巨，無有獨力為之者。是則自七世紀以降，完美主義的通史著作，其風大戢，需待宋、元以後始能承風再盛也。

不過，司馬遷開創新史學，其通史家風一直吹揚未斷，猶有「師法相傳」者。由於《史記》所代表的是欲運用完美史體，以容納完美內容，使撰述臻圓而神的境界。故史著之正，應以此為準。是以漢晉南北朝史家或目錄學家，咸奉之以為第一部正史。班固以降，斷代史大盛，然而不能排斥紀傳通史於正史之外者，因素可能如下：

第一，缺乏足夠的新史料及史學才識，將先秦再作斷代研撰，以取代《史記》。亦即無可能本《漢書》之例，將五帝三王斷代獨立為書也。此事既無可能，則《史記》為第一部正史的地位終不可動搖。

第二，新史學原本為司馬遷所創。筆者前面論及斷代史仍然遵奉《史記》的完美體法，只是將人文群體的大範疇縮小為國家朝代而已，但國家朝代仍屬人文群體的最大組織，仍得以此為斷限範疇，進行總體而階段性的全程研究，是則斷代史仍不失總體全程（階段性全程）之義。這是班固在天意史觀分期論觀念下創作，也是不宜或不可能補續《史記》，或另撰一部大通史如《史記》之下，不得已退而求其次的撰作。斷代史既未全違完美主義的史學，實與《史記》及梁武帝《通史》同屬一類，不論斷代正史背後含有如何強烈的政治意識，在學術上固不可將通史排斥於外；而且事實上，通史本身亦可得含有此類政治意識，並能達至宣揚正統主義的政治功能。

第三，「正史」分類至遲在梁朝確立，梁武帝及梁元帝父子的修撰及提倡，自對目錄學家大有影響。此時阮孝緒修《七錄》，其國史之分類觀念殆即與此有關。《七錄》影響甚大，《五代史志‧經籍志》多本之，而後世又多本於《五代史志》。另外楊素、陸從典修通史，應是聞梁武帝之風而起，其風影響之下，對隋、唐之際史臣認識，當有深刻印象，故《五代史志》儘管因陸氏書未成而未列為正史，但對《史記》及梁武帝《通史》則加列入。值得留意的是，唐初修《五代史志》之其中一人，即為《南、北史》的撰者李延壽。延壽二史採用通史家法而變通之，是則紀傳通史之為正史，應是自然可理解者，蓋

其代表完美主義的標準著作也。

第四，正史地位之爭，通史與斷代原非爭執的焦點所在，而完美主義始為其出發點。歷史內容必須是人文活動的總體，這是完美主義的前提，何種體裁足以完美的達成此前提，則是真正的爭執焦點所在。自汲冢發掘，起出《竹書紀年》，史之「正法」即被視為有古、今之異，《五代史志》論之頗詳，不待《史通》始暢論「二體」也。劉知幾論紀傳體之弊病，容有再商榷之餘地，然而紀傳體之較編年體更能達至此上述之前提，應是不爭之事實。茲借北魏高祐和李彪等聯名奏請改國史為紀傳體之言論，以代表當時紀傳史家的認識。他們說：「……史官之體，文質不同；立書之旨，隨時有異。至若左氏屬辭比事，兩致并書，可謂存史意，而非全史體。逮司馬遷、班固，皆博識大才，論敘今古，典有條章；雖周達未兼，斯實前史之可言者也。至於後漢、魏、晉，咸以放焉。……宜依遷、固大體，令事類相從，紀、傳區別，表、志殊貫。如此修綴，事可備盡。……」〔註17〕絕對的完滿完成上述前提，應是難臻之事，但相較之下，以紀傳為優。高、李等由上述出發點，抱著求「全」求「備」的觀念，批評《史》、《漢》猶未「周達」，乃是客觀之論，相對的，紀傳體不失作為「大體」，「實前史之可言者」，亦為客觀的論斷。由此觀之，紀傳體應可奉為「正法」，至於通代或斷代孰為正中之正，則非此問題之所在，而是紀傳體本完美主義內爭的問題。不過，當時尚有不少通代紀傳著作，如劉向《列女傳》等，由於不符總體之前提，故也不能被列入正史之列。

總括來說，在完美主義之下，史學逐漸產生一種「正」的觀念。它是學術自主產生，而非靠外力萌發。政治力量的介入，只是具有助長奠定的作用而已。在完美主義原則之下，歷史內容必須是總體全程性（包括階段的全程性），體裁必須能完成此前提，此類史著方得列為正史。史學的完美主義的內涵，在於能否有效而充份地研撰人文群體的總體全程發展，初未斤斤計較體裁問題。完美主義原有形式完美及實質完美之分別，紀傳體的結構體裁易於包容人類歷史的總體性，此為形式完美，故在六朝逐漸成為史學的「正法」。至於司馬遷——紀傳史學的馬派，主張史學欲以「究天人之際，通古今之變，成一家之言」，使著作臻至「圓而神」，此實為實質完美之主張，是不易臻至的完美主義高標準，梁武帝、元暉、陸從典已先後試之矣。高標準既不易臻至，史家退而求其次，欲以完美之正法，以便易於完成階段全程之實質內容，

此即爲紀傳史學的班派所由興，至魏晉以降勝於馬派的原因。

　　紀傳史學排開編年史學而獨爲「正法」，此與其體裁能廣載歷史內容之總體有關，〔註18〕是則內涵求「備」的意念；若紀傳史學馬派追求歷史之全程發展而成高標準，則班派講究階段性全程遂可視爲低標準，兩派皆著眼於史之「全」程始終。當年班彪不滿《史記》之「陳略」，亦不滿諸好事者之「鄙俗」，基本上乃本於實質完美而評論者也，而其子班固亦本此理念，至評其父「所續前史未詳」，乃潛精研思以成《漢書》，是則《漢書》撰述動機和原則，與內容之詳密完備追求有關。班派於六朝成「師法相傳」之大派，輾轉以降，馬、班當年創立完美主義之旨，遂有轉變爲完備主義之趨勢——即講求一個王朝始終發展的全史，而其內容必須完備者。

　　其實若從狹義之史學而論，歷史只是究述人事之變化，則編年史學亦能優爲之。不過，六朝論史學的著眼點在全而備之，此即成爲編年體終不敵紀傳體之競爭，喪失「正法」「正史」地位之關鍵因素。

　　前面論及東漢一代之史煩穢，遂有以後不斷重修之舉發生，華嶠、司馬彪等人，主要著眼於《漢記》內容實質之不完美，及下限之不完全，至范曄出而佳著始現。劉知幾推崇曄書云：「竊惟范曄之刪後漢也，簡而且周，疏而不漏，蓋云備矣。」〔註19〕則六家論史基準何在，由此可窺。宋文帝「以晉氏一代，自始至終竟無一家之史」，命令文豪謝靈運修撰《晉書》；此所謂「一家之史」非指「一家之言」，乃指一代全史而言也。青年的沈約也「常以晉氏一代竟無全書」，而有撰述之志，隱士臧榮緒因有同感，遂「括東、西晉爲一書，紀、錄、志、傳百一十卷」，成爲後來唐太宗重修《晉書》之底本。至如王室貴胄如蕭子雲，也「以晉代竟無全書，弱冠便留心撰著，至年二十六書成」。此即上自帝王貴胄，下至匹夫隱逸，皆本史不可亡意識，而將完美主義低標準，變作完備主義追求者也。〔註20〕

　　「全史」著眼於斷限之完全及內容之全備，既不以追求實質完美爲主要，故能較「易」完成，也頗能滿足學術上之求備心態。劉知幾於八世紀藉《漢書》而闡斷代史，即發揮并奠定了此理念宗旨，他說：

〔註18〕請詳下章三、四、五節。

〔註19〕參《史通通釋·補注》，卷五，頁 132～133。

〔註20〕可詳《宋書·謝靈運列傳》（卷六十七，頁 179A），沈約《宋書·自序》（卷一○○，頁 244A～B）。《南齊書·臧榮緒列傳》（卷五十四，頁 88B），及《梁書·蕭子恪列傳》（卷三十五，頁 51B～C）。

> 歷觀自古，史之所載也，《尚書》記周事終秦穆，《春秋》述魯史止
> 哀公，《紀年》（指竹書）不逮於魏亡，《史記》唯論於漢始。如《漢
> 書》者，究西都之首末，窮劉氏之廢興，包舉一代，撰成一書。言
> 皆精練，事甚該密，故學者尋討，易爲其功。自爾迄今，無改斯
> 道。〔註21〕

筆者以爲，能「成一家之言」者未必是國家「全史」，《史記》是也。相對
的，「全史」也未必能「成一家之言」，臻至實質之完美，則二十五史盡多
如是。

東漢以降，史官各撰本朝國史，而先天上皆不可能全，必待勝朝史官完
成之。勝朝史官或史家，若本完美主義修前朝史，雖曠日持久亦未必就能完
成，但若求其全備而已，則易速成，沈約以一年之速度完成《宋書》，乃爲史
學史上以完備主義作要求之創舉也，與馬班等此前史官史家，終生且或不能
遂其志者大大不同矣。此下官修正史多以此爲例，圓而神之完美主義理想逐
日泯，章學誠所謂唐宋以降史學不亡而亡者，〔註22〕誠是也。

二、史不可亡意識與完美主義的落實表現

根據上述，究總體全程的通史難，而究總體階段性全程的斷代史易。班
氏史學原本爲追求新史學之更完美而產生，故班固撰《漢書》，初意未必爲了
避難就易，但其所改創，遂成慣例，形成部分史家所謂難易的認識。事實上，
國史修撰亦非易事，必須有一套制度，推動國史全部程序諸工作，始克較易
爲功；何況國史事關國家實蹟聲譽及政教意識，官方更非介入推動不可。國
家推動國史工作，約略可分爲前序（修起居注、行狀、諸司故事等）、中介（修
實錄）及終程（修國史）三種性質階段，三者皆因史不可亡意識及完美主義
而落實。執行此工作而產生的機關制度，其後多爲了達致史不可亡及完美主
義之目的而存在也。

前序及中介的工作，略偏重於常修不闕，藏往待後，屬「記注」性質；
終程性工作則偏重於裁斷融鑄，屬「撰述」性質。十八世紀的章學誠對此曾
有詳論，於其《文史通義‧書教篇》暢述「撰述欲其圓而神，記注欲其方以

〔註21〕詳《史通通釋‧六家‧漢書家》，卷一，頁22。
〔註22〕詳《文史通義‧答客問》上、中、下，〈上朱大司馬論文〉、〈與汪龍莊書〉等
　　　　篇。

智」之旨。並指出撰述必資於記注始克有爲；記注不良，將會造成史學之亡。〔註23〕在章氏看來，記注只是「比次之書」，有「備稽檢而供採擇」之用而已，「初無奇也」，是以提出了他的「整輯排比謂之史纂，參互搜討謂之史考，皆非史學」之名言。〔註24〕尋其原本之意，蓋爲針砭清儒流行的考據學而發，但用心過切，遂有矯枉過正之虞，此則可就兩個角度觀察之：

第一，就記注何以形成及有何意義與價值的角度看，記注顯然是基於史不可亡意識形成，故必須及時修撰；同時，它也是針對歷史是過去眞實發生過的本質而來，使「逝者如斯」，不可虛構或重演的人事，及時得以保存下來的最佳方式（現代攝影錄音的傳眞方式或者更佳）。是則不但「記注無成法」會影響史學之亡，抑且無記注則影響更大。吳均無法見到記注，其《齊春秋》即有不實之譏；李彪因免職而不能參考記注，遂不敢私家修國史，乞求以白衣參修。因此記注不但關係國史之是否亡，而且也關係國史之「撰述」能否完美，豈得以「初無奇也」概言之？漢魏以降，史官失職，博達之士「愍其廢絕」，遂群起修史「以備遺亡」，就此精神意識而言，固是中國史學之大奇。晉宋以降，此類史籍日盛，致使史學獨立成宗，此則又爲中國史學史之大奇也。儘管記注只是簡略排比之書，儘管其非史策之正，於史學「撰述」之全部程序而言，仍應是史學的一種，是基礎性的史學，應可無疑。史不可亡意識不但落實於此，史學的完美主義亦且於此有厚寄焉。

第二，就撰述的意義和價值看，若記注乃「當時之簡」而爲基礎性史學，則撰述即爲「後來之筆」的成熟著作史學。站在後者的立場以貶論前者，層次不同，殆無甚大意義。前者的功能在備用，其價值在促進撰述的出現完成；後者的目的在運用前者以重建歷史，其價值衡量以解釋是否能「圓而神」，是否能「成一家之言」爲主。完美的國史已隱然包含了此意義，故國史是否爲「全史」並不甚重要，能否達至此意義，是否能有此價值，這才是關鍵。歷代正史確實在這方面表現，多不能令人滿意。它們常因比次而成的記注，再略加修飾排比，即匆促成書。是以儘管位列「正史」，是國家全史，但不能掩飾其有低層次的「史纂」之性格，未必爲圓而神的史學表現。然而，此與史

〔註23〕〈書教〉分上、中、下三篇，詳《文史通義》，卷一，頁 7～16。
〔註24〕對章學誠的史學觀念，可詳余英時先生〈章實齋與柯靈烏的歷史思想〉（收入其《歷史與思想》，臺北：聯經出版事業公司，民國 69 年 9 月初版，頁 167～221）；及傅振倫〈章實齋之史學〉《史學年報》第五期，頁 127 上～145 下）。引文詳上引〈答客問〉中。

學或史官「人」的因素有關，可得列爲理想而不可強求也。不過，官方以國家的力量介入此層次的撰述，當然對之抱有期望，認爲可以達至，否則修撰國史，尤其是本朝國史，勢將毫無價值意義，官修制度之追求完美主義，亦勢將無以落實也。〔註25〕

下面欲就此兩種角度，以探討史不可亡意識及完美主義的發展趨勢，及其落實諸表現。《隋書》卷三十三，《五代史志·經籍二·史·雜史》序云：

> 自秦撥去古文，篇籍遺散。漢初，得《戰國策》，蓋戰國遊士記其策謀。其後，陸賈作《楚漢春秋》，以述誅鋤秦、項之事。又有《越絕》（書），相承以爲子貢所作。後漢趙曄，又爲《吳越春秋》。其屬辭比事，皆不與《春秋》、《史記》、《漢書》相似，蓋率爾而作，非史策之正也。

> 靈、獻之世，天下大亂，史官失其常守。博達之士，愍其廢絕，各記聞見，以備遺亡。是後群才景慕，作者甚眾。

此段蓋在論漢代史學如何基於史不可亡意識而興起，何以出現非「正法」諸史策，而自漢魏世亂以降又特多特盛者也。其實豈止「率爾而作，非史策之正」者如此，隆重而作，爲史策之正者亦往往如此。蓋自司馬談父子以來，史不可亡的意識已落實於知識分子矣。試以王隱和王韶之二人爲例。

王隱在四世紀兩晉之際，與干寶、郭璞同爲東晉最早之史官，但其史學事業發展甚早。《晉書》卷八十二本傳，謂其世寒素，父王銓爲縣令。銓「少好學，有著述之志，每私錄晉事及功臣行狀，未就而卒。隱以儒素自守，不交勢援，博學多聞；受父遺業，西都舊事，多所諳究」。是則王銓著史，非官守責任所在，蓋以大亂之際，史不可亡，而史官此時廢絕，故欲搜集聞見以續絕耳。此意識實爲王隱所知所持。何以知之？蓋王隱好友祖納好奕棋，隱忠告而善道之，其勸誠理據從積極的人生觀出發，提出成名意識、不朽意識及史不可亡論、史學功用論以作規諫。《晉書》卷六十二〈祖逖列傳（兄納附）〉云：

> 納好奕棋。王隱謂之曰：「禹惜寸陰，不聞數棋。」

> 對曰：「我亦忘憂耳！」

> 隱曰：「蓋聞古人遭逢，則以功達其道；若其不遇，則以言達其道。

〔註25〕劉知幾於《史通》，卷十一之〈史官建置〉及〈古今正史〉中，即頗抱此旨而評論之。

古必有之，今亦宜然。當（今）晉未有書，而天下大亂，舊事蕩滅。
君少長五都，遊宦四方，華裔成敗，皆當聞見，何不記述而裁成！?
應仲遠作《風俗通》，崔子眞作《政論》，蔡伯喈作〈勸學篇〉，史游
作〈急就章〉，猶皆行於世，便成沒而不朽。僕雖無才，非志不立，
故疾沒世而無聞焉，所以自強不息也！況國史明乎得失之跡，俱取
散愁，此可兼濟，何必圍棋，然後忘憂也！」

納喟然歎曰：「非不悅子之道，力不足耳！」乃言之於帝（元帝）曰：
「自古小國，猶有史官，況於大府，安可不置？」因舉隱，稱：「清
純亮直，學思沈敏，五經群史，多所綜悉，且好學不倦，從善如流。
若使修著一代之典，褒貶與奪，誠一時之儁也！」帝以問記室參軍
鍾雅。雅曰：「納所舉雖有史才，而今未能立也。」事遂停。然史官
之立，自納始也。

此傳謂祖納「有鑒裁」、「有名理」，爲晚輩溫嶠所敬，並載述了一段他與王隱、
梅陶批判東漢以降「月旦評」的辯論。其中王隱提出善惡之跡累世乃著，豈
能月旦評之「月旦不可評論」，實爲卓識。就此以及前面引文看，王隱應爲史
識和史才俱佳的史家。筆者懷疑唐初修《晉書》諸史臣，是否有能力認識王
隱人格史學之眞面目？他們對王隱所撰《晉書》之低評，是否隱寓了一段可
待再究的學術公案？〔註26〕

　　王隱綜悉群史，其勸誡祖納所表示的史學精神意識，顯然上承司馬遷而
來，而近借韋昭〈博奕論〉之旨以發揮。〔註27〕王隱是東晉最早史官之一，

〔註26〕《晉書・王隱列傳》對其人格及史學，嚴格說乃是泛陳而未深究。正文所引
　　　　引文，正足以見王隱之精神學識，本傳反刪約言之，此爲唐初史臣乏識之處。
　　　　〈祖納附傳〉既已載之，王隱本傳從而又贅述，且將其足以表示人格學識之
　　　　處刪略，是則唐初史臣不但有乏識之虞，抑且有蕪舛不倫、文體混漫之處也。
　　　　他們批評王隱《晉書》「次第可觀者，皆其父所撰；文體混漫、義不可解者，
　　　　隱之作也。」不知他們如何得知何者爲王銓所作，何者爲王隱之作？王隱繼
　　　　父業多年，又博學多識，人格高尚，時人許爲「史才」，何以其劣竟至於此？
　　　　是否與虞預盜其原作，而又以政治力量排擠及誹謗他有關？《五代史志》謂
　　　　王隱《晉書》本有九十三卷，當時所見乃缺殘之八十六卷，唐初史臣所讀隱
　　　　書必此殘缺本，是否又因版本問題使他們對王隱認識有所偏差？讀者試比較
　　　　〈隱傳〉及〈祖納附傳〉，當知此事或涉及一段王隱與虞預，及王隱與唐史臣
　　　　之學術公案。

〔註27〕韋昭即韋曜，爲吳之史遷，《三國志》，卷六十五〈韋曜傳〉，王隱不可能不注
　　　　意。韋昭早年爲太子中庶子，太子孫和命其撰〈博奕論〉以批評當時沈迷圍

但其父子卻是私家修國史。他們的事蹟，或對東晉最後史官之一的王韶之父子有所影響，因爲他們的行事有非常類似之處。韶之乃四、五世紀之間人，密助劉裕酖弒晉安帝，這方面的表現與（曹）《魏書》修撰者王沈、荀顗之助晉謀魏，有同工之妙。他在晉末、宋初先後分掌兩朝國史，縱或會有問題，但其早年私修之《晉安帝陽秋》，則有「後代佳史」之稱。《宋書》卷六十本傳謂其系出琅邪王氏高門，而其直系一脈則頗貧。父王偉之亦爲縣令，「好史籍，博涉多聞」云。父子私撰情況如下：

> 偉之有志尚，當世詔命表奏，輒自書寫。泰元（東晉孝武帝年號，
> 西元 376～396 年）、隆安（安帝號，397～401）時事，小大悉撰錄
> 之。韶之因此，私撰《晉安帝陽秋》。既成，時人謂宜居史職，即除
> 著作佐郎，使續後事，訖義熙九年（413）。辭論可觀，爲後代佳史。
> 〔註28〕

是則王韶之父子當初之立志私修國史，正與王隱父子相類似，蓋本於史家之成名意識及「愍其廢絕」的心情。回顧東晉中期，介於此兩對父子之間的孫盛、習鑿齒等史家，則知此精神意識，一直未嘗中斷也。

王隱與王韶之相同之處，乃在先私修國史，由此成爲史官。但在史學史上，王隱地位顯然更重要。蓋其因「舊事蕩滅」的危機感而激發起其史不可亡意識，進而成爲使命感，以至影響東晉史官之重建。〔註29〕是則此精神意

棋的盛風。韋昭即據成名意識出發申論（全文詳該傳頁 1460～1461）。王隱顯然供其舊事，而又援入史不可亡論及史學功用論，以勸祖納而已。觀二史之記載及祖納之言，顯示士大夫沈迷圍棋，當與世道昏暗下的無力感有關，也是逃避現實的一種方式。

〔註28〕 王韶之（380～435 年）撰史時約爲二十餘歲，曾經歷肥水之戰、桓玄之亂等動亂。因私修《晉安帝陽秋》，聲譽鵲起，《宋書·荀伯子列傳》云：「著作郎徐度重其才學（指伯子），舉作子及王韶之並爲佐郎，助撰晉史，及著桓玄等傳。」（參卷六十，頁 165B）是則韶之成爲晉末最後史官之一的因緣在此。他後來助劉裕弒晉安帝，即累遷黃門侍郎領著作郎，由助理成爲大著作矣。他是劉裕的御用文人，宋朝建立，復掌《宋書》，故爲劉宋之最早史官。但此時他對晉、宋之際的史事，是否仍能直筆？竊可疑也。（正文引文詳本傳，頁 165A～B）韶之另有《晉紀》十卷，與前書皆爲編年史之著作。

〔註29〕 東晉史官重建，約在 321 年（元帝太興四年），由王導提議，干寶爲首任史官，但東晉首先創議重建史官的是祖納而非王導，而祖納則因王隱的影響而提議。據前述〈祖納附傳〉所述，納在元帝未即位時提出，故稱司馬睿爲「大府」。司馬睿在 317 年（建武元年）即晉王位，翌年即皇帝位。據《晉書》，卷六〈元帝紀〉建武元年十一月丁卯條，是時「置史官，立太學」，其實二者

識的落實表現，有促成國史修撰及建立史官之兩途也，此就正史修撰方面而言，亦即就前述之第一個角度而言也。

值得注意的是，王隱、王韶之及前述吳均之修《齊春秋》，顯爲同類型的國史修撰。他們是純粹私修，是原創性的，與沈約、蕭子顯、陸瓊、姚察等人官修，已有起居注，或實錄、國史等爲基礎者不同。但二王與吳均之間，所表現的精神意識似亦略異。前二人似因「愍其廢絕」的危機、使命感而撰，吳均則似借修史成名或涉入古、今正史之爭的成分較大。因爲吳均之前，齊史已先後有江淹、沈約、蕭子顯等紀傳體著作，獨缺編年體。當然，史家修史，或多或少皆有成名意識之存在，但是二王之修史，主要似以史不可亡論爲工作的動機，此點與司馬遷某些方面非常類似。

前引《五代史志》，已指出「自秦撥去古文，篇籍遺散」，漢以來古書陸續出現，有志之士也開始私修歷史。這種歷史文化的危機，及私修者之志氣精神，實對司馬遷影響重大。二王之危機、使命感與司馬遷相同，但其刺激之深刻弘大，感受上似又不及司馬遷，此則爲司馬遷所以志大思弘，後人難與相比的時代因素也。司馬談云：「自獲麟以來，四百有餘歲，而諸侯相兼，史記放絕。」由此歷史文化絕滅的危機感，引發出紹述保存之史不可亡意識，這種自覺和使命，顯非王隱所能企及。談又云：「今漢興，海內一統，明主賢君，忠臣死義之士，余爲太史而弗論載，廢天下之史文。余甚懼焉！」此爲官守之強烈責任感，引發爲及時修撰之史不可亡意識，遂爲秦漢以降，史官重建及史官認識其首要責任的論據所在。及至司馬遷去太史令官而轉遷中書令，猶言「余嘗掌其官，廢明聖盛德不載，滅功臣、世家、賢大夫之業不述，墮先人所言，罪莫大焉」，是則爲上述兩種史不可亡論衍生而成的「天下興亡，

皆空有其名。但史官之重建，確爲王隱影響祖納。祖納時爲司馬睿軍諮祭酒，甚見寵遇，故又影響了司馬睿，故有「置史官」之舉。可能由於鍾雅之言，格於政局未定，空立史官而實未除人。及至王導時再建議，遂由導推薦干寶，捷足先登史官之職。待干寶不旋踵求去，始復以王隱、郭璞繼任也。又按：據《晉書》，卷六十二〈祖逖列傳〉及卷一○○〈祖約列傳〉，祖氏及范陽舊姓高門，祖逖擊楫渡江，對晉室有中流砥柱之功，王敦久懷逆亂而不敢反者，蓋畏逖也。321 年——史官正式重建之年——逖卒，同母弟祖約代領其眾，王敦翌年即反。祖約與祖逖親愛，但對異母兄之祖納則頗疏遠。納不能平，頗向元帝說祖約有「陵上之性」，諫勿假以權勢以成亂階，引起兄弟之間忌恨，而朝廷棄納。是則史官正式重建之時，正值祖納失勢，王隱不能成爲首任史官，或與此有關。

匹夫有責」之使命意識。雖非身居史官猶須爲之，斯則不但是匹夫的責任問題，也兼爲義務問題矣，王隱等人所承者當在此。

國家可以亡，歷史文化不可以亡，匹夫猶有此責任與義務，則廟堂大臣，何得推卸？西元 192 年，蔡邕爲王允所殺，馬日磾營救無效，退而批評王允云：「王公其不長世乎？善人，國之紀也；制作，國之典也。滅紀廢典，其能久乎！」蓋其不僅殺史，亦以其殺害最有能力完成完美漢史之史家，令漢史有廢滅之虞者也。是則縱使司馬睿未即皇帝位，祖納所謂「自古小國，猶有史官，況於大府，安可不置」，實即同根於此認識而發。四、五年之後，王導上〈請建立國史疏〉，批評「紀傳不存於王府」，建議「宜建立國史，……厭率土之望，悅人神之心」云云，亦本此而言。王隱父子於此之間，奮力私撰，蓋亦完全瞭解此非純爲「司馬家事」也。早在王隱前三、四十年，陳壽嚴厲批評蜀漢「國不置史，注記無官，是以行事多遺，災異靡書。諸葛亮雖達於爲政，凡此之類，猶有未周焉」，因而私家修成《三國志》，〔註 30〕應爲王隱父子（王銓應略與陳壽同時代）最近之榜樣。必須留意者，乃是當時有兩種觀念意識在蘊釀形成，此即史文廢絕，匹夫猶有罪惡感，故國家不設史官，確爲「罪莫大焉」之事也，是以馬日磾、陳壽、祖納等爲之指責質詢；其次是國史修撰乃爲天下公器，人人可得而爲之，絕非帝王家事。此二觀念，最遲在三、四世紀之間顯然已經重新彰明，殆即魏晉南北朝所以能突破東漢官修國史的限制，出現私修盛風的內在因素。

原夫司馬遷父子提出上述觀念以後，由於其書遲至西元前一世紀末葉，經劉向等人發揚，其學始顯，故上述觀念的落實於官修制度化，可說在西元一世紀中期以後始明顯。官方從認識至推動國史國家修的政策，主要即是基於此史不可亡論的及時修史觀念。但是國史不可能一蹴即成，且缺乏基礎性的工作則不可能完美，斯則記注之史所由起，亦即起居注及行狀、故事這類屬於記注比次之書的史學工作，由於更符合及時修撰以使史文不亡，與能提供完美國史完成之基礎等因素，遂隨著官修制度之落實而出現，並立即備受重視。

西元 72 年，東漢明帝詔馬嚴、杜撫、班固等，在仁壽閣雜定《建武注記》。此當爲東漢最早完成之起居注，與班固、陳宗、尹敏、孟異四人所另撰的〈世

〔註30〕 參〈後主傳，評曰〉，《三國志》，卷三，頁 902。蔡邕事件及引文，詳參本書頁 171～173。

祖本記〉性質不同。〔註31〕班固一代大才，馬嚴爲名臣馬援之子、馬融之兄，明帝動用大才撰注記，豈是等閒視之？西元118年，宗室名臣劉毅奏請爲臨朝鄧太后修《長樂宮注》，蓋以鄧氏雖婦人，但身繫國家發展，其言行事迹需及早爲之修撰也。是則「廢天下史文」之懼，背後所含意識及其備受重視與落實的程度，可以知矣，難怪陳壽以「國不置史，記注無官」，認爲是諸葛亮失政之一。

　　這種重視及落實，東晉以降仍能持續，且似有過之而無不及。例如402年至404年，桓玄反叛，廢晉自立爲楚帝。後敗於劉裕而西逃，途中專心於自作起居注，自辯其敗乃「非戰之罪」，忙於「宣示遠近」。勿論桓玄自作注記的其他意識，即就其爲了表白事實眞相而撰注，乃至於兵敗逃亡之際竟不遑籌劃軍國大事，終至覆滅一事來看，則知注記之被重視，及其所繫將來國史是否能完成的意義，可以明瞭。正因注記能及時保存歷史眞相，及對國史修撰有大作用，故桓玄竟以天子身分而自作也，此爲史學史上空前之事。南朝對此重視認識，故至梁朝遂有進一步修實錄之舉。〔註32〕

　　至於北朝方面亦不遑多讓。北朝太祖道武帝於386年改國號爲魏，不久即詔鄧淵著《國記》，其後廢而不述，故世祖太武帝乃於429年召集崔浩等人，敘成《國書》。太武帝修史的動機，據《魏書》卷三十五〈崔浩列傳〉云，是由於恐懼天子賢大夫之業因失載而滅，故詔崔浩曰：「……而史闕其職，篇籍不著，每懼斯事之墜焉！公德冠朝列，言爲世範，小大之任，望君存之！命公留臺，綜理史務，述成此書，務從實錄。」於是崔浩以司徒監秘書事，完成此第一期國史修撰。按：太武帝之懼實即司馬談父子之懼，其詔所示精神意識，亦即談、遷父子精神意識之重現。他不但以此訓勉史官，且竟以宰輔監修之，實樹立了北朝至唐宰相監修的制度，其重視程度似較南朝爲甚也。

　　450年崔浩因史禍被殺，太武追究所有史臣，及於高允。高允承認與崔浩

〔註31〕《五代史志・起居注》類第一部著作爲《穆天子傳》，第二部爲《漢獻帝起居注》，當時所存漢起居注僅此一部。但〈序〉云：「漢武帝有《禁中起居注》，後漢明德馬后撰《明帝起居注》，然則漢時起居注，似在宮中，爲女史之職。」（《隋書》，卷三十三，頁964、966）按唐臣述此制度用疑似之文，表示他們對此已不甚了了，要之前者爲「記注」，後者爲「撰述」，筆者曾撰〈漢書撰者質疑與試釋〉一文，頗曾論之，請參該文下篇，《華學月刊》一二三期，民國71年3月，頁38上～39上。
〔註32〕請詳上章第一節。

同作，但堅持說浩只是總裁，「至於注疏，臣多於浩」；並解釋力爭云：

> 夫史籍者，帝王之實錄，將來之炯戒，今之所以觀往，往之所以知
> 今。是以言行舉動，莫不備載，故人君慎焉。然浩世受殊遇，……
> 孤（辜？）負聖恩，……此浩之責也。至於書朝廷起居之跡，言國
> 家得失之事，此亦爲史之大體，未爲多違！然臣與浩實同其事，死
> 生榮辱，義無獨殊！……

高允實有記注之才及大史家風範，似乎有深得於班彪者。〔註 33〕無論如何，
北魏開國，君臣即遠承馬、班風旨，以修撰國史，欲使史不可亡而又完美
也。

487 年高允卒，孝文帝及李彪等，爲求國史更完美，毅然改國史爲紀傳體。
紀傳體體大，包含內容更多。欲國史完美，則勢須創立官修記注的制度，於
是在 490 年「詔定起居注制」，於翌年「初分置左、右史官」，以恢復傳說中
古代記言、記事的制度。由於認識記注之史關係史文興滅及國史之完美性，
故孝文帝一再親自督勉記注官切實舉職，並曾以此責罰有關的高層官員。如
責守尙書尉羽云：「卿在集書，殊無憂存左史之事。」責另一守尙書盧淵云：
「卿在集書，雖非高功，爲一省文學之士，嘗不以左史在意。如此之咎，罪
無所歸！」又責散騎常侍元景云：「卿等自任集書，合省逋墮，致使王言遺滯，
起居不修。如此之咎，責在於卿！」此皆列爲考績，督責執行者。〔註 34〕類
似此天子考核記注之記載，南朝諸帝似未有過。孝文帝認識之深，推行之切，
於此可知。及至孝文崩逝，李彪上疏要求復職修史，《魏書》卷六十二本傳載
其表云：

> 東觀中圮，冊勳有闕，美隨日落，善因月稀，故諺曰：「一日不書，
> 百事荒蕪。」……先帝先后，……懼上業茂功始有缺矣，於是召名
> 儒之士，充麟閣之選，……授臣（秘書）丞職，猥屬斯事。……
> 所以言及此者，史職不修，事多淪曠，天人之際，不可須臾闕載也。

〔註33〕高允不但承認修史之責，且爲崔浩辯，實有大史家之風骨。他後來再度主持
修史，卻未見有譽，恐其才只是記注之才，缺乏如崔浩者領導所致。可詳《魏
書》本傳，卷四十八，頁 109C～112C。班彪史才似不及其子，有偏向記注之
虞。但其論「殺史見極」，深有古代大史家之風（詳《後漢書・彪傳》，卷四
十上，頁 1324～1327）。高允似深於班彪而淺於史遷，故風骨史才亦與彪似，
終難完成完美之史著也。

〔註34〕請詳上章第三節。

是以（司馬）談、遷世事而功立，彪、固世事而名成。……然前代史官之不終業者有之，皆陵遲之世，不能容善。是以平子（張衡）去史而成賦，伯喈（蔡邕）違閣而就志；近僭晉之世，有佐郎王隱，為著作虞預所毀，亡官在家，……綴集成《晉書》，存一代之事。……國之大籍，成於私家；末世之弊，乃至如此，史官之不遇於時也！今大魏之史，……弗終茂績，……載述致闕。……昔史談誡其子遷曰：「當世有美而不書，汝之罪也！」是以久而見美。孔明在蜀，不以史官留意，是以久而受譏。取之深衷，史談之志，賢亮遠矣！……竊尋先朝，賜臣名「彪」者，遠則擬漢史之叔皮（班彪），近則準晉史紹統（司馬彪）。推名求義，欲罷不能。荷恩佩澤，死而後已！今求都下，乞處一靜處，綜理國籍，以終前志，官給事力，以充所須。雖不能光啓大錄，庶不為飽食終日耳！近則期月可就，遠則三年有成，正本蘊之麟閣，副貳藏之名山！

其文甚長冗，略引之已見累贅，但不得不引之者，蓋其言最足以代表北朝君臣對史學的認識和重視。事實上，李彪推崇司馬遷、班彪、張衡、蔡邕及王隱的精神意識與修史行事，而批評孔明不置史官，正表示史不可亡及完美主義，亦自漢晉至北朝一脈相傳未替也。李彪發揚司馬氏父子的史學「心傳」，發揮司馬遷「小子何敢讓焉」的責任和義務之使命感；能如此申論者，綜觀南、北兩地史家，當時殆幾無人可比。北地精神如此之盛，氣魄如此之大，故隋朝有重撰魏、陳、梁諸史，乃至通史之作，雖旋因世亂而輟，唐尋即繼之。不但本北朝舊制，將國史修撰全部程序提升確立為宰相領導，兼且以大氣魄重撰五代正史；即李延壽私人亦承北地此風氣魄力，終單獨完成其《南史》和《北史》也。唐初，令狐德棻此北地系統學者，最早向高祖提出大舉修史。他說：

竊見近代已來，多無正史。梁、陳及齊，猶有文籍。至周、隋，遭大業（隋煬帝年號）離亂，多有遺闕。當今耳目猶接，尚有可憑；如更十數年後，恐事蹟淹沒。陛下既受禪於隋，復承周氏歷數。國家二祖，功業并在周時，如文史不存，何以貽鑑今古？如臣愚見，并請修之。〔註35〕

這是基於完美主義之未能滿意，及史不可亡意識所提出者，據此可知筆者所

───────────────

〔註35〕德棻乃宜州人，河西高門，引文詳《舊唐書·本傳》，卷七十三，頁3325D。

謂漢晉北朝一脈相承，風盛魄大，應非妄語。南朝官方之表現，殆不及也。德棻建議所修者，乃諸朝「正史」，亦即完美之全史。完美國史之能否完成，必須視其所憑爲觀察，亦即是否具有一可資推動執行的制度，是否具有可資利用的完備基礎史著。

　　記注之史乃基礎所在，梁朝以後形成的中介性工作，如修實錄等，亦已漸成制度，復有一由宰相領導的專修組織執行，是則國史不可亡及追求完美，已由此較穩定、較有力的制度來維持推動，遠較民間因人而私撰者爲優。筆者所言，並非從「成一家之言」的「圓而神」角度來論，而是從國史修撰之穩定性和持續性來論。吳均有能力撰《齊春秋》，但他不能不乞求於官方的基礎撰述成果，否則即難臻完美；李彪恐更有此能力，但他不敢私力進行，非不敢也，實不能也，情況與吳均略同。自南北朝以來，民間私撰國史者以前代國史爲多，當代國史者漸少。前代現成著作多可見，可據以追求更完美，或更完備，如沈約、臧榮緒、蕭子雲等修晉史是其例。至於當代，則起居注、行狀、故事、實錄等著作，非官准私修或官修，恐他人多不能得見。如此狀況下仍勉強撰述，其史固難完美，吳均《齊春秋》被指爲不實，是其例矣。是則因史不可亡意識及完美主義的追求，刺激了私修及官修之風氣，其中就國史一項言，則進而又逐漸落實，形成官修的各種制度，導至私修本國史之風日漸陵替，其趨勢可知。至於政治因素或有促成此趨勢之作用，但應非內在的因素及作用也。

　　綜而言之，自司馬遷開創新史學，史學的標準亦隨之形成。他指出史著之完美追求，即在「究天人之際，通古今之變，成一家之言」。亦即表示史學的對象具有「天人古今」的總體全程本質，歷史的內容必須涵蓋此本質，始得稱爲完美。雖然自班固改創以降，將內容收縮爲以國家朝代爲主的總體階段性全程，但完美的意義未嘗大變。「完美」之謂正，「正史」即含有此意義。同時，爲了因應此完美主義的完成，新史學革新了新體裁，《史》、《漢》以紀傳體去包容此總體全程的內容，成爲「今體」。從司馬遷以至三國時代，此體獨霸史壇。兩晉以降編年「古體」復興而競爭，終因其體裁上不易包容總體全程的內容，逐漸屈居下風。487 年北魏孝文帝及李彪等君臣，揚棄「古體」而倡行「今體」，史學「正法」可說完全確定，亦即完美主義在史體爭論中，漸漸蛻變爲完備主義，且落實於「今體」而告確定。是則「正史」之意義，實又含「正法」的意義，而以紀傳體爲標準。「正史」必須要符合上述內

容完美或完備、以今體爲正法的標準，此其大原則，但是另外仍有一些衍伸意義。

　　史不可亡論及其背後所含的精神意義，是造成史學備受重視，史著風起雲湧的基因之一。然而總體全程難修，紀傳正法易爲，終至官方及民間皆集中焦點於範疇斷限較小、較易爲功的國史，使「正史」的意義，幾與「國史」相等。國史修撰也決非易事，必須建立在及時修撰、持續進行、力量充沛此一基礎上，此即官修制度在史不可亡論和完美主義下落實的發展，穩定的形成制度化。理論上，史臣修國史儘管下限最多只及其當代，但是他們起碼均本著完備主義而爲之，此所以未完成「全史」的國史，亦得列入「正史」之林。然而「正史」定義之一爲全程或階段全程，一國之全程即是該國的興亡始終；於是一國全程之史，必待後世官方或民間始能完成。「正史」之含有國家的「全史」意識，於焉形成，而民間私修正史者亦得於此大展抱負，較易爲功。但是完備的斷代全史——即形式完美——較易成，圓神以成一家之言的全史——實質完美——較難見，此即六朝官方及民間不斷研撰前朝，以追求完美定本的原因。

　　從司馬遷至唐初，此八百年間，「正史」在史學分類上的界定，由完美主義出發，逐漸釐出「正法」、「國史」、「全史」諸觀念。此外，事實上并衍生了「定論」及「正統」的意義，請容後論之。筆者尙需一提的，乃是隨著此時期史注學的興盛，正史的注釋，竟亦得而列入正史之林。這方面著作頗不少，多集中於前幾部正史的著作，《五代史志・正史類》即收入了二十餘部之多，其中名著亦不少，如裴駰《史記注》、譙周《古史考》（論考《史記》）、應劭《漢書集解》、服虔《漢書音訓》、劉昭《（范曄）後漢書注》及裴松之《三國志注》等。《晉書》以降注釋少者，據解釋是因爲「近世之作，并讀之可知」故也。〔註36〕這些史注，今日多已各隨所注對象注入並行，而當時則多爲單行。究竟這些史注的著作，何以竟得列入正史之林？似須從史不可亡意識及完美主義入手觀察。

　　屬於本時期上述諸史注中，恐以裴松之（372～451，東晉簡文帝咸安二年——劉宋文帝元嘉二十八年）的《三國志注》，和顏師古（581～645，隋文帝開皇元年～唐太宗貞觀十九年）的《漢書注》爲最。儘管二人也曾分別參與《宋書》及《隋書》的撰述，但其史注之才似乎勝過著史之才，故以之作

〔註36〕詳《隋書》，卷三十三，頁 953～957。

為探討史注學的代表。

松之系出河東聞喜高門，為著名郡姓，但其直系一枝則仕於江左，與庾氏家族通婚。大體上，松之學術是從經學入手，據經注學發展為史注學的。值得注意的是，松之於晉末上表痛論私碑虛美乖實，實本實證主義而進路，是則其注《三國志》，此應為基本精神之一。事實上，史注往往為辯論正史某些史實而發，確為此類學術的特色。《宋書》卷六十四〈裴松之列傳〉云：「上（宋文帝）使注陳壽《三國志》。松之鳩集傳記，增廣異聞，既成，奏上。上善之曰：『此為不朽矣！』」所謂不朽，當指其著作精神及實質內容而言也，上述實證主義的精神，當是促成其不朽的因素之一。

然而除此之外，《三國志注》尚有何不朽之處？何以不朽？此需從其〈上三國志注表〉所自述作瞭解。〔註37〕該表首先闡述史學的鑒戒功能及益智功能。跟著說明此書是因為宋文帝關心當代問題，留意近代史，根據此二功能產生求知慾，故詔令他注釋，並指示他務需「尋詳」、「周悉」，是則此書撰著原則之一，顯然仍是史不可亡論及完美主義的追求，希望本周悉原則，使三國的整體全程發展能更完備的被瞭解。松之批評《三國志》優、缺點，謂「壽書銓敘可觀，事多審正。……然失在于略，時有所脫漏」，其論據即在此。

他自謂其工作在「搜舊聞」、「撮遺逸」，如「綴事以眾色成文，蜜蜂以兼采為味」，對《三國志》能產生「補闕」、「備異聞」、「論辯」、「矯正」諸作用，實是圍繞完美主義及完備主義以落實進行者也。所謂「補闕」蓋針對其「脫漏」，「備異聞」則針對其「略」，為史注之補充功能的表現。所謂「論辯」者，乃指針對其史實記述及方法處理的失當處，進行辯證工作；蓋松之推崇壽書「事多審正」者，並非謂「事皆審正」也，少許未審正而失當處，自當以論辯來作補救。此點應為其實證主義大展身手之處。至於「矯正」也者，顯然指對陳壽「一家之言」進行理論批判，與「論辯」所含的史實批評意義不盡相同。「論辯」為了究明真相，「矯正」為了發明真理，提出松之自己的「一家之言」，但兩者實皆因完美主義的追求而產生。松之《三國志注》可說將史注學已提升到了令人不能不重視的程度，本身亦代表了史注學的高水準境界。如上分析者，《三國志注》的本身成就已足以不朽，況其在史注學上的地

〔註37〕〈上三國志注表〉全文列於《三國志》，頁1471。本書頁98曾引此表，並略有分析。

位及其影響，亦將足以不朽耶。

　　史注學實爲史學之一種，但史學著作與史注學著作則有所不同。前者以
「成一家之言」的「圓而神」爲高，後者以「尋詳」「周悉」的「方以智」爲
尙。松之似未堅守或究明此分野，站在史注學的立場批評壽書「失在于略」，
猶似揚雄、班彪等批評《史記》「疏略」耳。歷史雖總體而全程，史著敍述解
釋必須掌握於此，但世間必無一書，能全盡人文總體全程大小諸事。「圓而神」
之著作，應指能掌握其大體大脈絡，提出「一家之言」者而言也。要達到此
層次，第一關鍵即爲史家的選擇——他勢須放棄許多史料的選擇能力。這正
是史遷及陳壽所以「疏略」的重要原因之一，松之的尋詳周悉之長處，不能
施諸於他們。這或許正是松之在史注學上表現突出，而無力或無意進行「圓
而神」的撰述工作者。筆者在第四章第三節對松之頗有批評，連帶及於爲其
辯護者，其故在此。

　　松之的缺點尙不止於此，余不便離題詳析論證，但大體可以作如下觀察：
第一，「補闕」及「備異聞」的過度發揮，必將流於煩蕪；且好奇求異，或炫
其博覽，不但會產生所謂「博雅」之弊，抑且亦將導至部分內容有荒誕之虞。
松之注正有此現象。第二，注釋作用之一，在辯正史實失當或異說處，以究
明眞相。松之此方面發揮不多，往往是聚集異說而不置可否，筆者讀之，常
意尙可再作進一步論證者，事雖辛勞，但本實證精神則應爲之。松之不此之
爲，殆其實證精神貫徹不足也。讓狐疑迷惑後之讀者，應非史注的眞旨所在。
第三，就其「矯正」的心態而言，松之雖有扶翼《三國志》之意，但其表現
則似攻擊強於扶翼，且連帶及於所引諸著作，累斥以妄邪，或竟至人身攻擊，
頗違注釋學術之旨。

　　松之這些缺點，顏師古甚爲注意，唯恐重蹈覆轍。他注《漢書》，特撰〈敍
例〉，就特別對裴松之所代表的史注風氣提出批評。他說：

> 近代注史，競爲該博，多引雜說，攻擊本文；至有詆訶言辭，持摭
> 利病，顯前修紕僻，騁己識之優長，乃效矛盾之仇讐，殊乖粉澤之
> 光潤。
>
> 今之注解（指其《漢書注》），翼贊舊書，一遵軌轍，閉絕歧路。

〔註38〕

是則師古史注，採取「翼贊舊書」的立場，盡量避免其近代注史之弊失者

〔註38〕詳《漢書》，頁3。該〈敍例〉尚有多處批評舊注者，不贅引。

也。《漢書》是其家學之一，師古避彼而傾其家學於此，故能書成即深爲學者所重，時人許爲「杜征南（預）、顏秘書爲左丘明、班孟堅忠臣」云。〔註39〕值得注意的是，師古注《漢書》既有家學淵源，而經學中其家又擅長《左傳》，是則杜預注《左傳》應與師古叔侄注《漢書》有所關係，亦即因經注而進路至史注也，故史稱師古「尤精訓詁」。儘管裴松之亦由經學進路，但經注與史注之間，似乎師古優於松之；故師古的風格氣象，自與松之不同，此不遑詳論。

要之，據其〈漢書注敍例〉自述，他是以「窮波討源，搆會甄釋」的態度推展其工作的。他特重實證，「非苟臆說，皆有援據」，因而連帶擴及《漢書》版本、舊注、文字、語言之研究，亦即兼及《漢書》的外部構造及內部構造諸問題。儘管他也講究「備悉」、「匡矯」、「釋闕」諸問題，但除了「匡矯」與松之的「矯正」略同外，其餘二者則與其「備異聞」和「補闕」頗有差異。所謂「備悉」者，乃指舊注簡略及解說未明之處，他加以推衍解釋而使之通明也。這無異是注釋中之注釋，能有效地令人瞭解《漢書》古今解釋的演變者也。所謂「釋闕」是指就舊無注解處，他「普更詳釋，無不洽通」也，與松之的臚集眾說不盡相同。師古用力於此，難怪有「尤精訓詁」之稱，故《漢書注》成，而眾家舊注俱廢也。

總之，史注應是扶翼所注正史而爲，欲使正史補充得更多不可或不宜亡失的內容，使之更爲周悉完美。是則史不可亡意識及完美主義，亦落實於史注學的發展也。依劉向以降分類觀念，若六藝爲正經，則傳注亦得列入爲經類；上述四史爲正史，則其扶翼之史注亦依同理得列入爲正史類。何況正史

〔註39〕琅邪顏氏以忠義稱著。顏含從晉元帝（當時爲琅邪王）東渡，官至侍中、國子祭酒。六世孫顏見遠不滿蕭衍篡齊，不食發憤而死。子顏協乃湘東王（梁元帝）僚友，顏長於經學，曾撰《晉仙傳》五篇。（均詳《梁書》，卷五十〈文學‧顏協列傳〉）協子之儀和之推皆傳家學。梁末動亂，顏之推輾轉入仕北齊，齊亡入周，終至仕隋。（詳《北齊書》，卷四十五〈文苑‧顏之推列傳〉；之儀則見《周書》，卷四十；兄弟二人亦合見於《北史》，卷八十三〈文苑列傳〉）之推名著之一即《顏氏家訓》，在北齊時生有思魯、敏楚二子。思魯以儒學顯，唐太宗爲秦王時之記室參軍，師古即其子。自曾祖顏協以來，顏氏一直以文、儒見稱於世，列入文苑中人，師古也曾爲太宗早年的敦煌公府文學。但師古另外又以「尤精訓詁」見稱，他注《漢書》的工作甚受其叔父顏遊秦所影響（遊秦著有《漢書決疑》十二卷，即爲師古所本）。師古於貞觀中完成《漢書注》，實與家學素養有關，故能立被見重。師古兩《唐書》均有傳（《舊唐書》，卷七十三；《新唐書》，卷一九八，列入〈儒林列傳〉），詳略互見。

若失其史注，恐有危及史不可亡及完美主義的追求者耶？斯則正史之史注，非徒僅爲附驥之幸也。

三、由實證而定論的肯定

本書前四章討論司馬遷的新史學諸問題，其中曾引用柯令吾和卡爾的論釋，以幫助瞭解。實證與定論的關係，實即牽涉柯令吾所說的實證主義兩階段——確認事實及建立通則；亦即與司馬遷的論考行事及成一家之言的關係，大約指向相同也。這也與卡爾所謂的事實與結論大體相同。然而事實不會說話，結論也不會自成，非透過史家則皆爲子虛烏有，是則卡爾在其《何謂歷史》（*What is History*）一書中，首論〈史家與其事實〉（The Historian and His Facts），顯爲深思之舉，其內容亦值深思之。

卡爾首章論述，值得推究的問題如下：

第一，定論歷史是否有出現的可能？卡爾開章即引用了兩位名教授的不同意見以提出問題。這個命題是否可能成立，鄙意其關鍵不在是否已掌握了所有資料，及利用之以解答了每一問題。眞正的關鍵，應在史家究竟有何重要問題？是否掌握了足夠的資料，而其充足的程度足以讓史家解答這些問答。假若史家不能掌握歷史發展的重要問題，或者史家不能掌握到足夠的資料；其書成之後，新史料層出不窮，而這些新史料足以推翻或重大修正先前的記載，則定論歷史當無可能出現，亦恐將永無可能。其次，自從二十世紀克魯齊（Croce）提出一切歷史都是當代史，若每一史家皆從其當代著眼，則問題必然層出不窮，也難有完全解決的一日；執此而言，則定論歷史也永不能定矣。

第二，卡爾引用十九世紀蘭克（Ranke）的名言——史家之職責僅在說明事實的眞相；尋而又引《牛津英文小字典》對「事實」下一定義，說事實爲「與結論有別之經驗的資料」。他評論此爲「通俗史觀」——歷史由一套已確定的事實所組成——屬於經驗主義的及通俗的史學派觀念。這派史家往往將事實和見解分離，先弄清事實，然後再從中推出結論。卡爾對此不表贊同，論據有兩點，即：史家的要務不在確定事實，那只是史家的必須條件；事實的確立須靠史家的先驗決定，透過史家的銓敘選擇始構成歷史。因而，他對相信歷史事實能客觀而獨立地存在於史家解釋之外的說法，認爲是反常的謬論。

鄙意事實的確認是否爲史家之要務，這關係著歷史是否爲眞的，及能否有定論此二問題，應爲不可輕視者。其次，事實本身就是事實，史家的銓選意謂史家化事實爲史實，只關係其能否成一家之言。各史家銓選事實以使之成爲史實，此即應爲卡爾命名本章爲「史家與其事實」而標明 His Facts 的用意所在，亦即史家各據其所銓選的史實，得各自成其一家之言也。誠然，史著貴能成一家之言，但事實是否有那麼多差異存在？史學是否對基本史實的確認存有很多異見？終致能各取所需，所需亦取之不盡，使許多「一家之言」同時出現？這裡應有很大的疑問。而事實上，這些問題卻又關連到一家之言是否可能成爲定論此問題。

筆者無意深入牽介於歐美史學的爭辯，只欲借此提出問題，回首觀察於中國而已。

歷史之能否定論，端視史家能否掌握足夠的資料以作推論；而資料的實質意義就是事實——從資料中確認事實。誠然，事實並非就是史實，但事實卻是過去眞實發生過的事，因而事實之本身即是歷史。就此而論，歷史是客觀而獨立於史家解釋之外的。然而，人類過往發生過的事實是如許的多，完全「網羅天下放失舊聞」是幾乎不可能之事，眞正的完美主義，是就充足的資料中確立事實，並須透視其歷史意義，選出具有重要關鍵性的事實作爲史實，以裨進行推論，重建人文群體的總體全程眞相。就此而論，卡爾所謂的歷史事實不能客觀而獨立的存在於史家之外，說法始或可能成立。因爲事實與史實不同：事實是過去發生過的事，客觀而獨立的存在；史實是經過史家賦予歷史意義，以作銓敘解釋之用的事實，多少帶有史家的人爲因素。此差異不能明，則無以論歷史之實證與定論也。

請容筆者試作一問，史學究竟是什麼？它與歷史究竟有何不同？解答這似小實大的問題，筆者不欲旁徵博引，浮示其所謂博雅的工夫，而欲建議讀者回頭重參本書之前四章。由此可以作出一扼要的解答，即：歷史乃是一切過去發生過的事，人類的歷史則是一切之中，人類過去發生過的行爲，而不論其是否有資料保存下來，或人們是否透過此資料獲知其眞相。人們欲知悉過去的眞相，探究其關係，由此產生的學術即史學。因此，歷史是事實，而史學則爲事實之學。理論上說，事實不舍晝夜地逝者如斯，不能重演，則任誰也絕不能知悉其所有一切，史家運用其史學也絕不能斷言其所知者即爲事實的絕對眞相，由此也就絕無定論歷史可言。然而從實際的學術角度看

則不盡然：

第一，事實雖浩瀚，但史家不必全部地纖芥畢悉。史家只需掌握足夠的資料，以確立其中一些重要的事實，從而選擇出來，賦予歷史意義，用以銓敘解釋，即可推究出其因果關係，重建其眞相的大體。知道歷史的全部事實意義並不大，此大體的眞相才是價值所在。而且由於史家及其史學若能盡精微而極高明，則此大體的眞相遂有接近，或符合歷史客觀體相之可能；因爲既無人能斷言其所究知者爲絕對之眞，同理也很難斷言其所究知者不能近眞或得眞。由此而言，史家銓選及論證事實所成的一家之言，殆應有終極定論的可能。

第二，史實透過史家從事實中產生，是則確定事實進而確認史實，不但是史家的必需條件，而且也是必須責任。卡爾本人也認爲愈是近代的史家愈有此責任。〔註40〕這種認識與史不可亡意識結合，正是中國史學特色所在。史官修撰當代國史，所記者當非無意義之事實，而應爲他們認爲有歷史意義之史實，這是官守職責所在。先秦時代，這種史官制度即已存在，他們記錄當代歷史時已揚棄了許多無意義的事實，只對他們認爲是重要的、有歷史意義的事實始加記錄；在他們來說，此即史實，有責任將之確認保存下來。漢以後史官重建，正是遵循此種觀念意識，走同一個方向。先秦史官爲了確保史實而盡忠職守，至有不惜甘冒政治逼害者，如本書〈緒論〉所舉之董狐及齊太史兄弟是也。由此觀之，中國古代史官基於職責所在，乃至以生命換取史實之眞實性，無異表示了：史實必須眞；且唯其爲眞，故能定論的意義。

綜而言之，事實是否得眞存實，這是史官及史家的首要問題。他們推論史實能否接近或符合客觀的歷史體相，則又是另一問題。事實確立層次與史實推論層次是一體相連的；中國傳統的史學觀念，不但對此有深入的認識，抑且似乎很清楚的瞭解到如下概念：事實爲眞，故能定論：推論既眞的事實，其精微高明之眞切處，亦可得使其解釋說明成爲定論，此即劉向等所謂「實錄」之旨，顯然的是，事實不正確則將無定論之可能，史實正確而推論欠當亦然，如何處理確立事實以至推得結論的一貫系列，使之精確定論，正

〔註40〕卡爾謂愈近代的史家愈有雙重任務（duel task），即發掘少數有意義的事實，使之成史實；及揚棄許多無意義之事實。鄙意發掘或揚棄，皆牽涉史實確認之問題；此問題又使事關事實的確立，是一貫的系列問題。其說詳 *What is History*, p.5 and P.9。

是中國史家的職責及義務所在；也是傳統史學精益求精，至出現史學批評，講究才、學、識、德四長的基因所在。史家扭曲、篡改、抹殺事實等表現，由於關係歷史能否眞實及定論的第一關鍵，故歷來最爲批評之焦點，是史家及其史著接受批評最苛之處和原因。史家講究一貫系列的處理，並不意味一貫系列不可分割進行。兩漢以來，官修起居注等即是分割一貫系列，負責產生和確立事實的工作；修撰國史則是負責推論和完成的工作；梁朝以降的修實錄，則爲上述兩者之間的中介性工作，故官修制度實即一貫系列的分割分工制度。只是，站在完成的角度上，任何史官或史家，皆必須能掌握一貫系列的全部程序而不可分割耳，否則將會影響於其著作的精確及定論也。

中國古代史官有忠於確立事實及保存史實的精神，這是中國史著大體可信，及在政教力量下大體仍能維持其學術獨立的最後憑藉。但是，這種春秋精神的表現，並非爲每一史家，尤其史官，所能絕對秉持和發揮的，因而史實——經過他們選擇及記載下來的事實——也就未必全皆可信，全皆眞實。而且，國史的總體絕非就是官修的祀戎政教、帝王將相的內容所能涵蓋；民間的各種發展，另有資料產生及提供的管道，它們甚至可以印證官史之信實性和補救其疏闕性（官修由於觀點立場而疏忽或根本缺乏了某些史實的記述），此即異說異聞之所以形成。就史料的大體價值言，異說的權威性往往不及官方的雅言；但就論證而言，則殆無大差異。史家欲完成其含有定論意義的歷史，則勢須講究於此，不能偏信官方或聖人君子的言論記述。司馬遷在史文幾絕的情況下建立其新史學，所念念不忘，一再提撕的，即在於此。恕再詳引其文，以見其概。《史記‧太史公自序》末云：

> 漢興，……百年之間，天下遺文古事，靡不畢集太史公。……罔羅
> 天下放失舊聞，王跡所興，原始察終，見盛觀衰，論考之行事，略
> 推三代，錄秦漢，上記軒轅，下至於茲。……序略以拾遺補藝，成
> 一家之言；厥協六經異傳，整齊百家雜語。藏之名山，副在京師，
> 俟後世聖人君子。

他最後所欲表白者，乃是指出史學是從一切資料開始，對此所有證物證詞推論考證，以確立其事實，終至發掘此中有意義之史實加以高層次的推論，以至於完成一家之言。這種經過一貫系列論證程序所形成的歷史，他謙稱、事實上其性質也確只是「一家之言」——是許多異說中屬於其自己一家的系統確定與解釋。然而，《史記》既是經過上述全部程序的制作，若其能發揮精微

高明之盡致，則此「一家之言」理論上固有達至終極定論之可能也。司馬遷在謙虛的同時，亦極強烈地表示了其此自信——縱後世聖人君子復起不惑吾言之自信也。稍後致書任安，書中再度強調於此，乃至謂「僕誠已著此書，藏之名山，傳之其人通邑大都，則僕償前辱之責，萬萬被戮，豈有悔哉！然此可爲智者道，難爲俗人言也」！此書已完成並已開始流傳，今後所待者，乃是當世及後世聖人君子之質正確認，乃至繼起而已。

挨諸史實，續修《史記》諸子稱之爲「實錄」；尤其班固《漢書》亦頗有將漢定論之意，而竟大錄《史記》之作，即無異從批判的認可進至事實的認可，以實際行事宣布司馬遷新史學的成立，及其所確立的事實和推論解釋，不但「成一家之言」，抑且大體成定論也。中國「正史」含有「定論歷史」之意義，可說自司馬遷開始即已表明，新史學運動諸子經印證而確認。以下諸正史或許不盡令人滿意，但也不盡令人失望，即以近代新史料發掘層出，問題累生，可以另以新方式修正部分史實，甚至可以用新觀念另作系統解釋，但果能推翻歷代正史另起爐灶耶？研究國史能不從正史入手，作主要基礎耶？余甚惑焉。然後知正史之可貴，及其因定論意義所展現的價值之可取也。

此義既明，茲就漢魏以降，史家在這方面的觀念表現，略析如下：

許愼《說文解字》云：「史，記事者也。从右，持中；中，正也。」這句解釋，引起後人許多紛歧的意見，有以文字學解釋者，有以「中」字象形所指之實物作推測者，甚至有人誤會爲指「無形之物」，以爲指道德思想等，從而否定批評之者。〔註41〕鄙意解釋許愼此語，當從漢晉的史學發展上探尋。「从

〔註41〕例如勞榦曾在民國46年發表〈史字的結構及史官的原始職務〉一文，開章即引許氏言，而作句讀云：「史，記事者也，從右，持中，中正也。」由於標點似有錯誤，故引起其推測上的錯誤。他將「中，正也」合爲「中正也」，遂使其聯想到「無形之物」，甚至誤解江永、章太炎之說，謂「認爲史字所從仍是中字，但不是『中正』的，有江永，而章太炎推衍其說」云云。按其所引江、章二文，二人蓋就「中」字作解釋，應無認爲「中」是「中正」之意，勞氏有曲解之嫌。勞氏對其自己爲何將「中，正也」斷爲「中正」，「中正」究何所指，本身反而沒有解釋，頗令人訝惑。該文既有誤會許愼之嫌，又有曲解江、章之意，從而強附「中」乃指弓鑽，全文可待商榷處實頗多（該文收入杜維運等編《中國史學史論文選集一》，頁30～40）。民國52年戴君仁發表〈釋『史』〉一文，就勞文的基礎上再推，竟云：「史字從中，許說是中正之意。史官的態度，應當中正不阿，這種意義很好，可惜造字時的用意，卻不如此。這是道德觀念發達以後，才有史從中正之說。……」（收入同上集，頁17～29）斯則「中，正也」變爲「中正」，「中正」意指「道德觀念」矣，沈剛伯復於

右,持中」應爲許慎解釋字之形義及結構者,或許不指「右史記動」此記事腳色而言。但「中」之爲義,則許慎釋爲「正」。「正」之爲義,許慎云:「正,是也。从一;一以止。」即是「是」之意,是則所謂「正」,乃相對於「不正」而言,含有是否適當,是否正確,實事求是之意。觀司馬遷之言,其自表《史記》即含有事實正確及推論恰當,可成一家之言,俟聖人君子察其言而不惑的意思。班固以前諸子,推崇其書爲「實錄」;用班彪之言,即指其「善述序事理,辯而不華,質而不野,文質相稱」也。比事推理,至如此恰當相稱,此應即「正」之意,也是「是」之意也,可以「从一」爲一家之言,及統一之定論,使異說眾言「一以止」者也。《史記》被稱爲「實錄」,而「實錄」含有「正」史之意,蓋漢代史家已蘊含此理念矣。是則「正」之爲義,非言「中正」,更遑論道德觀念、政治思想之類矣;其義起碼應指確立事實,及選銓史實以恰當作推論解釋而言,亦即指事之確立及論證而言。

張衡上疏請專事東觀,「條上司馬遷、班固所敘與典籍不合者十餘事」,及「宜爲〈元后本紀〉」等,此即批評馬、班敘事及構置不合事實。此合不合,意即是不是及正不正也,其出發點在「正確恰當」與否。國史事關一代大典,有定論之意義,比事推理不容不正確恰當。張衡的建議未被採納,表示其見自有不合之處,如立〈元后本紀〉及更始冠於光武之前等,明顯違反事實。猶如韋昭拒爲吳主皓之父作本紀,蓋其不合不正也。華覈上疏救韋昭,聲言史官負國史重任,不殺昭則吳「書卒成立,垂之無窮」,「今《吳

民國 59 年發表〈説『史』〉一文,再度蹈勞、戴二人説,謂「這種手持中正之説,當然是受了『允執厥中』的影響;如此進步的政治思想絕非遠古初創文字的人所能有的」云云(收入同上集,頁 7～16),是則「中正」又變成了「政治思想」。此其間,李宗侗發表〈史官制度──附論對傳統之尊重〉一文於民國 54 年,對此諸説似乎有所檢討,但終究仍墜入批判許慎「以中爲正實在錯誤。因爲中正是表示無形的物件」此一陷阱之內(收入同上集,頁 65～109)。迄至在其《中國史學史》一書之中,仍本是説斷言「許君釋中爲正,象無形之物,去古人心理過遠」(該書據臺北:華岡出版有限公司,民國 68 年 12 月新一版,頁 2。其〈自序〉則寫於民國 42 年)。李氏該書若底成於民國 42 年以前,則勞、戴、沈三人皆承其説而訛謬者也;訛謬既成,故李氏最後發表上文仍未有檢察於此者。徐復觀先生於民國 66 年發表〈原史──由宗教通向人文的史學的成立〉,治學方向不同於上述諸人,也更正了許慎「中,正也」變爲「中正」之誤,不過仍然云:『『中正』是記事時的態度。⋯⋯這可以説是許慎對史的瞭解及對史的要求。」(收入同上集之三,頁 1～71)雖由「道德觀念」、「政治思想」進展至「記事態度」,但仍是因「中正」一詞聯想而生的「無形之物」也。諸人所言,恐不易成立。

書》當垂千載，編次諸史，後之才士，論次善惡，非得良才如曜（昭）者，實不可使闕不朽之書」。華覈又曾上疏救另一史官薛瑩，聲言「臣聞五帝三王，皆立史官；敘錄功美，垂之無窮。漢時司馬遷、班固，咸命世大才，所撰精妙，與六經俱傳」，欲《吳書》完美而定論，垂之不朽，非薛瑩不能勝任云。〔註42〕

漢晉之世，比事推理可臻定論，亦極關一代大典之定論，此觀念清晰而明顯，是以東觀史臣被責以拘時文飾，曹魏官修被判以不及陳壽實錄，原故在此。當此之時，史學危機已現，蔡邕乞黥首刖足，欲忍辱繼成漢史；馬日磾救之而謂王允曰：「伯喈曠世逸才，多識漢事，當續成後史，為一代大典。」王允竟恐蒙訕而拒絕。日磾退曰：「王公其不長世乎！善人，國之紀也；制作，國之典也。滅紀廢典，其能久乎！？」鄭玄亦歎云：「漢世之事，誰與正之！？」〔註43〕尋馬、鄭之意，蔡邕有逸才而多識漢事，最能勝任事實確立及推論解釋，以成定論性之大典，殺之無異廢典，故為莫大之罪過，此與華覈之意正同。是則鄭玄之所謂「正之」，亦與許慎之「中，正也」意義相當，意指論證事理而正確恰當，俾定論性的一代大典因而可成也。袁宏在四世紀撰《後漢紀》，〈自序〉自云讀《後漢書》而覺其「煩穢雜亂，睡而不能竟也」，遂搜羅諸家後漢著作、起居注、名臣奏議，旁及各地方人物志，發現「前史闕略，多不次敘；錯繆同異，誰使正之？」由是決定疲八年之力以重撰。是則皆顯然承自《史》、《漢》以來史家之觀念，表達了漢晉之世史學的認識和標準。

晉朝自三世紀中至五世紀初，前期承漢魏而為新史學運動末期，陳壽、司馬彪等人出焉。及至四世紀初期，王室東渡以後，國史乃一代大典，與實證和定論關係極密切，觀念已然大明。前引王導的〈請建立國史疏〉，聲稱「帝王之跡，莫不必書；著為令典，垂之無窮」，故主張設官撰史，「務以實錄，為後代之準。厭率土之望，悅人神之心，斯誠雍熙之至美，王者之弘基也」！其意不啻主張國史具有不朽的價值，但必須順實證入手，始能獲至定論，以為「後代之準」；準確之史，始能使人神滿意，達至《中庸》所言「徵諸庶民、考諸三王而不繆，建諸天地而不悖，質諸鬼神而無疑，百世以俟聖人而不惑」

〔註42〕張衡之言，韋、薛之禍，請參本書頁166～173。華覈之言，詳《三國志・韋昭傳》（卷六十五，頁1463～1464）及〈薛綜傳〉（卷五十三，頁1255～1256）。
〔註43〕詳本書頁170～173。

之至美境界；如此的國史，實具「王者之弘基」的意義及價值也。溫嶠〈舉荀崧爲秘書監表〉，指出「國史之興，將以明得失之跡，謂之實錄，使一代之典，煥然可觀」，意見亦同於王導。司馬遷所一再強調的由「罔羅天下放失舊聞」以至「俟後世聖人君子」，至此不是已隨其書流傳，爲來者所繼起耶？這種新史學的學術，不但爲史官和史家所熟知，抑且將相如王、溫，帝王而兼文豪如曹丕、植兄弟，亦皆深知而或欲爲者也。〔註44〕新史學至漢晉階段已普遍被接受，國史的意義和價值，亦已被認識及確定，許愼之言，應是就當時史學的理念特色而立論者也。此下南、北朝只是承勢順流而已。單就此特點而言，實證定論的國史，殆即可得與五經比美，取得諸種歷史著作系統中之「正史」地位也。

四、實證定論的變化及其對正史的影響

　　但實證定論的新史學所以確立，是歷經長期發展，許多一流史家作觀念鼓吹或以實際作品印證之下，所發揚的結果。其間不無旁流出現，對實證定論產生反作用者，如政治干預與禍患意識、好奇風氣與神秘主義、權威崇拜與文獻崇拜等。此三大類的現象，表面與實證主義及定論主義無關，而事實上其間皆有互爲相關的複雜關係。

　　筆者不欲詳述其發展之全貌，第先欲指出好奇、神秘之風，自先秦已盛，魏晉以降再熾。秦皇、漢武求長生而好神仙，乃是此潮流之顯例，劉向承新史學而撰《列仙傳》，即下開此類史學之先河。漢末社會政教之大崩潰，乃至人生的幻滅，是此風再熾的原因。例如曹丕、曹植兄弟，以帝王及文人領袖之尊，也曾試驗仙道神奇之風效，本實驗主義而提出不可信之結論，然而終因社會、人生之黯淡無出路，仍高咏遊仙虛幻之作也。〔註45〕此風在漢魏之

〔註44〕王導疏參本書頁 233，《中庸》語見〈第二十九章〉《四書集注》（頁 26），溫嶠疏見《嚴校全晉文》（卷八十，頁 5B）。至於曹丕兄弟，可參丕之《典論・自敘》，及植之〈與楊德祖書〉。

〔註45〕曹氏兄弟這方面的文章極多，無庸一一分析。曹植曾撰〈辨道論〉（見丁晏編《曹集銓評》，卷九，臺北：世界書局，民國 51 年 4 月初版，頁 155～159），討論自傳說爲歲星降生以下諸種神異問題，至於他當代的左慈、甘始、郗儉諸方士的神秘行爲；並曾以郗儉等作試驗（儉善辟穀導引，植絕其穀百日，躬與之寢處，儉仍行步起居自若），始提出結論。曹植最後是歸結於人的體質及勞養之問題，表示仍不可信，謂「家王（曹操）與太子（丕）及余兄弟，

際，原因大、小我人生之破滅而興盛，承此巨浪而繼起者，或仍識此意，或已捨原意而沈信於神秘主義，從好奇出發而欲有所根究。皇甫謐、張華、葛洪諸人，似即承曹氏兄弟等的文風，將之轉向至史學範疇的名家；事實上，曹丕撰述《列異傳》三卷，應即下開魏晉此派史學潮流的「近代」著作。〔註46〕而干寶《搜神記》出，顯然將此派史學推至高峰。

原夫歷來史家，對於神秘不可知層次之事，頗在有意無意之間不敢輕言其必不可信，蓋此層次乃實證史學所難以施及的層次也。如盛稱《史記》為「實錄」的揚雄，曾於其名著《法言》中，謂「神怪茫茫，若存若亡，聖人曼云」。又答有無仙者之問，謂此「非人之所及也」，「無以為也」。〔註47〕不能施及則不能輕言其必無，史家將之收錄以備一說，或專立體例如災異、五行諸志以作收集研究，或待後來學者，此仍不失為實錄精神之流衍。

據漢儒觀念，自先秦以來，即孔子作《春秋》，亦不迴避此類事跡的載述。是則司馬遷以降，史家亦對其中某些神異事跡，頗有意戮力探究，欲發明其眞相，因而在皇皇國史之內，遂不敢輕加捨棄者。揚雄批評《史記》之用高於《淮南子》，「聖人將有取焉」。尋又比較孔子和史遷，謂「多愛不忍，子長也。仲尼多愛，愛義也；子長多愛，愛奇也」。〔註48〕二人多愛是否有不同姑不論，但史家探究天人之際，正是好奇風氣形成的結果，只是專門別出，以

成以為調笑，不信之矣。」曹丕《典論・論郤（郤？）儉等事》亦引植此文暢論這類事情（詳嚴校《全三國文》，卷八，頁5B～7B），結論亦同於其弟，並笑劉向等云：「古今愚謬，豈唯一人哉！」拙著〈曹操父子的生命體驗〉頗述其兄弟試驗方術之事及其結論（臺北：《歷史月刊》二十一期，民國78年10月）。但兄弟二人感於社會人生之大我的破滅，轉而追求小我之人生；然而終又因故友門人之突然逝世，痛感小我人生亦不能常存，即令小我人生雖降至「及時行樂」的層次亦不可得，對此最後的幻滅，只有訴諸方外遊仙之想也。曹丕先後與吳質、王朗諸書，最可表達此感受。是則知好奇神秘之風，在魏晉以降復熾，顯與人生消極有密切關係，初不論其人是否相信此類事跡也。

〔註46〕曹丕此作見《五代史志・經籍二・史・雜傳類》（《隋書》，卷三十三，頁980）。丕之《典論》，頗多論史之作，《典論・自敍》亦自言畢覽《史記》、《漢書》，則曹丕亦深於史學者也。張華《博物志》、葛洪《抱朴子》、干寶《搜神記》諸書，類引曹丕言神志怪之說，顯然有承受之處。

〔註47〕參《法言》（臺北：世界書局新編諸子集成，民國67年7月新三版）〈重黎篇〉（卷十，頁28）及〈君子篇〉（卷十二，頁39～40）；前者論「神」，後者論「仙」。

〔註48〕詳《法言・君子》，卷十二，頁38。

成史學支子，需至劉向、曹丕、干寶等人，始告完成而已；但此類作者，猶且欲本實錄主義作探究之進路者也，干寶〈搜神記序〉，足以代表此見，其序云：

> 雖考先志於載籍，收遺逸於當時，蓋非一耳一目之親聞睹也，又安敢謂無失實者哉！衛朔失國，二傳互其所聞；呂望事周，子長存其兩說。若此比類，往往有焉。從此觀之，聞見之難，由來尚矣！夫書赴告之定辭，據國史之方策，猶尚若茲；況仰述千載之前，記殊俗之表，綴片言於殘闕，訪行事於故老，將使事不二跡，言無異塗，然後爲信者，固亦前史之所病。然而，國家不廢記注之官，學士不絕誦覽之業，豈不以其所失者少，所存者大乎？
>
> 今之所集，設有承於前載者，則非余之罪也。若使採訪近世之事，苟有虛錯，願與先賢前儒，分其譏謗。及其著述，亦足以發明神道之不誣也。群言百家不可勝覽，耳目所受不可勝載，亦粗取足以演八略之旨，成其微說而已。幸將來好事之士，錄其根體，有以游心寓目，而無尤焉。

四世紀初期干寶提出此論，實爲中國史學史上的重要文獻，其特點如下：

第一，他無異指出史學乃感官對現象所產生之認識的學術，因而史家耳目所親聞見的當代之事，始有達至逼眞、近眞，或得眞之可能。眞實而信之事實，必爲「事不二跡，言無異塗」者，亦即定論歷史並非不可臻至的理想。

第二，然而聞見之難由來尚矣，史家修史的對象是過去之事，此已不可得而躬親聞見；亦即意謂歷史不可能重演，因而出現此史學上先天之難。在這先天缺憾之下，史家必須借助於文獻──殘簡片言和故老行事，此史家網羅資料的兩類主源。這是《搜神記》一書，所以直承司馬遷新史學之處。

第三，干寶對史家聞見之事，與史家根據文獻而非親所聞見之事，似乎有一價值上的衡量。尋其文意，似認後者價值不下於前者，其重要性恐在前者之上。關於此點，是干寶敢擴大史學的層次範疇之原因。筆者推其旨，似乎他提出了如下的學理──史家所耳聞目睹也者，即謂史家本人爲事實發生時的當事人、關係人或第一目擊證人。但是歷史上的大事，斷不會皆恰巧全發生於他們身上，爲他們所聞見；靠史家感官所聞見之事，實屬有限，此所以謂史家「收遺逸於當時，蓋非一耳一目之所親聞覩也，又安敢謂無失實者

哉」。由於史家不可能全是上述的角色，即為上述角色，其所撰者亦不過只是一事件的事實，寬言之亦不過只是感官所及的「事件史」，與關係「千載之前」、「殊俗之表」的全程總體史，相去甚遠。因而，他有意表示史著完成，其重要基礎在史家親所聞見以外的文獻資料，這些資料較親所聞見為多，對史著之完成及完美，價值應在親所聞見伯仲之間，或轉居其上。

第四，經傳、《史記》乃權威性的經典之作，猶且有異說失實之可能，是則實證定論歷史之難，可想而知。然而他認為定論之難，雖「亦前史之所病」，但卻不是表示定論絕不可能，其關鍵即在事實的存真及求真之問題上。因而大力推崇本史不可亡論和及時修撰論所落實的史官制度。亦即表示承認史官與史家及時修撰之大體可信性，及其與定論歷史的關係。

第五，在上述四點的前提之下，他有意表示其搜神之作並非完全無稽之言；且由於其遵循新史學某些方法，故不但是負責任之作，抑且應有所「發明」，以「成其微說」於不可知層次者。

干寶起碼代表了一部分搜神獵奇之士及其著作，並不是純從好奇風氣或宗教情懷出發的，他們兼由實錄史學的某些特質出發，有拓展史學層次範疇，發明「天人之際」諸問題的意思。當然，他們不認為他們所探究的對象不列屬史學範疇，則他們的著作也就不應列於史學以外。事實上，《五代史志》將此類作品列入史部，最足以反映此階段對史學認識的一般觀念。今人將此類作品視為神異小說傳奇之類，乃是因古今史學觀念之改變而不同也。就干寶而言，他是由於其父的寵婢，和其兄之死而復生的刺激，因有此神秘經驗，進而撰集《搜神記》，博得「鬼之董狐」的聲譽的。《晉書》本傳批評他「博採異同，遂混虛實」，應有進一步分析的餘地。

從實證方法而論，今本《搜神記》儘管已非原著之舊，但其條述，明顯的主要是抄錄諸史及經傳百家之言，另一部分則是經由採訪而來之知聞。這些事既屬不可證知者，故其載述當然也乏論證程序。關於此點，前引序已自作說明。〔註49〕因此而言，儘管此書能「言必有據」，但終究不能與實證史學相混。然而，由於神秘主義先天上之不可證知，則其抄錄、訪問所得，乃是

〔註49〕《搜神記》之序，本文引自《晉書》，卷八十二〈干寶列傳〉，該序文字略與筆者所讀世界書局所據之《百子全書》新校本異（民國71年9月七版）。此新校《搜神記》的內容，已非昔日原本，但其條述諸事，尚可印證原序及本人正文所言。

其唯一可行之方法。稍後裴松之注《三國志》，亦引用《搜神記》及其同類書，顯示「博採異同，遂混虛實」，乃是此類史學不得已的特色所在，史家固無可突破者也。從內容而論，既無方法可作論考檢證，則無法作事實之確認，只能「信不信由你」矣。這種層次的東西，原本就是信仰情感之學，與理性實證關係甚薄。干寶將之與實證史學套上緊密的關係，又從理論上樹立基礎，此所以說〈搜神記序〉爲史學史上之重要文獻也。其內容多從正史而來，復又影響於後之正史，即唐修《晉書》本身，這類內容亦不乏例，是則唐初史臣之批評，正有明於察人，暗於察己之嫌，並非從史學此學術之根本中作檢討也。值得重視的是，干寶本傳〈史臣曰〉批評其與孫盛，云：「所著之事，惜非正典，悠悠晉室，斯文將墜。」一者表示干寶之《晉紀》似曾大量載述此類神異之跡；另者表示寧冒家門破滅，直書桓溫「枋頭之敗」，以存史實，有齊太史之風的孫盛，其著作或亦有此類傾向。孫盛若眞如此，則此階段對實證定論史風之共識可知矣。《晉書》記述杜預有大蛇醉吐之異跡，陸雲夜遇王弼之鬼而始有玄學的神遇，等等神異，豈非干、孫之匹亞，以爲可得實證定論者耶？〔註 50〕在此「遂混虛實」之間，殆已達至神異泛濫之地；亦即究天人之際，本由無證不可輕棄之觀念出發，反而泛濫成災，危及實證定論之大旨矣。

從〈搜神記序〉推出的干寶史學理論，其二、三、四點顯示了史學上重視文獻，並及於文獻的權威性諸問題。史家撰史，除了少部份爲其親所見聞之外，大部份需依靠文獻以進行研究，這是論史家及其事實，不得不重視於文獻的原因。文獻在史學的價值，不論其如何權威，在史家作實證推論時，固皆只能視作證詞，不能因其爲聖人所言、名史所記，遽即認爲眞實無誤。司馬遷似深悉此旨，故儘管畢集「天下遺文古事」，「罔羅天下放失舊聞」，仍強調於必須「論考」和「略推」，未敢輕認事實而隨便推論也。這是新史學實證主義的根基所在，故〈太史公自序〉和〈報任安書〉中，他一再加以提撕強調。繼起名家，達於此旨者亦多。例如班彪繼劉氏父子及揚雄等人之後，續撰《史記》，即旁採異聞以斟酌譏正於前史，表達其「愼覈其事，整齊其文」之旨；然而儘管如此，班固仍未因其父及諸子權威性的著作而滿意，反而表

〔註50〕唐初史臣記述杜預、陸雲等神異之事，可各詳二人本傳。筆者意其在「正史」
　　　　——此時「正史」的意義和價值已明——不諱言之者，蓋以世有此說，有文
　　　　獻可稽也。此即正是干寶撰《搜神記》的理念所在。

示父著「未詳，乃潛精研思，欲就其業」。

　　當然，就史料學角度看，史料因其來源或形成等因素，確有權威等級之別，因而這種認識遂容易流於權威崇拜或文獻崇拜。漢儒獨尊儒學，經典所載、聖賢之言遂有莫大的權威性，揚雄和班氏父子批評司馬遷謬經非聖，雖是就價值系統上立論，但卻含有聖經乃最高權威，不可謬違之意，亦即具有權威崇拜的傾向。例如揚雄《法言》卷二〈吾子篇〉末云：「或曰：『人各是其所是，而非其所非，將使誰正之？』曰：『萬物紛錯則懸諸天，眾言淆亂則折諸聖。』或曰：『惡覩乎聖而折諸？』曰：『在則人，亡則書，其統一也。』」司馬遷既視一切文獻為遺文舊聞，無異包括聖言經文在內，皆一體視之，如同證詞也。在新史學的理論上，司馬遷之是否違聖反經並不很重要，其所違反是否有證據，推論此證據是否合理，這才是最重要。因為史學第一要義在求真，近真或得真始能符合史學之旨。事實上，經過司馬遷的論考略推，《史記》所確立的許多史實，是採自權威之言，其後又為《漢書》所因襲者。是則班氏父子在彼批評史遷，在此則肯定其實錄也。

　　權威崇拜及文獻崇拜或許可以溯源更遠，但揚、班之風，其近代淵源應與劉向有關，劉向所撰《洪範五行傳論》、《列女傳》、《新序》、《說苑》等，皆本於《詩》、《書》經傳所載，此殆為權威崇拜之表現；至於《列仙傳》等，蓋多據諸子百家之言，殆即為文獻崇拜的表現。蓋此類著作，頗有信仰權威，盡信書而未加仔細論證者也。風氣既開，此脈遂行。降至三世紀漢晉之間，權威崇拜似受一挫。譙周承揚雄之言，不滿司馬遷《史記》先秦部分，謂其「揉俗語百家之言，不專據正經」，因而據「舊典」駁論，撰《古史考》二十五篇，這是權威崇拜的充分表現。當時譙周聲名甚盛，稍後始為司馬彪所駁，凡一百二十二事被批評為不當，所據文獻即本於汲冢出土之《竹書紀年》，前已言之。是則正經舊典，在論證時未必有絕對或最高的價值，於此已有普遍認識的趨勢。陳壽不為師門辯護，殆即為此。權威崇拜受挫，並不表示其風已絕，故七世紀時劉知幾猶力論疑古惑經。

　　事實上，權威的來源不僅只限於正經舊典，史官、史家所述，尤其是權威史家或人物所述，亦為來源之一。例如漢末史家並非只有蔡邕一人，但據馬日磾和鄭玄之言，蔡邕固為權威史家也。東觀史臣所修國史固為權威性之著作，但不得權威史家如蔡邕之論證，則「誰與正之」？此觀念實足以代表權威崇拜之另一面。《搜神記》內容，抄自《史》、《漢》、《三國志》及司馬彪

《續漢書》諸志者不少，據其〈自序〉所言，當是相信其人其書之權威性也。干寶只是承儒學獨尊地位的衰落，及司馬彪的反駁正經之潮流，將權威對象轉向史家，突出文獻崇拜而已。《搜神記》大體上說，應爲好奇風氣和文獻崇拜的混合作品。其序所論，無異鼓吹文獻所言即是事實，若有文獻根據，則可得而採錄其說也。這種言必有據只能是實證史學的初步，而非其全部。修史若止於此，則無異與實證史學貌同而心異也。但自干寶《晉紀》，及於東晉南北朝至唐初諸正史，乃至裴松之《三國志注》等，皆可印證此風之存在、普遍及興盛。

　　儘管此風興盛，史學不亡者仍與實證定論之認識秉持有關。孫盛冒死存實之風；桓玄自撰起居注，有惟恐事實不明之懼；王韶之不避書王氏貨殖作亂之劣跡，書者與被書者皆能尊重事實，爲天子所表揚；〔註51〕范曄自詡其書論贊部分之「精意」、「奇作」，紀傳部分之「體大思精」，有因事發論，「以正一代得失」之志；沈約批評何承天、裴松之、徐爰等所修《宋書》「多非實錄」，「垂之方來，難以取信」；〔註52〕蕭子顯不滿後漢史未能實證定論，遂「採眾家後漢，考正同異，爲一家之書」；崔慰祖欲更注《史》、《漢》，其學術亦講究「酬據精悉」，爲沈約、謝朓等所稱服。〔註53〕此皆南朝實證史學，秉持不亡之顯例也。其間裴松之注《三國志》，頗有繼起干寶好奇風氣及文獻崇拜

〔註51〕 王韶之系出琅邪王氏，曾祖廙乃王導從弟（詳《晉書》，卷七十六〈廙傳〉）。韶之撰晉史，序王珣貨殖，王廞作亂。王珣乃王導曾孫，廞亦王導曾孫，珣之從弟（詳《晉書》，卷六十五〈王導列傳〉，《宋書》，卷四十二〈王弘列傳〉及卷六十三〈王華列傳〉）。是則以《晉安帝陽秋》博得「後代佳史」之譽的王韶之，是自書本家劣跡也。及至宋世，珣子弘、廞子華掌權用事，韶之懼爲所陷，但弘等卻抑其私憾而不害之，兩爲宋文帝所嘉（詳《宋書》，卷六十〈韶之本傳〉）。此事表示雙方皆尊重事實，並尊重史家之存實也；而宋文帝亦有意表揚此風。

〔註52〕 詳范曄〈獄中與諸甥侄書〉，今多已收入《後漢書》爲代序，另裴松之奉詔繼何承天修國史，但未及撰述而卒，其曾孫裴子野立志繼承，遂有《宋略》之作。是則宋修國史，松之貢獻似不多（詳《宋書》，卷六十四〈松之傳〉及《梁書》，卷三十〈子野傳〉）。劉宋國史之撰，實以何承天、山謙之、蘇寶生、徐爰爲主，尤以徐爰用力最大（詳《宋書》，卷九十四〈爰傳〉）。沈約之能快速完成《宋書》，實因徐爰等人已奠好基礎（《二十二史劄記》，卷九〈宋書多徐爰舊本〉條已曾討論）；至於沈約之評論，詳其《宋書·自序》（卷一〇〇，頁247B）。

〔註53〕 子顯附見《梁書》，卷三十五〈蕭子恪列傳〉，慰祖事見《南齊書》，卷五十二本傳》。

之傾向，較上述諸史家尤爲明顯，但其人實際上瞭解史學必須求眞存實之大旨，其注釋之內亦頗從事於實證推論，〔註54〕恐因其過分炫耀博學，致有流於好奇及崇拜文獻之效果而已。稍晚於松之的臧榮緒，括兩晉爲一書，被齊太祖稱爲「有史翰」。他曾力主史學必須有「裁斷」，似即針對干寶、松之所代表的史風而來。六世紀陳、隋之際的史家何之元，即直採其旨云：「夫事有始終，人有業行，本末之間，頗宜詮敍。案：臧榮緒稱，『史無裁斷，猶起居注耳。』由此而言，實資詳悉。」據臧、何之言，事件史或人物史皆各有完整的發展及其因果關係，在其始終本末之間，即須講究論證，以確立事實，及從中選擇銓敍，以達至歷史的重建。若徒臚錄文獻、引述不疑，斯皆不合「史家與其事實」的史學關係，只成剪貼式之史，如此則眞相云乎哉？重建或定論云乎哉？何之元撰《梁典》採用分期論，仔細論究梁朝一代發展諸階段，探討其間之始終本末諸關係，殆深得實證史學之旨者也。〔註55〕惜臧、何二子著作今不存，全貌不得而知。但讀其言，則知排比史纂並非上乘史學，史家固須透過論證而有別識心裁，不待劉知幾與章學誠而明矣。

　　史家與事實之間存有論證的關係，其極致則會發明事實之眞相，重建一代歷史。史家欲精確研究事實，提出「一家之言」，此一系列的研究程序，就是「正」的落實表現。其著作儘管只是「一家之言」，但有可能成爲「後代之準」——亦即可能成爲後代之定論。國史之含有定論，進而成爲正史，關鍵在此，是則一代大典之國史不易修也。

　　五胡政權亦多有修國史者，國史必須眞實而關係定論，此旨大體也能掌握。前秦苻堅在四世紀後期建立史官，著作郎趙泉、車敬等執筆，直載堅母與將軍李威通姦事。後「堅收起居注及著作所錄而觀之，見其事，慚怒，乃焚其書而大檢史官，將加其罪。著作郎趙泉、車敬已死，乃止」。其後史官追錄舊語，已十不存一矣。〔註56〕史禍幾生，即因史官論載姦事之眞實；當然，

〔註54〕松之曾因私碑「有乖事實」，寡於「取信」，建議禁裁管制。其最終之目的，蓋以碑銘爲史料重要來源之一，爲將來論證之基礎，欲「使百世下，知其不虛」，則必須維持其可信性也。故知松之亦有識於實證定論之旨。詳《宋書‧本傳》，卷六十四，頁172B。

〔註55〕裴松之生於372～451年（晉簡文帝咸安二年～宋文帝元嘉二十八年），臧榮緒生於415～488年（晉安帝義熙十一年～齊武帝永明六年），蕭子顯、崔慰祖皆後於榮緒，何之元則爲南朝末葉史家。之元撰《梁典》，其序即細述分期之意和引用榮緒的名言；詳《陳書‧本傳》，卷三十四，頁45B～C。

〔註56〕見《晉書‧苻堅載記上》，卷一一三，頁301B。事在381年，前秦建元十

史官苟無證據，豈敢如此記述？386 年——慕容垂乘前秦衰亡、趁機復國之第
三年，詔命董統草創國史。慕容垂後讀之，「稱其敍事富贍，足成一家之言；
但褒述過美，有慚董（狐）、史（齊太史）之直」云云，〔註57〕是則意其未能
爲定論之實錄也。五世紀中期，崔浩主持修撰北魏《國書》，急於發表，且立
石銘刊之，至爲來往行人，批評其書「備而不典」，釀成著名的重大史禍。
所謂「不典」，意謂不正，不能成爲一代大典也。《國書》是否眞的「不典」，
或牽涉其他因素？容不贅論，要之國史的完成，應是要完備而定論的。一家
之言雖可提出，但最好能論證精微，使之成爲備要典的定論，〈太史公自序〉
所言的應即此意；而此時南朝名史家范曄之〈獄中與諸甥侄書〉，自許其書爲
精奇之作，殆亦含有此意。是則南北國史之實證定論的認識，大體無所差異
也。

　　北朝國史官修，自崔浩開始已成定局。450 年發生此史禍，對北朝可謂影
響甚大。繼起史官的高允、孫惠蔚等人，皆不敢輕率措意。六世紀初期，崔
光長期以宰相修史，臨終勅子弟，謂「史功不成，歿有遺恨」。但史云其魏
史，「徒有卷目，初未考正，闕略尤多。每云此史會非我世所成，但須紀錄時
事，以待後人」。臨終遂薦崔鴻。〔註58〕尋其意思，國史不可亡，故不得不修；
修之而無成，故有遺恨。但是實證而定論，固爲世之難事，需待卓者出，始
能有成。崔光之意，實在守前待後，不敢輕爲之也。崔光自忖非其才，曾力
讓史任於李彪。然而李彪與之長期同在著作，常以國史爲己任，臨終亦未完
成者，蓋以體例雖定，但艱於論證，不敢輕易告成耶？崔光最後找到「史才
富洽」的侄子崔鴻。鴻史學造詣殆可比於李彪。然而他正在研撰《十六國春
秋》，只能竭其餘力照顧國史。宣武帝索閱其書，崔鴻「以其書有與國初相
涉，言多失禮，且既未訖，迄不奏聞」。換句話說，崔鴻以論證未精，恐招至
崔浩之禍也。前引前秦、後燕修史，則知此諸國之史皆未精詳，或有削諱，
眞相不易一究即明。崔鴻後來上表，強調網羅史料、確立事實之難，並強調
其努力於「審正」、「史考」，一直不敢輕輒完成，茲再略引其表以見其意。表
曰：

　　　　年，東晉孝武帝太元六年，約在孫盛書桓溫之敗，習鑿齒被陷入秦之時代也。
　　　　追錄事詳《史通通釋・古今正史》，卷十二，頁 359。
〔註57〕詳《史通通釋・古今正史》，卷十二，頁 358。
〔註58〕詳《魏書》，卷六十七光本傳及崔鴻附傳，其言見頁 154B、C。

……昔晉惠不競，華戎亂起。……成爲戰國者，十有六家。善惡興滅之形，用兵乖會之勢，亦足以垂之將來，昭明勸戒。但諸史殘缺，體例不全；編錄紛謬，繁略失所，宜審正不同，定爲一書。……誠知敏謝允南（譙周字），才非承祚（陳壽字），然《國志》、《史考》（指《古史考》）之美，竊亦輒所庶幾！

始自景明（西元500～503年）之初，搜集諸國舊史。……暨正始元年（504年），寫乃向備。……區分時事，各繫本錄；破彼異同，凡爲一體。約損煩文，補其不足。三豕五門之類，一事異年之流，皆稽以長歷，考諸舊志，刪正差謬，定爲實錄。商校大略，著《春秋》百篇。

至三年（506年）之末，草成九十五卷。唯常璩所撰李雄父子據蜀時書，尋訪不獲，所以未及繕成。輟筆私求，七載於今。此書本江南撰錄，恐中國所無，非臣私力，所能終得。其起兵僭號，事之始末，乃亦頗有；但不得此書，懼簡略不成。……

崔鴻已自我表明其撰述態度及方法，且聲言直本譙、陳史學論考之風，是則此書在身後始因其子表行，豈是生前「不敢顯行」發表，或世人因崔光貴重「遂不論之」耶？蓋崔鴻窮二十餘年精力，欲將此紛亂訛謬的時代，作一精微高明之整理，以達實證定論之「實錄」水準，上侔史遷、陳壽而已。魏收之批評，殆有誣的嫌疑；收書被指爲「穢史」，未必非實也。〔註59〕崔鴻私撰《十六國春秋》即已如此，則其參與撰國史，想亦不會率爾而爲。

　　大體而言，崔浩史禍的教訓，是促成五、六世紀間，北魏史臣慎重修史，乃至有守前待後的心態現象者。但是在此消極因素之外，尚有積極因素，此即在孝文帝鼓勵之下，實證定論的史學精神得以發揚及落實。前文曾提及崔浩案發，太武帝拘究諸史臣及有關人員數百人，其中高允即不避死難，承認國書細部多於其手，崔浩只是總裁潤色而已。他向太子力辯，聲言：「夫史籍者，帝王之實錄，將來之炯戒。今之所以觀往，後之所以知今，是以言行舉

<hr />

〔註59〕崔鴻之表和魏收之評，詳同上註。按崔鴻約在500年開始研撰，506年稿成九十五卷，至522年購得常璩書，然後得以完成。崔鴻於孝昌（525～527年）間卒，書迄未發表，是則二十餘年之間，其書始成也。生前不敢顯行其書的原因，鴻已自述，行徑殆如陳壽當年。崔光早已在523年卒，崔鴻豈得挾伯父聲威？若其書真有大謬，執事者豈遂因崔光故而不論之？魏收謂此書「多有違謬」，所舉者亦不過年代差異者三例而已。是則魏收應有厚誣之嫌。

動，莫不備載，故人君慎焉。……至於書朝廷起居之跡，言國家得失之事，此亦爲史之大體，未爲多違！」是則縱使史禍已起，國史實證定論之旨未泯也。孝文帝於太和十五年（西元 491 年）始親政，即分置左、右史官，並「常從容謂史官曰：『直書時事，無諱國惡！人君威福自己，史復不書，將何所懼？』」是則此「雅愛經史」的皇帝，實有心得於史學，其見上承於高允，故曾屢責史臣以「王言遺滯，起居不修」，認爲嚴重失職。他又曾當面批評史臣韓顯宗說：「卿爲著作，僅名奉職，未是良史也！」顯宗答云：「臣仰遭明時，直筆而無懼，又不受金，安眠美食，此臣優於遷、固也！」孝文哂之。〔註60〕可知孝文針對崔浩史禍以來史臣之心態現象，積極對史學作補救及發揚也。李彪、崔鴻之徒，於此時代遂有特出表現，良有以也。

史官修記注而直書，不見得就必定眞實，尚需印證其他資料，事實始能確立。然而，若能直書無諱，可信性即甚大，並可能即將此事定論，省卻修撰國史的史官或史家許多不必要的麻煩。蓋確立事實，不論是修記注或國史，仍將是史家的必需條件及首要責任，關係歷史之推論正確與否、能否成定論甚鉅。魏收之史無論是否穢史，但其書多沿李、崔諸人之作，有問題處似多在崔鴻以後史事。《魏書‧自序》云：

> 初，帝（高洋）令群臣各言志。收曰：「臣願得直筆東觀，早出《魏書》。」故帝使收專其任。又詔平原王高隆之總監之。隆之署名而已。
>
> 帝敕收曰：「好直筆，我終不作魏太武誅史官！」

魏收書成，前上十志之啓，自言「假復事播四夷，盜聽間有，小道俗言，要奇好異，考之雅舊，咸乖實錄」云云。〔註61〕表示他或有直筆存實之心、實證求眞之能，只因私意而在人物褒貶處上下其手。非知之艱，行之爲艱也。憑此諸例，則北朝一向對國史之實證定論，認識可知也。

從修記注至國史，確立而直書事實，既爲實證定論的第一步關鍵，重要可知。然而帝王事跡，民間史家多不之知，或難以確定，故私撰當代國史風氣，在官修制度下日衰退，遂有大賴於史官焉。不過，此類帝王事跡，往往牽涉「國惡」，敏感性甚大，雖帝王鼓勵、史官自勉，猶不敢輕易直書之，雖書之亦不易見容保存也。唐初大舉修五代史，目的在爲五代修「正史」，與於眾家晉史之後重修《晉書》一般，俱有標準定論的意義存在。太宗君臣，實

〔註60〕請詳上章第三節。
〔註61〕《魏書‧自序》見卷一〇四，頁 235C；〈前上十志啓〉，見頁 1。

悉定論歷史之旨。《貞觀政要》卷七〈文史篇〉，記載如下兩事：

> 貞觀十三年（西元 638 年），褚遂良為諫議大夫兼知起居注，太宗問曰：「卿比知起居，書何等事？大抵於人君得觀見否？朕欲見此注記者，將欲觀所為得失，以自警戒耳！」
>
> 遂良曰：「今之起居，古之左、右史，以記人君言行，善惡畢書，庶幾人主不為非法，不聞帝王躬自觀史。」
>
> 太宗曰：「朕有不善，卿必記耶？」
>
> 遂良曰：「臣聞守道不如守官。臣職當載筆，何不書之？」
>
> 黃門侍郎劉洎進曰：「人君有過失，如日月之蝕，人皆見之。設令遂良不記，天下之人，皆記之矣。」〔註62〕

這是太宗問記注的問題。太宗豈會不知記注為何物？是則此問當別有用心。自述欲觀記注以自我回顧反省，正是用心所在。筆者毫不懷疑唐太宗以史為鑑之意，事實上《貞觀政要》所載語錄，正多君臣論史及政，以史為鑑之例。但太宗欲觀其自己的起居注，又明知故問；此則當真別有用心，意不僅在此。第二條記錄云：

> 貞觀十四年，太宗謂房玄齡曰：「朕每觀前代史書，彰善癉惡，足為將來規誡。不知自古當代國史，何因不令帝王親見之？」
>
> 對曰：「國史既善惡必書，庶幾人主不為非法，止應畏有忤旨，故不得見也。」
>
> 太宗曰：「朕意殊不同古人。今欲自看國史者，蓋有善事，固不須論；若有不善，亦以為鑒誡，使得自修改耳！卿可撰錄進來！」
>
> 玄齡等遂刪略國史為編年體，撰高祖、太宗實錄各二十卷，表上之。
>
> 太宗見六月四日事（指玄武門兵變），語多微文。乃謂玄齡曰：「昔周公誅管、蔡而周室安，季友鴆叔牙而魯國寧，朕之所為，義同此類。蓋所以安社稷、利萬人耳！史官執筆，何須有隱？宜即改削浮詞，直書其事！」
>
> 侍中魏徵奏曰：「臣聞人主位居尊極，無所忌憚，惟有國史，用為懲惡勸善。書以不實，嗣後何觀？陛下今遣史官正其辭，雅合至公之

〔註62〕詳該書卷七，頁 7B～8A。《通鑑》繫此事於貞觀十六年四月壬子（卷一九六，頁 6175），並加「太宗曰：『誠然！』」一句。《貞觀政要》據臺灣中華書局明校本，民國 68 年 7 月臺三版。

道！」〔註63〕

據此，則太宗用心殆在欲知史書如何記載其兵變等不善之跡也。他自我提示「六・四兵變」的解釋立場。如此解釋，則史官當然不必「有隱」。據此解釋，則史官勢必奉詔重修，而有正義在太宗的「直書」之美。由太宗弒儲君、劫父皇、屠殺兄弟及其家族的「國惡」，爲史官改寫爲周公誅管蔡的盛德美功。「實錄」云乎哉？房玄齡、許敬宗、敬播等史臣，原本即「刪略國史」，以「語多微文」的方式完成此二書，儘管婉約如此，終仍難逃進一步修改的指示，是則史官不敢輕易直書，書之亦不易見容保存，可以知矣。

官修制度，原本是基於史不可亡和史需及時而書兩種認識而建立；國君不得讀其當代國史，則是一種保護史官、以使事實得以傳眞的不成文慣例，其目的在爲實證定論歷史作基礎。這種制度之流弊，容待下章再詳贅。要之，官方的干預參與，未必就能促使定論歷史的完成。在上述情況下完成的「正史」，眞正的意義應爲官定標準的官方論歷史，亦即所謂的「欽定歷史」。中國史家欲撰一部定論歷史，乃是司馬遷以來的偉大抱負，即使某些官方亦有此志，如梁武帝欲撰《通史》以取代眾史即其例，史官制度的建立亦欲爲促成其事而創。只是官方之政教忌諱太多，功用意識太重，遂導至了欽定歷史的偏差。原其種種，皆與司馬遷史學理論有關。由於他提倡實證究明眞相，認爲在此基礎上始可作精微高明的解釋，以成一家之言；而此一家之言，蓋可涵蓋眾家之說以成定論，遂導致了官方的嚴重關注、干預以至偏差。

實證定論的國史理論上非不可臻，但在官方領導之下則往往難至，自東漢修史於東觀以來，文飾不實的批評已然出現。光武帝以降，官方逐漸將國史修撰權收回中央負責，魏晉以來因政治勢力削弱，私修再度興盛，迄西元593 年（隋開皇十三年），隋文帝下詔云：「人間有撰集國史、臧否人物者，皆令禁絕。」〔註64〕則是中國史學史上的重大里程碑。嗣後唐太宗又破壞了官修制度中的史官保護制度，是則由追求實證定論歷史的正史意義，已隱然偏向

〔註63〕《資治通鑑》將此條繫於十七年七月（卷一九七，頁6203）。《唐會要》（臺北：世界書局，民國57年11月三版）〈修國史〉類，謂十七年七月十六日奏上，初由褚遂良讀之，太宗感動，仍遣編之秘閣，並賜太子及諸王各一部，京官三品以上欲寫者亦聽（卷六十三，頁1092）。是則《政要》殆繫二實錄勒撰之始，《通鑑》則繫其成書之時。

〔註64〕見《隋書・高祖紀下》該年五月癸亥條，卷二，頁38。

欽定歷史的方向發展。此下「正史」，蓋指官方的、標準的而言，與原來的定論意義距離甚遠，「四史」的盛況及其所代表的早期史學精神，日益衰退矣。

這一切的形成及改變，皆出於「歷史是眞的」，和「史學是求眞之學」，可達至定論此認識與信念之上。許愼對「史」字解說，實就此而言；前引揚雄、蔡邕、范曄、蕭子顯、崔光、崔鴻諸例，皆曾用到「正」此一字，是則史之正及正之史，意義應甚明顯，不僅只是許愼一人對史的瞭解和要求而已。

或謂對史作如此進步的解釋，殆爲漢以降始存在，先秦初造此字時，應未有如此認識也。筆者以爲不然。孔子襃揚董狐而又作《春秋》，則此學術孔子固已有深度瞭解。董狐、齊太史兄弟、南史氏等，皆爲此學術表現特出而爲後世所知的幸運人物而已，猶如四世紀時，芸芸史家之中，南方的孫盛和北方的趙泉、車敬等少數人以直筆而得留名。方之周代中葉，或許如董狐等人仍多所有之，只是未蒙逼害，不爲吾人幸而知之耳。周代金文之史字，殆當承自殷代甲文之史字，殷、周對史字賦予的形義結構，未必即與漢代不同。許愼所謂史乃「記事者」及「中，正也」，顯然有承自周代意義之處，董狐、齊太史等，正是記事者及所記正確者，乃至能秉持正確態度以記事者也。按《說文》：「持，握也。」「握，搤持也。」《段注》：「搤，一曰握也。」是則「持」字乃指握持、秉持而言，而非所謂「允執厥中」之「執」。

換句話說，「從右，持中」也者，指記事者以手秉持正確的態度以書寫正確之史實也。史之爲義，許愼釋之雖簡，但其字兼指撰史者及其態度和內容三者而言，應可無疑；亦與周漢之間，此學術之一脈相承而被認識者相合也。揚雄《法言》開章即云：「學，行之，上也；言之，次也；教人，又其次也。咸無焉，爲眾人。」古人以身體力行的事業作其言教，董狐、齊太史、孔子皆以著作證其學，馬、班、陳、范此漢晉諸子繼之，皆學士之上也；許愼言之，是其次也。然許愼謂「史，記事者也。從右，持中；中，正也」全句，應含史家與其史實之旨，亦含實證定論之義，「正史」的意義應從這裡推尋。揚、許、蔡、范諸子之言「正」，意在斯乎？意在斯乎？余非有意附會，所釋當與不當，「誰與正之」？

第十章　正史及其形成理念（下）

一、正統論與國史的正統性及其違心發展

　　兩漢至隋唐，正統觀念的發展大趨，是由陰陽家鼓吹煽動，進而侵入儒家的思想領域，其後又隨著儒學的衰退，遂褪盡學術外衣的鉛華，展露出其作為一種政治意識的原本特質。隨著正統觀念的這種轉變，原來具有濃厚神秘主義的天意史觀，逐漸降落至現實的人文層次，成為政治糾紛時候作為解釋批判的概念。至此，可分兩方面作觀察：第一，統治者持之以與敵對政權，或窺伺、叛逆其政權者，作意識形態競爭的工具。第二，史家普遍具有這方面的意識或受其影響，持之批判政治學術，於是正統觀念一者成為史家撰述的原動力之一，另者又成為劃分史學分類而使之獨立於經學之外的基本因素之一。大體上說，正統觀念的政治意識表現，在兩漢天意史觀流行之下，已從司馬遷的隱約含蓄表示，進展至班氏父子較明顯的表達了，魏晉之際遂已成為敏感而重要的問題。及至習鑿齒出，正統觀念的特質表現已與漢代不盡相同，而其政治上的功能亦被發揮彰明，遂使之成為政治與學術上所矚目重視的大問題。乃至如儒佛之爭、道佛之爭及種族之分等，多少皆受正統觀念的影響。

　　習氏彰明了正統觀念的政治功能，最為官方所關注。兩漢以來，官方原對史學就有加強干預及控制的傾向，至此，正統觀念的功能表現，遂又成為官方增強其國史支配力的另一重要基因。國史具有宣揚政權正統性的政治意義及王跡所施的道德性意義，使官方重視在其控制之下修撰本朝國史；抑且

「王跡所興」必繫於前朝「王跡所亡」，逐使官方對前朝國史的修撰亦給予同等的重視。漢、魏、吳、晉及五胡諸國，皆官方各修其國史者，自習氏以後、東晉云亡，則本朝官方勅修前朝國史的趨勢已現，至七世紀前期，唐朝大舉修五朝國史，乃成定局。關於這方面的問題，筆者將在下章詳述。此處所欲析論者，厥爲正統觀念對史著的內部構造，及對史學的違心主義影響諸問題。所謂違心主義及其史學，乃指史家之一種心態，爲達某些目的，而故意曲解粉飾事實，變更應有之歷史解釋者。

關於正統觀念與史學的關係，實在不易片語而明，一以概之。問題的中心在每個史家對正統的解釋，並不完全相同。原本自孟子提出天人推移說後，正統論已出現了系統的理論架構。此後鄒衍提出五行相剋說，董仲舒提出三統說，至劉向綜合而變通之，形成三五相包說。不但測驗天意之術日盛，抑且推判正統之術亦定。上述諸理論架構的完成，均有一共同的基礎，此即爲孔子所提出、孟子所彰明的民本主義思想。換句話說，正統與否，首先須接受民本主義的考驗，得民而王，其統即正。就此而言，從政治及道德的角度看，應是合理而成立的。即使習鑿齒任意對魏、晉作解釋，但其基礎的論據仍本於此，〈晉承漢統論〉中謂晉「積勳累功，靜亂寧眾，數之所錄，眾之所與，……不賴於因藉之力，……有定天下之大功，爲天下之所推」是也。也就是晉統雖因大建功勳而成，但其功勳是因有靜亂寧眾之效，故上天鑒此而垂意，人民因其能撥亂安民而與之者。苟若違反此大原則，則不論是否已統一天下，是否依甚麼血緣說、器物說、區域說、文化說等等假說，皆應不能進而推論其三統五行之正。這許多假說在理論上只具有輔助功能，使符合民本主義的政權顯得更合理更光明，若過分強調了，則有顛倒本末、混淆是非之虞。試想蜀漢若不符民本，雖因血緣等憑藉，逐能得其正統耶？曹魏若符民本，不要說篡衰漢，即使代虞夏，就不能得其正統耶？天生烝民而爲之樹君者，是爲了人民之好著想，這是自然之道。政教是因順此道而生，並非違反此道而立。自然與政教的關係，實爲體用的關係，此在六朝玄儒之辯中，道理已日益彰明。袁宏即取此日益彰明的道理，用於評論後漢史事，至成爲有卓識的名史家。而事實上，懷有正統觀念以構思其史著的史家，大都能知道此最後原則的，只是在此原則之外，他們或另有意見。

若說中國傳統史學有一些特色，則其歷久不衰者厥爲政治史觀與道德史觀，而前者又較後者更爲明顯。自司馬遷以來，即綜合了以前的觀念，認爲

歷史文化的源動在於政治，決定政治的人物就是推動歷史文化變動的關鍵。司馬遷等創本紀以安置這些人物之中的主宰者，又創世家以示其主宰之輔動者，列傳所述者又以將相名臣爲多，顯爲此觀念的充分表現。班氏父子本君尊臣卑觀念，而嚴分紀、傳二類，自下列傳中人亦日以政治人物爲主，乃至史書有「帝王家譜」諸類稱呼，此則政治史觀日益一日也。史學與政治關係如此密切，自難完全獨立於政治之外，史家暨史官在政治力量直接或間接影響之下，史學爲現行政權服務，其現象日益普遍，是則由於各史家暨史官所隸屬的政權不同，其所持的正統觀念遂亦互異，此在兩漢大一統局面不致嚴重紛歧者，於東晉南北朝之局面則不然矣。

理論上說，正統與否是以民本主義爲基礎，進而展開其理論架構，以此客觀的理論架構檢定政權的統治者及其行事，即可獲得相當客觀而合理的判定，這是以道弘人──讓道理彰弘其政權而使之正統的合理途徑。然而，魏晉以降王跡之黑暗，使此客觀的檢定化爲理想之事。統治者篡奪之後，既想飾過，又欲自弘，即賢如唐太宗，亦欲瞭解史官如何書寫六月四日玄武門兵變之事，閱後復自我解釋爲「周公誅管蔡」，指示史臣有所修正，終至篡改唐朝王跡所興的史實，其情可知矣。〔註1〕史官及史家們書國史，除了阿諛取容、入主出奴或受到官方極大干預控制者外，其餘者雖有良知，亦不得不表面上曲解當時王跡之合道，而爲之爭正統。前面提到陳壽之隱諱，干寶之婉約，袁宏之影射，其實皆在不直接碰觸晉統之下，對正統問題作了極致的發揮。這兩類型史家撰史，既或多或少牽涉到正統問題，則正統觀念影響其史著的內部構造，包括筆法和結構，皆將各有特色。例如陳壽將三國分行而不明書僞逆，習氏創編年通史而明書篡逆等，表面視之則不過紀傳、編年二體史籍中的一部著作而已，仔細分析則各有深意創構也。六朝史學不易片語而明、一以概之者，原因在此。筆者無意於此對六朝時代諸國史逐一分析，這是不勝其煩，而又有偏離本主題之嫌的工作。筆者所欲論者，乃是習鑿齒彰明正統論以後，史學大略創新之處及其所以成爲國史特色者。

根據裴松之注《三國志》所引習鑿齒的評價及其《漢晉春秋》，筆者瞭解他知道「司馬昭之心」及晉室王跡所興的眞相。他撰史爲晉爭正統，缺點不

〔註1〕唐朝初期重要史實被篡改之問題，李蒸陽師之《唐史考辨》（臺北：臺灣中華書局，民國54年4月初版）及《唐史新論》（同上書局，民國61年4月初版）二書中諸論文，多有辯析。

在篡改史實，而是曲解史實。史家本人儘管可以各爲其主爭正統，以示尊君愛國之心，但史學則無此義務。既然儒學衰退後，史學漸成爲經世的重要學術，則習氏借史論政，乃是順應趨勢，此爲筆者所能體會之事。然而，晉三祖心跡是顯然不符傳統政教的，習氏卻大飾主闕，並期期然撰就專文爲之辯護，這就違反了評論必須根據事實與公理的論史原則，啓示了史家論史可以公然上下其手的可能性，對史學乃至世道皆有惡劣的影響。傅玄批評《漢書》「論國體則飾主闕而抑忠臣，敘世教則貴取容而賤直節」，這是批評班固混淆價值。《漢書》此時已成爲與五經相匹亞的名著，廣爲人所研讀。習鑿齒似乎順此而下，更有顛倒是非之弊者矣。原夫漢儒解釋春秋史學以史經世的意義，可用徐幹〈中論〉之言扼要指出，他說：「君子相見，非但興善，將以攻惡，惡不廢則善不興。」〔註2〕習氏爲了攻桓溫未成之惡，而曲解晉祖已成之惡，廢惡之效未知能否完成，而以惡爲善、混淆顛倒的效果卻已現，是則不但與經世原旨相違，抑且影響世道人心於更壞。

習氏死後未及半個世紀，即出現以下宋、齊、梁、陳、北齊、北周及隋、唐相篡之局。這些篡奪之君，竟至主動指示史官爲之粉飾者，如唐太宗之例；而史官及史家從事國史修撰，現存諸正史可以發現在內容上一再有掩惡粉飾之例，且比比皆是，不僅唐史而已。七、八世紀之間，劉知幾憤然離開史局，而發憤著《史通》，應爲抗議這種史風最具完整啓示性的個案。筆者認爲習鑿齒此公然掩耳盜鈴的作爲，應與以下的史學不正常發展有甚大關係。儘管論史需有體諒與同情，習氏急於尊晉抑桓的動機或可憫，然而此行爲效果則不可諒，蓋此事對史學獨立自主而具信實性大有傷害也。尤其習氏殆明知晉祖之心跡，卻作此違心之論，應是故意爲之者，實對此下違心史學有重大啓導之功，此不辯明，則何能辨章史學的發展？漢末仲長統《昌言》云：「天下之士有三可賤：慕名而不知實，一可賤。不敢正是非于富貴，二可賤。向盛背衰，三可賤。」〔註3〕這是他鍼砭漢魏風氣之言，但也是兩晉南北朝士風的寫照。習氏未必有向盛背衰之意，但於第一及第二點，恐有與世同流之嫌。由此三點時風以考察此時期正史諸撰者，似乎可以窺知不正常的史學，何以能夠獲得發展也。

〔註2〕參馬總所編《意林》，卷五，頁 74 下。據上海商務印書館四部叢刊初編，縮印聚珍版。

〔註3〕詳《意林》所錄，見卷五，頁 69 上～下。

　　筆者於此用「違心」二字對習氏作批判，並不意謂筆者判斷習氏在道德上的善惡，事實上，歷代參與正統之辯的學者，正反雙方同時均為君子賢人者甚眾，如司馬光不採習鑿齒意見，朱熹批評司馬光，此諸子皆非姦惡小人可知。習鑿齒《漢晉春秋》及其〈晉承漢統論〉，於史論之心術上未必是惡，卻於史學的求真上殆應為誤。晉勢力的醞釀在於魏，王跡所興之憑藉不由於蜀漢，若謂晉承蜀漢顯然失之於不符史實。曹魏未能一天下故不能得正統，則吳、蜀亦然，正統固不在蜀漢；正統既不在蜀漢，則晉統何得「炎興」？三國各「偏平」而皆未得正統，則越魏繼漢，顯然又與炎興承蜀相矛盾。習鑿齒未能論考事實，解決這些問題，遽作《漢晉春秋》，將魏抹殺，此即違心。習氏能在史著中公然曲解，則他人亦可援例而為之。宋、齊、梁、陳篡亂相繼，但皆無越序上繼之事發生，其關鍵在劉宋。

　　劉裕討平桓玄，控制晉局，終而成篡。據《宋書・武帝本紀》所載，劉裕雖自謂系出漢室，卻未以紹漢自任，亦不本中興未亡說。晉末宋初君臣，雖在興亡之際，仍堅持正統在東晉的觀念——這是基於東晉必須與北方政權爭正統的歷史事實，而作晉、宋禪受之考慮者。晉恭帝被逼親手書寫〈禪位詔〉時，即聲言「桓玄之時，天命已改，重為劉公（裕）所延，將二十載。今日之事，本所甘心」云云。〈禪位璽書〉中亦云：「昔土德告沴，傳祚于我有晉。今歷運改卜，永終于茲，亦以金德，而傳于宋！」亦即表示晉室雖被人篡奪，但與北方胡人政權聲言之繼漢或繼（西）晉宣言，仍有必要作力爭，否則東晉將失去歷史地位。統可篡而正不可不爭的意識如此強烈，則劉裕若捨晉而繼漢，將會成為被北方政權否認的口實。晉君臣既認為劉裕延續了金德之運，由此而生宋水，故劉宋亦不得不遵從此現實，捨復興漢火而取晉金生水之說。劉裕既基於事實的發展而承認東晉正統，則與東晉敵對者固須視為「姦宄」和「僭偽」，是以其〈告天策文〉中歷述自己殲姦宄、滅僭偽，有「大造晉室，撥亂濟民」之功德。〔註4〕

　　此事件須加注意的是：劉裕生於桓溫時代，曾接受桓玄指揮，瞭解桓氏覬覦之心而觀望屈附者，後以形勢改變，始舉兵討玄之「篡逆」。是則劉裕仍是感染於篡奪政治風氣的人物。習鑿齒之論不但不足以抑制其篡奪行為，反有加促其行為之可能。蓋劉裕起先推戴桓玄「乘運禪代」，最後自己乘運而起，

「大造晉室，撥亂濟民」，殆有套用習氏解釋晉祖於魏非純臣，被逼屈附而有濟世之理論也。桓氏父子累代遷延不敢速爲之事，劉裕崛起不久即遽爲之，顯然習氏之論爲他舖好了基礎。習氏以分裂之際，正統在蜀，而晉承劉禪而興；劉裕亦以南北分裂之際，採習氏之說以正統在東晉，受其禪而興，至於對習氏晉越魏承漢之驚人理論，格於現實不敢採用耳。其實若以血統而論，劉裕較晉更有資格主張承漢統也。劉宋此一決定，遂奠下以後齊、梁、陳及隋、唐的禪受理論，不致有大爭執出現。梁和陳事實上仍有正統糾紛，此乃由於北朝及隋唐之立場所引起，與南朝本身關係甚少。

劉宋的開國理論奠定了南朝修國史的正統宣示先例，而五胡諸國亦多有修國史者，則因正統論之紛歧，時有所爭，茲暫不論。於此所欲究者，乃是北魏國史承習鑿齒違心之風，及沈約《宋書》之刺激，因而有改作之事。

北魏拓跋珪（太祖道武帝）崛起於苻堅滅亡、北方復亂之際，約爲習鑿齒死後兩三年之間事。至其子拓跋嗣（太宗明元帝）、孫拓跋燾（世祖太武帝）累世經營，始於五世紀中期統一北方。於此期間，崔浩等開始陸續修國史，至西元 450 年（北魏太武帝太平眞君十一年，宋文帝元嘉二十七年）浩被殺，史官中斷，而第一期修史乃暫停。此時期北魏政權並不宣稱承晉，而在 398 年（道武帝天興元年，東晉安帝隆安二年）採取崔玄伯（浩父）等所奏：「國家繼黃帝之後，宜爲土德。」遂從土德，服色尚黃，數用五。這是該年十二月正式稱帝時所議定的行次，與國號棄「代」稱「魏」，同具否認晉之金德的意義。〔註5〕蓋拓跋氏的官方意思，自謂源出黃帝之子昌意，入仕於堯舜之世，欲托體黃帝，遙繼黃帝之土德。《魏書》卷一〈序紀〉開示即云：「昔黃帝有子二十五人，或內列諸華，或外分荒服。昌意少子，受封北土，國有大鮮卑山，因以爲號。其後世爲君長，統幽都之北，……。黃帝以土德王，

〔註 5〕 道武帝拓跋珪於 386 年（登國元年，東晉孝武帝太元十一年）正月即「代王」位。按西晉懷帝原封拓跋氏爲「代公」，愍帝時進爲「代王」，自此一直以「代王」爲號，奉晉正朔。是歲拓跋珪即「代王」位，仍有奉晉之意義。但同年四月，珪旋即「改稱魏王」，始有否定晉室——包括西晉之意。由此而十二年後的六月，遂詔有司議定國號。有司主張根據「居所生之土，有國有家」的理由，仍應以代爲號。這是中國分土賜氏的變相論據。而拓跋珪自行決定「宜仍先號以爲魏」，理由爲天下分裂乏主，他欲掃平中土、撫服人民也。於是翌月遷都平城魏地，十二月即皇帝位，宣稱以土德王。此則表示完全否認晉統也。崔玄伯時爲吏部尚書，爲建立文物制度之總裁，遂據此意而推定北魏屬土德。事詳《魏書・太祖紀》，卷二，頁 7C、8C～D：〈崔玄伯列傳〉，卷二十四，頁 64：〈禮志〉卷一○八之一，頁 270A。

北俗謂土爲『拓』，謂后爲『跋』，故以爲氏。……」斯則其國史記述據遙繼之意甚明。

　　原夫拓跋氏遠居北朔，刻木紀契而無文字，〈序紀〉對此並不諱言，且明載其先世淳樸簡易，「世道遠近，人相傳授，如史官之紀錄焉」。是則〈序紀〉中載述其聖武皇帝拓跋詰汾，因天意安排而與天女偶遇，至生始祖神元皇帝拓跋力微之事，殆應爲其古老相傳的民族緣起傳說。拓跋力微既是拓跋族的「始祖」，生於三國之時，則前此祖先之眞實性殆可疑；至於謂源出黃帝，入仕堯舜，恐爲崔浩等史臣所附會也。據《魏書》卷二〈太祖紀〉所述，拓跋珪於西元 386 年由「代王」改稱「魏王」，十年之後（皇始元年）略取後燕之并州，始創建百官制度，起用文人，慰納士大夫，當時「家世魏晉公卿」的清河崔玄伯最受任遇，勢傾朝廷。玄伯有「冀州神童」之稱，曾任苻堅史官著作佐郎，據三皇五帝分土賜氏慣例，主張「改代曰魏」之說，爲太祖所採。其本人則總裁北魏文物制度創建，實爲北魏開國的學術指導者。〔註 6〕玄伯助手之一是也曾任著作郎，「博覽經書，長於易卜」的鄧淵。鄧淵奉詔撰《國記》，史謂只造十餘卷，「惟次年月起居行事而已，未有體例」，後爲太祖所殺，其子鄧穎則於世祖時復在崔浩主持下參著作事。〔註 7〕是則魏初指導開國理論，創立文物制度，肇建官方修史，蓋得力於留在北方，保守漢儒經學之史官也。

　　崔浩繼其父承受寵任，史謂其人「少好文學，博覽經史，玄象陰陽、百家之言，無不關綜。精研義理，時人莫及」。太祖朝即轉著作郎，常置左右。及至太宗即位，「常授太宗經書」及講論歷史。似需強調者，乃是崔浩具有極強烈的漢儒經術風格，他效法劉向，常夜觀天文星變，「精於天人之會」，影響太宗甚大。本傳云：

> 太宗好陰陽術數，聞浩說《易》及《洪範五行》，善之，因命浩筮吉凶，參觀天文，考定疑惑，浩綜覈天人之際，舉其綱紀，諸所處決，多有應驗。恆與軍國大謀，甚爲寵密。〔註8〕

《魏書》卷三〈太宗紀〉云：「太宗禮愛儒生，好覽史傳，以劉向所撰《新序》、《說苑》，於經典正義多有所闕，乃撰《新集》三十篇，採諸經史，該洽古義，

〔註 6〕　詳《魏書‧崔玄伯列傳》，卷二十四，頁 64D～65A。
〔註 7〕　見同上書卷〈鄧淵列傳〉，頁 66C。
〔註 8〕　詳《魏書‧崔浩列傳》，卷三十五，頁 83A。

兼資文武。」是則可以肯定的是：太宗受崔浩學術教育的影響甚大，而崔浩似歸本於劉向，故太宗亦受劉向學術之啓發也。斯則劉向正統論中之遙繼說及新三五相包說等，必爲接受崔氏父子指導的太祖、太宗及群臣所信仰。鄧淵修《國記》固不免受此影響，而崔浩後來主持修撰《國書》，參修者有浩弟崔覽、高讜、鄧穎（穎？）、晁繼、范耳、黃輔、高允、張偉等，皆一時儒學之士，爲反對老莊玄學之崔浩所引用者；而且「損益褒貶，折中潤色，浩所總焉」。是則劉氏學說，殆爲崔浩主持下所直接引用矣。〔註 9〕北魏國史托體黃帝，遙繼土德，背後因素可知。

其後魏收撰《魏書》，據此而特創〈序紀〉以述拓跋先世二十七帝，雖說近本陳壽《三國志》追王之義，遠探《史記・秦本紀》之旨，有溯源知始之功，但卻不免繼承《國書》舊說，有違心之嫌。何者？蓋自《漢書》以降，雖採遙繼之說，而從未如此追王創始之君以前的祖先，並且數目竟至如此之多也。其次，秦始皇先世自肇建不久即崛起，春秋中期以降乃至稱霸稱王，名號與周天子相侔，而行事則關係中國歷史之演變，故司馬遷特置本紀以處之，繼之以〈秦始皇本紀〉，以觀終始興亡的全程演變。而拓跋先世二十七君，偏居北朔，只爲一小部落，未至關係中國興亡終始。魏收爲之立本紀，顯有入主出奴之見及違心創構之實。當然，魏收所書本於魏國舊史，是則北魏史臣，應已吸收習氏違心之風，於改變編年體的《國書》爲紀傳體時，殆已如此改作。

《魏書》違心之另一處，厥爲捨北方政權系統而又否定南方的東晉，直承西晉正統之觀念表達。此事與北魏名史家李彪（西元 444～501 年）有關。他與手下史臣，協助孝文帝完成此有關學術和政治的重大改革，是當時中國政界及史壇的一件大事。李彪之名，是孝文帝所賜。他是博學之士，性剛直而偏於嚴酷，長期參與修國史，晚年坐大辟罪，孝文帝將之特赦而除免，稍後仍在秘書省以「白衣修史」，其史學被推重，可想而知。彪自述孝文賜名，是欲其遠擬班彪，近準司馬彪，故宣武帝（孝文子）破例准其「白衣修史」。根據〈（高祖孝文帝）紀〉，孝文帝乃雅好讀書、精通經史，而又善談莊老，尤精佛義之主。他曾下詔禁斷圖讖巫覡之學，具有理性主義及強烈的歷史意識。在他君臨北方之時，雖推動與南方修好的外交政策，但其隨著經史素養而來的正統觀念，殆亦不薄弱，尤其在吸收南朝學風觀念之後更如此。南朝

〔註 9〕崔浩反對當時東晉流行的玄學及主持修史，見同上傳，頁 83C、84A、85A。

儘管篡奪相繼，然而後朝爲前朝爭正統以示其所繼之統亦正，以至溯至晉朝的意識甚濃。孝文帝似爲針對此事，對北魏史官制度及國史修撰遂大加創草，殆有意與南朝江淹、沈約等人所修諸史一爭長短。李彪早年即深附於孝文帝，故長期倚以著作重任。李彪其人曾出使南朝，對南方史壇動向甚爲重視而熟悉，要求以「白衣修史」的理由，即援王隱修《晉書》之例而提出。他又深受《史》、《漢》之影響，對光大魏史，傳之後世，具有強烈的當仁不讓意識。孝文帝君臣對史學認識之深既如此，則魏史改創的主、客觀條件均已成熟。

《魏書》卷六十二〈李彪列傳〉云：

　　（彪）遷秘書丞·參著作事。自成帝以來，至於太和（即北魏所追尊的第一位先帝拓跋毛，以至孝文之時），崔浩、高允著述《國書》，編年序錄，爲《春秋》之體；遺落時事，三無一存。彪與秘書令高祐，始奏從遷、固之體，創爲紀、傳、表、志之目焉。

據〈高祖紀〉，正式詔令李彪等改《國書》依紀傳體，時在太和十一年（487）十二月。是年春，沈約奉勅撰《宋書》，北魏君臣的改革頗受其影響，但表面當然不會提及。按：李彪之長官爲高祐，系出勃海高門，累世顯貴，其從祖兄即司空高允，父即高讜。允、讜皆曾隸於崔浩共參著作。高祐與李彪等聯名所奏改創國史的奏章，詳載於〈高祐列傳〉，大旨謂身爲忠臣，不欲遺闕君德臣功，而批評《左傳》只「存史意而非全史體」，謂《史》、《漢》以後，漢、魏、晉以來皆傚效之，得史學大體，宜據此改創云云。〔註10〕值得注意的是，改創之提出理由，實深受司馬氏史學所啓示者，體裁固不必論，而動機亦據司馬談遺囑其子之心傳而興也。事實上，孝文帝當時亦有此意，君臣契合，乃得推行。〔註11〕此次改創，實由「李彪專統著作，祐爲令，時相關預而已」。〔註12〕是則北魏此次史學改革，實有承受南方影響，推行新史學復興運動的意義，舊派史臣亦不得不讓步協從也。魏收撰《魏書》，大體即本於此次改創時所奠定的結構，故其〈自序〉亦特別指明李彪之貢獻，而不提他人。

　　自487年年底批准改創國史，至490年8月，孝文帝本人首先發生正統

〔註10〕詳《魏書》該傳，卷五十七，頁129A～B。
〔註11〕李彪後來要求宣武帝准予白衣修史，即特別提出孝文帝當時此動機，因而爲宣武所准。詳《魏書·李彪列傳》，卷六十二，頁143B。
〔註12〕見《魏書·高祐列傳》，卷五十七，頁129B。

觀念的矛盾問題。

　　前一年的正月，孝文舉行圜丘大典，諸國陸續入朝，該年十二月齊武帝「蕭頤遣使朝貢」，而孝文於 490 年亦遣使答聘。此時，孝文帝正考慮進一步創立修史制度，遂於二月〈詔定起居注制〉，並於翌年（太和十五年，西元 491 年）正月「初分置左、右史官」。〔註13〕這些禮儀及史學上的問題，殆爲引發其重新思考正統地位問題的原因，遂於八月下詔「議國之行次」，云：「丘澤初志，配尚宜定；五德相襲，分敘有常。然異同之論，著於往漢；未詳之說，疑在今史。群官百辟，可議其所應。必令合衷，以成萬代之式！」群臣大議，以中書監高閭之說，與李彪、崔光另一說衝突最甚，至翌年五月始由群臣聯奏採取李、崔之說。

　　高閭分析西漢正統論之張蒼、賈誼、劉向三家學說，而採劉向意見定漢屬火，自此以推魏、晉、趙、燕、秦至元魏相承，魏應屬土德；另又據中原說，強調晉亡已久，「秦、趙及燕雖非明聖，各正號赤縣，統有中土……非若齷齪邊方，僭擬之屬，遠如孫權、劉備，近若劉裕、道成，事繫蠻夷，非關中夏。」他認爲據中原說及劉氏學說，皆推得魏屬土德，亦「實合德軒轅」，與以前官方宣示不致矛盾，否則變動太大，無益於當今之事體，是以堅決反對繼晉而棄三家（趙、燕、秦）的新說。高閭雖博綜經史，文才儁偉，但以文章知名，與高允合稱「二高」，其人其學大體代表漢儒傳統及舊派史學觀念，故早年得崔浩、高允的知遇提拔，是則其意見殆與紹述二人當年修史之意旨有關。〔註14〕

　　換句話說，崔浩父子、高允以至高閭此約一個世紀之間，北魏史臣主要是根據劉氏學說以定統序的。劉氏學說引用天文讖緯以釋天意，而這群史臣亦不免如此。儘管孝文帝早已下詔禁斷，但高閭爭議土德時，仍採圖讖以輔助立說。然而，此時孝文帝引發此問題，實是基於外交和文化禮儀諸問題而發，或可說這是當時政治現實之問題，故純本劉氏學說遂不爲不信圖讖而又感染南朝新風氣的孝文帝所滿意。李彪、崔光等似一面迎合時君，一面亦有此瞭解，是以提出越三家而繼西晉之說，就此而言，他們實遠承班氏、近本鑿齒，既有前例，故敢取提出違心之論。

〔註13〕詳《魏書》，卷七下〈高祖紀下〉，太和十三年～十五年條。

〔註14〕高閭本名驢，爲崔浩嘗識，乃改爲閭。高允對其文章之富逸亦加賞重，故推薦他接替其遺缺。事詳《魏書》，卷五十四〈高閭列傳〉。

　　值得留意的是，李彪此時仍任秘書丞，崔光則爲著作郎，他們提出「魏承晉統論」雖遠本班氏、近據鑿齒，然而爲了駁論高閭所代表的傳統之說，他們首先即強調了他們的修史身分資格，以及其史學的專業知識。這一問題甚爲重要，其意義不僅爲新說與舊說之爭，抑且代表了專業與非專業，乃至含有史學與儒學、現實與理論之爭。最後群臣聯銜評議，決定採取李彪等著作系統專業史官的意見時，所引用的主要理由之一，亦強調了彪等的專業資格和學識。〔註15〕由此可知，這次長達五個月的德運重議，實北朝政治和史學發展的重大轉捩。

　　李、崔著作系統提出的理論展開如下：第一，他們推論百王，並不抹殺元魏「祖黃制朔」的事實，但根據專業學術推論，上述先世事跡只是「綿跡」，帝業實以「神元爲首」。第二，根據史實，始祖神元帝拓跋力微推動了與晉和好的政策，至西晉危亂，桓、穆二帝協助劉琨，「思存晉氏」；最後至太祖平文帝建下抗趙、秦，平燕朝的國策，具有「司馬祚終於郟鄏，而元氏受命於雲代」的意義，故廟號「太祖」，表示始大。〔註16〕第三，運用班氏所代表之擯秦論及王命論，聲言晉亡、天下無主亦幾六十餘年，始由太祖道武帝以黑符興起。其事「自然合應，玄同漢始」。第四、判定劉、石、苻、燕一系的中原胡人政權「世業促褊，綱紀弗立」，是「僭竊」、「強狡」，而元魏則「自有彝典」，與此系不同。因而據班氏史學擯秦繼周之理，反對「次茲僞僭」，力主「紹晉定德」。

　　筆者於此指出的是：高閭所強調的是中原說及劉氏學說。據上述李、崔

〔註15〕　正反雙方意見，詳《魏書》，卷一○八之一〈禮志〉，太和十四～十五年條。李、崔首先表明他們的專業資格云：「臣職掌國籍，頗覽前書，惜此正次，慨彼非緒，……。」群臣評決理由之一則爲：「彪等職主東觀，詳究圖史，所據之理，其致難奪。今欲從彪等所議。」見頁271B、C。

〔註16〕　據《魏書》，卷一〈序紀〉，始祖神元帝統一其内部，推動與魏和親的政策。魏、晉禪代，和好仍密。傳至桓帝時，匈奴劉淵反，晉惠帝假桓帝爲大單于，此爲元魏受晉命之始。穆帝時，晉懷帝進穆帝大單于，封代公，爲元魏早期國號的建立。懷帝爲劉聰所執，穆帝助劉琨復晉，事不果；其後晉愍帝立，進穆帝爲代王，其子即平文皇帝拓跋鬱律（後亦追尊爲太祖）。平文以晉愍帝爲劉曜所害，即宣稱：「今中原無主，天其資我！」一面先後拒和於劉曜及石勒（前趙及後趙），一面拒絕晉元帝的爵服，奠定「平南夏之意。」故李彪等指稱平文太祖奠定國策，「大造中區」云云，解釋爲（西）晉亡、元氏興起受命。又：北魏有兩「太祖」，一爲此始大的太祖平文帝；一爲始稱皇帝的太祖道武帝。據正文下述第三點，李彪的解釋是平文太祖表受命，道武太祖表肇建，其間則是天下無主狀態，如周、漢之際。

等之第三、四兩點，他們強調的則是文化說及班氏史學，與推行漢化的孝文帝應是相合的。蓋此次正統論之引發，正是因孝文思考文化與史學的問題而產生。至於第一和第二點，正代表了對一個政權興起的實際論證精神，解釋了拓跋氏先世不繫中國政局，但逐漸參與發展的實情。李、崔等人之意，拓跋氏儘管「祖黃」，但其先世只能是「制朔」的「綿跡」，至三國時代始參與中國，至西晉始在政治上有受命之意義，但仍未關係中國歷史文化的大發展；及至道武帝改代爲魏，即皇帝位，重用儒者，建立文物，至於孝文帝推動漢化，始能參與中國正統之爭，關係歷史文化的發展，與先前諸胡政權的性質大不同也。這可說是五世紀後期，北魏君臣認同中國歷史主流，及文化上的自覺；第假專業的、史學的形式完成之而已。

筆者所以稱北朝史學有違心之處，意尚不在此。筆者以爲，若本夷、夏之辨，則五胡顯非正統；若依蠻夷「入中國則中國之」的原則，則遵奉中國文化者皆得視爲正統。事實上，五胡之亂以來，自匈奴劉氏政權起，後趙、苻秦、諸燕等政權，或因其主受漢文化教育而採用漢文化；或雖未受教育，但格於統治需要及漢化潮流而重建漢家文物制度。北方胡人政權對儒學的重視和推動，較東晉南朝有過之而無不及，已蔚爲政治社會發展之大趨，北魏不過承此趨勢而徹底擴大耳。北魏此次大辯論中，捨棄中原說而主文化說，毋寧是漢化自信心的充分表現，決意以漢文化制度向另一代表漢文物的南朝一較高下，觀正統竟落誰家也。一個世紀多以前，習鑿齒從政治道德作出發，提出晉越魏繼漢，蜀以血緣得正統，而曹以違反政教爲篡逆；東晉諸史家亦以中興未亡說及血緣說，乃至種族觀念爲東晉爭正統，以開宋、齊相承之局。此時李彪等人實針對於此而發。他們判斷正統論的正面，理應不從中原說、血緣說或種族說立論，而應根據於文化說。他們有意建立統一廣泛，而符合中國傳統觀念的說法，從而否定東晉之所以得正統。東晉若因此被否定，則相承之宋、齊正統地位亦不攻自破也。「魏承（西）晉統論」在此歷史文化的自覺自信及政治意識下，遂被提出及奠定。他們所繼之晉，是指西京時代之晉。東渡之晉引用中興受命說，爲李彪之晉「祚終於鄴鄗，而元氏受命於雲代」說所反對，血緣說亦爲文化說所抗衡，班、習由史學發揮「超越上繼」說，李、崔亦如法炮製，使元魏越東晉五胡而上承西晉也。班固越秦、項而以漢繼周，事實上不無謬誤，但由於實際上《漢書》斷元於高祖，只述漢西京一代，故並未至大違史實。習氏本此「超越上繼說」主張「晉承

漢統」，以創編年通史，實已大有違謬，前已論之。李彪等既承此說而成「魏承晉統論」，固亦同犯此謬。故孝文帝讀正、反論及群臣評議後，下詔云：「越近承遠，情所未安！然考次推時，頗亦難繼。朝賢所議，豈朕能有違奪？便可依爲水德！」〔註 17〕亦即以孝文帝本人學識，亦知「遙繼上古說」固不當，而「超越上繼說」亦未安也；意謂無論如何推考，其結果皆有大違本心及違背史實者。他所作成的最後決定，是取李、崔等專業史臣的史學理論，以晉金生魏水；表面上是不得不從多數，其內實含當時欲以政治及歷史文化向南朝爭正統之意。此意正代表了北朝自五世紀後期以降，所普遍存有的意識。

李彪在辯論時，即強調了班氏史學「近闕謬僞，遠即神正」的意旨，從政治文化的角度判定五胡東晉爲「僭竊」。及至其理論爲群臣和孝文帝正式決定後，立即影響於撰史構思者，一在崔鴻的《十六國春秋》，一爲魏史本身的持續修撰。

崔鴻爲崔光的姪子，宣武帝時奉勅撰起居注，開始撰史的經驗。當初在孝文帝時，崔光以著作郎助祕書丞李彪撰《國書》。其後李彪解職，光遂以侍中專任史事。稍後李彪獲准「白衣修史」，光「以彪意在專功」，欲讓官職不許，以後遂常領著作，且官至司徒。李彪白衣修史不久即卒（宣武帝景明二年，西元 501 年），崔光雖勤於修史，終因才學所限，含恨而卒（孝明帝正光四年，523 年）。臨卒推薦崔鴻修魏史，但崔鴻在一兩年內亦卒。〔註 18〕鴻子崔子元在四、五年後，奏上《十六國春秋》一〇二卷（包括〈序例〉及〈年表〉各一卷），推崇其父「史才富洽」。據〈鴻傳〉云：

> 鴻弱冠便有著述之志，見晉、魏前史皆成一家，無所措意。以劉淵、石勒、⋯⋯等，並因世故，跨僭一方，各有國書，未有統一。鴻乃撰爲《十六國春秋》，勒成百卷，因其舊記，時有增損褒貶焉。
> 鴻二世仕江左，故不錄僭晉、劉、蕭之書。又恐識者責之，未敢出行於外。世宗（宣武帝）聞其撰錄，遣⋯⋯詔鴻曰：「⋯⋯可隨成者送呈，朕當於機事之暇覽之。」鴻以其書有與國初相涉，言多失體，且既未訖，迄不奏聞。

〔註 17〕詳同註 15，頁 271C。
〔註 18〕崔光與李彪的修史關係，參見《魏書》，卷六十二〈李彪列傳〉及卷六十七〈崔光列傳〉。崔鴻的問題附見光傳，頁 154C。

　　據此，首應瞭解的是：崔鴻史學造詣甚高，尤重實證主義，即使《十六國春秋》不與元魏開國事跡相關，他也未必輕易定稿及發表的。〔註19〕其次，五胡十六國確直接或間接與元魏開國有關，事涉史實真相及正統問題，不得不謹愼；何況，他很明顯的欲透過十六國史事表達正統之旨。再者，北魏新的正統意識，在 490 年始爲孝文帝及李彪等確立，其伯父崔光也是創立者之一。崔鴻在 500 年左右搜集史料，504 年左右開始研撰，固不敢輕持異說，觸犯官方也。因而他將劉淵揭起五胡之亂，以至元魏建國約一個世紀之事，構思爲戰國無主之世，各北方政權皆視爲「跨僭一方」者。此書分記十六國，其結構的構思似本於陳壽《三國志》，而下開李延壽《南、北史》。所異者乃是《三國志》分行之中以本紀名義歸於曹魏，《南、北史》則於分行之中各有正朔，而此書則十六國分行無主而已。這是《十六國春秋》的內部構思，直接反映北魏新意識之故。若剔去此新意識的表達，則十六國平頭競爭，殆最足以反映當時多元競爭的歷史事實也，但崔鴻似未敢冒此大不韙。

　　《魏書》說崔鴻因二世仕江左，故不錄東晉、宋、齊之書；又因恐懼被有新意識的人責評，故不敢公開發表。事實上，北朝判定東晉爲「僭晉」，桓玄、劉裕、蕭道成等人爲「島夷」，他若敘述五胡事涉於此，當不會違反此原則。他何以迴避東晉南朝？事或可疑。然而《十六國春秋》的原構思對象及範圍，即在五胡十六國政權，欲將之統一綜合記敘而已，是則原構思本即不包括東晉南朝，不宜以此推定他迴護，或內心仍認東晉南朝爲正統。崔鴻上表自述云：

> 臣聞帝王之興也，雖誕應圖籙，然必有驅除。蓋所以翦彼厭政，成此樂推。故戰國紛紜，年過十紀，而漢祖夷群豪，開四百之業。……於是談、遷感漢德之盛，痛諸史放絕，乃鈴括舊書，著成《太史》。所謂緝茲人事，光彼天時之義也。
>
> 昔晉惠不競，華戎亂起，……趙燕既爲長蚰，遼海緬成殊域，窮兵

〔註19〕按：關於崔鴻自述其修史歷程，始自宣武帝景初（500～503）之初開始搜集諸國史料，504 年搜集粗備，開始研究及起草，至 506 年著成九十五卷，只欠成漢之史。又過了七年，欲求得常璩之書，克成全功。至 520 年左右，其書才逐漸傳讀，是則修史前後約十餘年。史臣批評其書「多有違謬」，事實上傳末所列違謬者三事，皆爲年代問題。崔鴻自述已表明十六國史事複雜，史料搜證未全，故不敢進呈。此正是其實證精神的表現。史臣在這方面似有意苛責之，動機未詳。詳同上註〈崔光列傳〉，鴻及其子子元均附於此。

銳進，以力相雄，中原無主八十餘年，遺晉僻遠，勢略孤微，民殘
兵革，靡所歸控。皇魏龍潛幽代，世篤公劉，內修德政，外抗諸僞，
并冀之民、懷寶之士，襁負而至者，日月相尋。雖邠岐之赴太王，
謳歌之歸西伯，實可同年而語矣！太祖道武皇帝，……接金行之運，
應天順民，龍飛受命。……〔註20〕

是則崔鴻構寫十六國，是本於究「王跡所興」，而將之視爲元魏驅除的構思。
同時，他據新意識，將此時期判作天下無主，東晉僻遠殘存而民不歸之；人
民相反的歸向於幽代，魏由方伯修德，以至發展成道武承金行而興水德也。

　　總括來說，崔鴻《十六國春秋》將諸國平行構置，事實上大體無誤。所
可批評者，仍是他根據剛成立不久的官方新意識，將此諸國降貶爲僭僞，隱
然以當時只有「制朔綿跡」的「代」樹立爲正統，此則有違心背實之嫌。然
而既視十六國爲僭僞，則必另有所正，否則何來僭僞？但是天下無主即是無
正統，而即使有，此正統不能歸諸東晉，於是則不能不歸諸代矣。爲了調和
事實與理論的過分矛盾，崔鴻只得解釋爲正統雖在雲代，但此時期拓跋氏是
在龍潛德伏狀態，至道武始龍飛受命也。如此，則崔鴻解釋繼李彪解釋之後，
直接影響了《魏書》的構始及早期史實解釋的違心。

　　今本《魏書》爲魏收所主持完成，隋、唐兩代均表不滿意。此處筆者不
欲分析其書對史實研究撰述上之可能謬誤，而有意就其卷一之〈序紀〉，論述
某種史學觀念。

　　根據魏收〈自序〉，他在魏末即參修國史，西元550年高洋篡東魏而建北
齊，翌年即詔其全力修魏史。他與手下史臣合作，於 554 年初即奏上紀傳部
份，同年底又奏上十志，全書完成。由於魏收早已參修，且魏史自李彪以後
體例史實頗備，故約二百年之一代大典用四年完成，尚未算特快，較之沈約
一年之內完成《宋書》，尚可云慢矣。魏收及其手下主要著力研究之處，是崔
鴻以後至魏亡的部分，約二十餘年間的史事，是則李彪、崔鴻以前，殆魏收
等多所因襲也。〔註21〕

　　《魏書》以〈序紀〉構始，繼之以〈太祖（道武帝）紀〉，這是本於《三
國志》及晉史起元論追王的先例；與兩漢書起元於肇建政權的君主本身，意
義上有所不同。但是，三國及晉史之追王，仍只及於開基之先祖或人物（如

〔註20〕參同上列傳所附〈崔鴻傳〉，頁154C～D。
〔註21〕詳《魏書‧自序》，卷一○四，頁235C。

劉二牧），不至於一卷之內列述歷代先帝，以示淵源長遠，以至上承上古者，如《魏書‧序紀》之例。〈序紀〉如此構始，鄙意可能有如下意旨：

第一，表示官方宣稱遙繼黃帝之意。但黃帝屬土德，遙繼之者依兩漢說法亦應同一德運，如劉氏系出於堯，堯屬火，故劉漢亦屬火；王氏系出於舜，舜屬土，故新莽亦屬土。其後王莽被斥爲閏餘，不得列爲正統，曹魏爲了表示繼漢爲正土統，乃至改纂其族系出於舜，以曲附此理論。直至三世紀中期，司馬氏以《史記‧太史公自序》明述族系淵源，無可僞托，始更改被遙繼與遙繼者必同屬一統之說。420 年劉裕纂晉，亦同此轍，斯則劉、班之說被更改始成定局。原北魏前期修史，實有推明劉、班學說之意。及至 490 年孝文及李彪創意，始遷就與南朝爭正統的現實，而轉採晉、宋曲附之說。但是，他們的創意並不敢過分推翻已成的遙繼黃帝說，大事修改臣民一般已有的觀念，只得作〈序紀〉，用表舊說仍然有效，拓跋氏確有可考之長遠淵源。

第二，拓跋氏原屬鮮卑一部，秦漢以前質木無文，不見於經傳。《漢記》、《三國志》、《後漢書》均謂鮮卑屬東胡，是則拓跋本非華種。孝文帝君臣既欲持文化說爭正統，則有需要強調其種族與華同源。原本遙繼黃帝爲土德之說，遂被另外賦予了民族緣起說的意義，用以表示系出黃帝，將土德附會爲拓跋氏族名之起緣。一舉兩得，使遙繼黃帝和民族緣起同時解決。此下述諸先帝，則無異述民族早期的發展史也，含意略異於追王。亦即借〈序紀〉以「原始」，兼及「追王」之義。

第三，從第一帝成帝拓跋毛，以至二十一帝桓帝拓跋猗㐌，「原始」意義大於「追王」，「追王」意義之發揮自桓帝始。此後敘述劉淵以降諸胡政權，蓋用「反」、「自號」、「自稱」、「僭」、「僭立」、「私署」、「自署」、「自立」諸正統意義強烈明確的名詞；即使晉元帝即位，亦書爲「司馬叡僭稱大位於江南」，而稱之爲「僭晉」。李彪、崔鴻之解釋於此得以發揮。事實上這也很可能就是李、崔二人修撰國史時，已設計及實行的構思和筆法，魏收等或因襲不改而已。

《魏書》如此構思和筆法，除了能達到北魏正統意識的發揮外，應是與史實有所違背的。拓跋氏溯源黃帝以至魏晉，被解釋爲遙繼以至王命，以下承晉發展，則釋爲正統所在；前擯所承之五胡政權，旁斥東晉南朝，忽爾上繼西晉，此殆違心之甚，而逾於《漢晉春秋》。這種違心之歷史解釋，付諸史著實際之撰創者，當以四世紀中期的習鑿齒發揚，而爲五世紀末期的李彪、

崔光、崔鴻等繼承奠定。此風由南而北，爲北方的史家所吸收，故其影響力亦北大於南。六世紀中期的魏收等一群史臣固難脫此影響，七世紀時代的史學世家李延壽父子，雖思有以正之，採擷陳壽《三國志》分行之旨而創南、北二正統並行，承認正統二元化以構思《南史》和《北史》；然於《北史》部分，仍是襲取北魏以來此構思解釋也。〔註22〕李氏父子欲正之而未正，失察耶？抑習非成是耶？姑不論之，要之北魏史家的觀念和史著的實際結構，由是得以確定，以後遂對此再無更大的爭辯。

違心的歷史解釋和構思既得確定，由此遂形成中國史學發展諸脈之一。六、七世紀之間，河汾學派影響隋唐學術與政局甚大。「文中子」王通之《王氏六經》之一——《元經》，依《春秋》體例撰編年通史，自獲麟以後，歷秦漢而訖于北魏，蓋仍沿北朝史學此脈也。其孫乃「初唐四傑」之首的王勃，承此違心史觀而旁加發揮，撰《大唐千歲曆》妄推五德，力主唐德「不合承周、隋短祚」，謂「自黃帝至漢，並是五運眞主。五行已遍，土運復歸。唐德承之，宜矣！魏晉至周隋，咸非正統，五行之沴氣也，故不可承之」。〔註23〕王勃並非專以詩名，對史學也頗有心得。其「唐承漢統論」之說，由於早卒，未及切實付諸撰史之眞切實行，但對當時政治意識則有重大影響。〔註24〕李氏家學、河汾門下，其實皆北朝史學此脈之持續發展也。

〔註22〕延壽爲唐太宗、高宗間的北方人，其父子事跡均附於兩《唐書》〈令狐德棻傳〉。（《舊唐書》，卷七十三、《新唐書》，卷一〇二），其《北史》卷一，只是將《魏書》卷一〈序紀〉及卷二〈太祖紀〉合併刪約而成而已。

〔註23〕唐初不少名人俱出河汾門下，蓋王通（西元589～618年）講學於汾河，各地來學者千餘人也。王通乃河東龍門人，蓋汲北朝儒學而集其大成者。《王氏六經》指其所撰《禮論》、《樂論》、《續書》、《詩》、《贊易》及《元經》，實倣孔子六經而爲之。今《元經》乃僞託，餘五者已佚。至於他依《孔子家語》、揚雄《法言》之例所撰之《中說》，今仍存，其學術思想蓋見於此。王通子孫皆頗出色，以王勃最爲後世所知。通、勃的關係及著作，請參《舊唐書・王勃列傳》，卷一九〇上，頁525B～C。

〔註24〕王勃於675年死於意外，年齡未及三十歲（《舊唐書》本傳謂二十八歲，《新唐書》本傳謂二十九歲）。王勃承其河汾家學，九歲時即讀顏師古《漢書注》而批評其得失，後來又補撰其祖王通的《續書》而使之完備。此書乃王通倣《尚書》者，收錄斷限是漢至晉。是則王勃亦非僅以詩文著名之輩也。「唐承漢統論」在武則天時代採行，成爲官定意識。中宗復辟始廢除。玄宗天寶間，又由崔昌重提，李林甫支持，再度成爲官方意識。及至楊國忠當政，自以隋朝宗室而復舊，並貶崔昌。事詳《新唐書》勃傳，卷二〇一，頁474A～B。

筆者認為，隋、唐王室自有不得不以魏、周一系為正統之實，否則其正統性恐會發生危機。但是西晉末至北魏道武帝興之間，事實上有斷統之虞，怎樣說也是難滿人意的。相反的，南朝一系亦有至陳而絕統的事實，若以隋、唐銜接梁、陳，則更有不經不軌之感，殆逾於晉之接蜀漢。加上唐初大舉修撰前代「正史」，參與者並非全由關隴人物把持，而是兼取山東、江南的才俊。唐初政策以混一地方矛盾、消潛前代政治意識扞格，而兼容並包，開創新局為主導，〔註25〕在此前提之下，唐初官方實有同時承認南、北二正統之意，李延壽的《南、北史》應是據此意旨構思而成。假若唐朝偏於承認南、北其中一系為正統，則今日所見四世紀至七世紀諸正史，各書之內部結構當不會如此。這是正統觀念對此時代的史學，有重大影響者之一。

另一重大影響，乃在宋、明以後始再度顯著，由於逸出本文斷限，筆者只概略說明：此即唐初大舉修撰前代正史以後，王勃、崔昌另創「唐承漢統論」，將三國至隋各朝全加貶黜，於是唐統問題復起，異說亦現。然而，唐朝官定史學的正統意識大體已定，而持異說者又大多自己不修撰國史，於是成為徒有此說而無實際行事的潛伏觀念。降至十一世紀司馬光撰《資治通鑑》，變通唐代皇甫湜之說，編年以魏、晉、宋、齊、梁、陳、隋、唐作主系，中國此時代的正統系列大體始定，多為後人所遵。〔註26〕皇甫與司馬之立說，本身已有矛盾之嫌；展開解釋，亦有違心之處。歐陽修以春秋精神修史，列梁、唐、晉、漢、周為正統，與司馬光仍同犯此誤；且由二子之論，不但未能平息紛辯，反而更引起爭執。宋明以降，挾其當時興盛之王霸、夷夏諸

〔註25〕拙博士論文《唐代中央權力結構及其演進》對此曾有探討，不論效果如何，唐初此政策是頗明確而堅定的。該論文見中國文化學院史研所，民國68年4月油印本。

〔註26〕饒著《中國史學上之正統論》對唐代此類異說頗有介述及錄載，見其書頁25～27、64～67、273諸文。皇甫湜意見主張「王者受命於天，作主於人，必大一統、明所授。所以正天下之位，一天下之心」；亦即兼重一統和繼統兩問題者。然而「唐承漢統論」抹殺隋朝曾一統及有所繼的事實，遠承漢統，固為違心荒謬；不過皇甫湜姦陳閏（元）魏，直以唐、隋、梁、齊、宋、晉相承，實亦同犯於此，而且竟與其強調之「必大一統」前提自相矛盾。司馬光自謂分裂之世強爭正統，「此皆私己之偏辭，非大公之通論」，故視此為戰國，為了遷就編年之便，而以魏、晉、南朝、隋、唐相接，非欲「尊此而卑彼，有正閏之辨也」。他的說法及實際行事仍相矛盾，大有可議之處，但筆者無意在此贅論。其說詳《通鑑·魏紀·文帝黃初二年四月丙午·臣光曰》，卷六十九，頁2185～2188。

辯，遂有較鑿齒、李彪更爲強烈的違心史著出現。如推本鑿齒以漢晉相承作構思者，有宋代蕭常的《續漢書》，元代郝經的《續後漢書》，明代謝陛的《季漢書》等，分黜魏吳爲載記、列傳或世家，以本紀予蜀，下接晉朝。又如推本李彪等觀念者，明代王洙的《宋史質》，欲以明直繼宋，而列遼、金於外國，削元朝之年號，清代陳鱣的《續唐書》，竟以北方之後唐及江南之南唐，相承以續唐統，下開宋緒。類此違心曲意，儘管諸作者或懷抱經世精神，然而尚有史學的實證客觀可言耶？幸好違心修史之人雖不少，然而就史學的整體而言，仍然只是小脈而非大經，否則中國史學之幸與不幸，不可逆料也。

二、正統論對國史體例結構的影響

上述正統觀念影響於國史解釋和構思既明，則另外進而有可論者，即因正統立場所引起的實際筆法，及對敵逆地位構置諸問題。陳壽以前，史家行文一本各從其實之旨，對政權之敵逆者鮮有以特別鮮明的筆法進行批判，有之者亦不過略見於卷末的評論而已。東晉以降，正統立場的秉持及認同，遂改變了史家此固有之風，尤以國史修撰爲甚。前引《魏書·序紀》所用的名詞和敘述方式，誰是自署私署，誰是自立僭立，誰是凶姦叛逆，乃以本朝正統的立場爲主，而頗有湮沒事實是非之趨勢。各政權自修國史，以如此筆法貶抑敵逆，充斥於諸正史，顯見政治情緒之高漲也。在此行文構意之間，尚可作細分而論者，此即對敵和對逆給予的筆法與位置，有所不同，影響所及，成爲中國史學的結構特色者。

首先欲論對敵。所謂「敵」者，含意有二：一指「敵對」政權，一指「平等匹敵」政權。此二義俱可施於中國內部或外部的權力結構也。對內如南、北朝之例，兩者長相「敵對」，但有一段時間互相修好，表面上頗有「平等」相待之意。對外如漢與匈奴的關係，由敵對平等，乃至復敵對，以至一方屈屬稱臣爲止。筆者討論此類問題與史學的關係，略欲循由外而內的逆方向爲之，蓋此與古人的天下觀（或寬言之爲世界觀）有關。

筆者無意逸出本文斷限，過甚地窮溯古人的天下觀，只欲據《公羊》、《穀梁》二傳說明一個觀念的存在：此即春秋以至漢代，中國人普遍認爲中國居天下之中，在這裡發展的中國人及其文化，乃是天下最優越而根本的，爲天下變動的中心所在。這種覺識導至了優先意識的形成，亦即所謂內諸夏而外

四夷、先中國而後夷狄的觀念也。這是基於內外、先後、本末的覺識上發揮
而成的，原本就是一種歷史意義。及至鄒衍提出大、小九州說，使中國人的
天下觀得以擴大爲世界觀，但其說有將人類世界視爲地理單位，而忽略人文
歷史意識之傾向。〔註27〕姑無論鄒說如何，赤縣神州即是「中國」，其內即禹
貢九州，亦即天下所先所本之所在，此蓋當時一般人的觀念。漢人對中國以
外諸人種文化，甚少有窮源溯本的全面興趣，有之則僅止於約略的、零碎的
談論或記述而已，此蓋內諸夏、先中國的觀念意識所以造成也。新史學的鼻
祖司馬遷，是首創外國研撰的人，也是首位對外國作系統性探究，而將之列
於中國史內，使國史更具天下化或世界化的史家。儘管如此，但《史記》只
收入了匈奴、南越、東越、朝鮮、西南夷、大宛等數地區諸國而已。這些國
家涵蓋了中國的四邊，是否即意謂當時中國人對外國的認識僅止於此？筆者
以爲恐怕未必，蓋司馬遷或許另有構思也。

　　司馬遷將上述國家收入中國史，事實上已開啓了中國史進入亞洲發展的
前驅，已不再侷限於中國赤縣神州的本部。但他構思這些國家的位置時，並
不如後世正史般，將之統列於國史之末數卷；而是將之置爲「列傳」，分散
於諸列傳之間。這種構置法，有些人百思不得其解，而徐復觀先生論之頗有
所得。他認爲《史記》述各國，「大體上係按照與漢發生關係，或得到解決
之先後爲次」；另外，亦與漢朝的國防問題及因國防所引發的內政問題有
關。〔註28〕〈匈奴列傳〉夾於〈李廣列傳〉及〈衛霍列傳〉之間，〈南越〉
至〈西南夷〉夾於〈公孫宏〉、〈司馬相如〉之間等，原司馬遷之構思，殆應
有此意。然而，司馬遷構思本紀、世家、列傳三體例，使之結爲一體，實有
清晰的定義分野，而寓以本末、始終、先後、內外諸關係於紀、傳之間，是
以將外國置於「列傳」，顯有使其地位不與本紀、世家相同平行之旨。徐先生
順著先秦儒家政治思想的天下觀（其實此觀念也不盡爲儒家所特有），謂司馬
遷繼承了「孔子作《春秋》，在自己保存上，嚴夷夏之防；在生存與文化價
值上，又視華夷爲平等」的精神，故特立此諸列傳「以盡歷史所能含容之量」

〔註27〕鄒衍大、小九州說，參見《史記‧孟荀列傳》衍傳部份，卷七十四，頁 741
　　　　下。

〔註28〕徐先生是就趙翼論《史記》編次「不倫」及「無意義」一事提出解釋，至於
　　　　徐先生又謂司馬遷借此提出對武帝內政的批判，及宣揚其反戰觀念，鄙意恐
　　　　有推論過甚之嫌。趙文見《二十二史箚記‧史記編次》（卷一，頁 5），徐文參
　　　　〈論史記〉（頁 137～139）。

云，〔註29〕殆未全得司馬遷之旨。

　　史家大體有一共識：承認任何人物或外國皆有其存在的價值和意義，并由此發掘其歷史價值和歷史意義。此前提若否定，則研究歷史即了無意義和價值可言，故歷代正史，亦不避所謂姦人猾夷之研撰。筆者讀《史記》匈奴諸列傳，瞭解司馬遷本確有此種識覺，但所謂「嚴夷夏之防」的意識，則未如徐先生所言那麼明顯。《史記》所列六個外國列傳，皆與中國發展大有關係。其關係約略可分為二：一為臣屬征服的關係，一為匹敵抗衡的關係。除匈奴之外，司馬遷大體視其他諸國並非匹敵平等的。〈匈奴列傳〉則明顯透露了漢、匈二國平等相對的官方意識，以及司馬遷對此問題的認同。事實上，降至西元前53年——遷死後約三十餘年——呼韓邪單于入朝稱臣以前，漢人皆視匈奴為匹敵平等之國也。《漢書‧宣帝紀》甘露二年（西元前 52 年）十二月條記云：

> 匈奴呼韓邪單于款五原塞，願奉國珍，朝三年正月。詔有司議。咸曰：「聖王之制，施德行禮，先京師而後諸夏，先諸夏而後夷狄。……匈奴……朝賀，自古未之有也。單于非正朔所加，王者所客也，禮儀宜如諸侯王，稱臣昧死再拜，位次諸侯王下。」詔曰：「蓋聞五帝三王，禮所不施，不及以政。今匈奴單于稱北藩臣，……其以客禮待之，位在諸侯王上。」〔註30〕

匈奴入朝稱臣，乃是當時中國重大之事，亦為亞洲權力結構重大改變的關鍵。群臣咸認匈奴有非正朔所加的匹敵國格，自古以來無匹敵二天子相臣相見之例，故一時竟在國際禮儀上為之手足無措。宣帝亦有此意，故單于雖稱臣入朝，仍排眾議待以客禮。宣帝此舉實受大儒蕭望之的影響。望之以太傅參議其事，力主「單于非正朔所加，故稱敵國，宜待以不臣之禮，位在諸侯王上。外夷稽首稱藩，中國讓而不臣，此則羈縻之誼，謙亨之福也。……」〔註31〕

　　由此以推，司馬遷之世，漢朝上述兩種對外關係，前者即正朔與正朔所

〔註29〕參同上註徐文，頁 149。

〔註30〕詳《漢書》，卷八，頁 270。

〔註31〕群臣意見是由丞相黃霸、御史大夫于定國等共同提出的，望之力排眾議，為宣帝所採。正、反意見及最後決定，事詳《漢書‧蕭望之傳》，卷七十八，頁 3282～3283。漢匈邦交請詳拙著〈從漢匈關係的演變略論劉淵屠各集團復國的問題〉，《東吳文史學報》第八號。

加的臣屬關係，亦即天朝意識下的朝貢羈縻關係；後者則爲主客平等的關係，亦即匹敵不臣的關係也。司馬遷將此兩種關係的國家，一律構置於「列傳」的位置，最可能的解釋，乃是本於「先京師而後諸夏，先諸夏而後夷狄」的觀念意識作構思。亦即視外國爲中國之末後，承受中國原動力之波及影響者；由本而末，由內而外，先動後及，相對反映了中國是本先的天下觀也。既然如此，則《史記》以「本紀」述中國實際操持最高原動力的主宰（先京師），次以輔助動力之「世家」及實際變動的諸夏人物（後諸夏），而將外國置於與其有關的諸夏人物之間（後夷狄），實以此作爲指導觀念，而作成此國史結構。

《史記》這種構思，班固等人仍然瞭解。〔註32〕所以《漢書》本《史記》的創構，不論外國是否匹敵不臣，仍然置之以傳的位置。不過值得注意的是，班固之時，漢威已遠播，當年之不臣匹敵者多已向漢稱臣，亦即四裔多曾爲正朔所加也。隨著此天朝意識的濃厚，正統觀念也極易獲得伸展，而施於蠻貊四夷。換句話說，正統觀念施於外國的趨向日益強烈，乃至與先中國後夷狄的觀念，有並驅齊馳，或浸浸然超越之勢矣。這時的天下觀內涵，實爲此兩種觀念的同時等量存在。

班固或基於此，遂對《史記》原先的構置略事更改。他以「紀」述中國正統帝王，以「傳」述諸夏人物及外國；其中復以諸夏人物爲先，置外國於全書之末，於是正統觀念遂融入先京師而後諸夏、先諸夏而後夷狄的優先順序，相得益彰的得到發揮。此後國史對外國的構置，遂以《漢書》爲典範。諸史述外國，原則上沿《史》、《漢》之例各書其國名而分述之。及至唐初大舉修前代國史，姚思廉總括外國以「諸夷」專名於《梁書》，令狐德棻之《周書》則稱「異域」，唐太宗等之《晉書》則用「四夷」之名。這種結構自是成爲先例，而中國與異域、諸夏與諸夷的內外本末關係益見明顯矣。

國史附載外國於列傳之末，其原先意義及結構既如上述。然而降至南北朝，仍因觀念意識有所改變而改變。南北朝諸王朝，由於國小力弱或道路阻隔，對外關係因而萎縮，同時，此時期在史學上，正統觀念遠濃於內諸夏而外

〔註32〕 班固在《漢書‧匈奴傳》特錄揚雄討論漢、匈關係的意見，揚雄基本上與司馬遷的看法差異不大（參卷九十四下，頁3812～3816）。班固於傳末〈贊曰〉的申論，亦大體循遷、雄的觀點，並特引「是以《春秋》內諸夏而外夷狄」之語（參頁3830～3834）。

夷狄的觀念，是以原先的天下史觀遂闇然失色。於是，國史附載外國的數目轉趨減少，乃至如《陳書》及《北齊書》般竟至闕如，一如陳、齊兩朝孤立於世，而天下竟獨得此一國也。姚思廉撰《梁書》，於〈諸夷列傳〉開章即云：

> ……其徼外諸國，自（漢）武帝以來皆朝貢，……晉代通中國者蓋尟，故不載史官。及宋、齊，至者有十餘國，始爲之傳。自梁革運，其奉正朔，脩貢職，航海歲至，踰於前代矣。今採其風俗粗著者，綴爲〈海南傳〉云。〔註33〕

是則此時期修國史，附載外國與否及數目多少，與政治上的正朔朝貢有密切關係，與原來的本末、先後之天下觀或世界觀，關係甚薄。這是國史修撰觀念及結構上的一大轉變，自此遂將對外關係置於以正統觀念作爲主要指導觀念之下，並據之構置國史中的外國地位；亦即朝貢者少，則天下亦隨之縮小，無朝貢則中國完全絕緣孤立，天下亦僅得記一中國而已。如此，則國史遂變成名副其實的純國史，再無一個天下史或世界史的結構也。這是正統觀念對中國史學之另一重要影響。

　　中國與四夷的內外本末觀念既如此，則中國本部——所謂赤縣神州之內，亦因分裂而有此內外本末之分，所謂「先京師而後諸夏」也。這個觀念影響於史學者，並非全關於天下史或世界史的結構，而以中國正統王朝國史的結構，所受影響最大。諸夏分裂，孰爲正朔？據天下史觀，則中國赤縣居天下之中，優先秩序應以中國爲先，主宰中國即意謂得天下變化之原動力。中國之內，又以京師、「中國」（指中原）爲先，主宰中原實則意謂取得了中國變化的原動權，能進而牽動天下。是則世界史蓋以中國爲本位，中國史又以中原爲中心也，此所以「中原說」在爭正統時強而有力。三國時代，魏、吳承認正朔在「中國」（中原）的政權，其故在此。四世紀中期，孫綽反對桓溫還都之請——所謂「反皇居於中土，正玉衡於天極」之說。認爲「帝王之興，莫不藉地利人和」，聲言「天祚未革，中宗（晉元帝）龍飛，非惟信順協於天人而已，實賴萬里長江，畫而守之耳！」因而主張「自古今帝王之都，豈有常所？時隆則宅中而圖大，勢屈則遵養以待會」。〔註34〕帝都無常所者，亦即「京師」不必一定須在「中國」也。由此以推，「先京師而後諸夏，先諸夏而後夷狄」的系統，勢必由絕對固定變爲相對游移，與傳統觀念大相逕庭

〔註33〕參《梁書》，卷五十四，頁 77A。
〔註34〕參《晉書・孫楚列傳》，卷五十六，頁 159B～C。

者也。此說若成立，則吳、蜀之敬畏中原而汲汲北伐，祖逖、劉琨、桓溫、殷浩乃至後來的劉裕，他們之努力中原，遂成愚蠢可笑之事；相對的，畫江自守，偏安待會，反成振振之辭矣。

　　事實上，孫綽之說儘管反傳統，但其影響力則甚大，東晉南朝實際上即以此觀念作爲偏安的基礎；形於史學者則習鑿齒率先加以運用，將中原的曹魏政權斥爲篡逆，不能代表正統。然而，此觀念究竟是大反傳統而有缺憾的，鑿齒在帝都無常所，先京師不一定是在先中原的觀念之下，輔以血統說作輔助，爲東晉爭正統。但是血緣說自蜀漢以來即非強有力的論據，則器物說、文化說遂相繼獲得重視，尤以文化說爲甚。蓋劉裕篡東晉，血緣說效力遂減，此下南朝各代，難於以此向北魏爭正統也，於是文化說不得不加提倡。南朝一系，持魏晉衣冠文物所在以與北朝相爭峙，實有將「中國」由地理意義轉化解釋爲文化意義者，此蓋取源於「入中國則中國之」的文化意義也。這種爲爭正統的轉化觀念，顯然對國史的修撰立生影響，故南方史家特重輿服文物的研撰。〔註35〕北魏承五胡原先漢化的軌轍而大舉漢化，其間亦不無受到南方此觀念的刺激。五世紀末葉，孝文帝、李彪等爲大議，最後摒棄高閭的赤縣中土地理意義，採取李彪的綱紀彝典文化意義，宣稱改德運而繼魏晉，殆針對南朝的帝都無常所及文化說而來的。

　　北魏的改革，鄙意有急於競爭，而忽略了檢討運用其固有優越修件之弊，亦即捨己之長而攻人之堅也。故降至六世紀前半期，高歡（北齊高祖）猶有正統不易爭之深憂，感歎「人情去留未定。江東復有一吳兒老翁蕭衍（梁武帝）者，專事衣冠禮樂，中原士大夫望之以爲正朔所在」！因而瞭解「我若急作法網，不相饒借，恐督將盡投黑獺（指宇文氏政權），士子悉奔蕭衍，則人物流散，何以爲國」？〔註36〕由此觀之，孝文帝及李彪的改革，實爲中國本部正統之爭的轉振點，因其漢化心切，而誤上了南方史家的大當，導至南

〔註35〕《史記》八書之中，〈禮〉、〈樂〉、〈律〉、〈歷〉、〈封禪〉皆爲文物制度所在。《漢書》大體承之，另立〈刑法〉、〈藝文〉二志及〈百官公卿表〉。《漢記》另創〈車服〉、〈朝服〉。於是謝承、司馬彪、袁山松等魏晉時代史家，亦多有〈百官〉、〈輿服〉等志，顯示漢晉文化之沿繼，深受時人所重視。今見南北諸正史，多有禮樂律歷諸志，但元魏、北周、北齊三書，則無輿服百官諸志：《魏書》雖有〈官氏志〉，但甚簡略，大體上不及南朝諸史般重視衣冠文物也。

〔註36〕詳《北齊書·杜弼列傳》，卷二十四，頁34A。北朝承受南朝的修史壓力，尚請參下章第一節。

朝由劣勢變爲優勢，而北朝則相反；並且啓發了隋唐的矛盾，未至遽將魏、晉、北魏、北周、隋、唐作爲唯一的正統系列，終至兩皆承認，並爲之大修南、北各朝正史，以至啓示了李延壽《北史》、《南史》的創成。

　　當然，南朝史家對中原說的地理意義也非全忘懷，最後亦頗有調和兩認之意，例如六世紀中期何之元撰《梁典》，於〈序例〉中即表示云：「若夫獫狁孔熾，鯁我中原，始自一君，終爲二主，事有相涉，言成混漫。今以未分之前爲北魏。既分之後，高氏所輔爲東魏，宇文氏所挾爲西魏，所以相分別也。」〔註37〕之元此分別法遂爲定法，爲隋唐所遵。是則，高歡恐懼梁朝衣冠正朔同時，梁朝史家仍以中原爲念，至有承認其君主之勢也。北之恐懼矛盾，南之懷念承認，遂合流而成爲隋唐兩皆承認的背景，產生了此時期正史形成之特色。

　　調和兩認爲六世紀中期以後才出現之趨勢，此又與齊、梁之世南、北雙方曾經修好之事頗有關連。其實修好期間，正統意識的競爭仍甚嚴重，不論雙方外交辭令的表面如何，其國史的筆法則往往仍稱對方來朝貢也。修國史的筆法如此，其結構亦相對的受到了影響。正統不可能同時有兩個以上，己若正統，則他人必非；必非正統而與己相爭於中國之內者，非僭即僞者也。在政治意識形態濃重之當時，對方被置於不承認主義下，連「閏統」也不可能存在，何況劉氏學說已衰退。根據班氏史學的紀以述帝王、傳以述臣民的原則，敵對政權的君臣已被判爲僭僞臣民及其所建立的僭僞政權，故必置諸於國史「列傳」的位置，連有意分行三國的陳壽亦不得不作如此結構。原本司馬遷創建新史學，對後世所謂的僭僞政權，大體上是賦予平等競爭的地位的，故列項羽於本紀，這種構置，顯然據實錄精神而來，符合史實的發展。班固撰《漢書》，根據漢朝正統本位的立場，及完全擯秦論引伸而來的排斥霸而不王精神，與夫其父本紀述帝王（天子）的意旨，將霸而不王、無皇帝之名的項羽，正名降貶爲傳，斯則政治意識形態已濃，但大體上也難說不完全符合史實。只是《漢書》此後已成與五經相亞、廣爲世人所讀的名著，於是班氏史學此構思遂爲後世史家所遵守。然而，班固參與東漢初期的東觀修史，即因實際問題而另有創意。

　　兩漢之間，公孫述等與項羽不同，前者從未完全主宰過中國，而卻有皇

〔註37〕何之元在梁末撰《梁典》，入隋至開皇十三年（593）始卒，其觀念實爲影響隋唐兩認正統的關鍵。引文詳《陳書・何之元列傳》，卷三十四，頁45C。

帝之名，且與光武短暫競爭後即被驅除。站在東漢的立場，公孫述等實爲僭僞臣民所建之政權，揆諸事實，則他們一度與東漢平等競爭，而有皇帝之名義；基於中國整體的構想，他們顯然偏據一方而事跡短暫，且與光武王跡中興有密切關係，不可分離作獨立研撰。於是班固等人特將《史記》的「世家」改創爲「載記」以安置之，並不加以僭爲私署之名，以存當時平等逐鹿於大亂之實。范曄述公孫述及袁術等，大體頗能推本此旨。其間只有陳壽另創三國君臣各魚雁分行的體例，雖仍名吳蜀爲傳，但確爲最佳的卓創。他所以能循班氏史學而別出心裁，乃是基於確認三國平等競爭、首尾相連此一史實，此與公孫述等對漢的關係不同。

東晉時代，南、北各史家不論參與官修或私撰，國史上互斥對方爲僭僞，置之於附庸的地位，殆可確知，第其眾多者著作今已佚散，未能分析其詳。今本此期正史，以沈約《宋書》最早完成。沈約特創〈索虜列傳〉以置北魏。他代表南方政府及史家，只承認拓跋氏李陵之後，是晉室亂化之民，至於北魏遙繼黃帝之說，一概否認也。南、北相跱此時已爲既成事實，沈約也曾論之，但基於上述認識，卻只能貶拓跋爲「索虜」。又由於判定拓跋爲漢人之後，爲中國亂化之民，故將其位置，本「先京師而後諸夏，先諸夏而後夷狄」之旨，構置於國人類傳之末、外國列傳之前。〔註38〕這種構思方式，殆脫胎於班氏史學而變通之者，與陳壽首創的分裂政權結構法大異。讀《三國志》，雖知帝紀在魏，但仍完全瞭解其實爲三國各自獨立分行，各有始終興衰之全程發展。讀《宋書》則不然，不但缺乏於此，抑且對敵僞政權亦僅作大略記述，而所述者又往往是其「壞」的方面。這是違心史學發展的另一面，亦即實錄主義在這方面的遵行，終不及不承認主義的正統意識形態也。沈約此書是以破紀錄的速度，在一年內完成的，是則他只是根據宋朝史臣的既成著作略加編纂而已，故其此種表示，實非個人的單獨的創樹，而是代表東晉、劉宋以降的史學發展也。此風既已出現及熾盛，稍後蕭子顯撰《南齊書》亦以〈魏虜列傳〉跟進，則國史如此結構形式，大體奠定。

當沈約於西元 487～488 年高速撰就劉宋一代大典之時，北魏君臣似乎深受其刺激。北魏原先約一個世紀以來，所修的編年體《國書》，實不足以發揮如沈約般的構思，借史以與南朝爭正統。487 年，繼崔浩以後主持修史的高允

〔註38〕詳《宋書》，卷九十五〈索虜列傳〉全傳，傳末〈史臣曰〉分析南、北對跱的事實，可代表當時南朝史臣一般的意見。

卒，象徵其傳統史學的結束。此年李彪建議改國史為紀傳體，代表了北魏新史學的出現。紀傳體新史學遠較編年體成熟，李彪已詳細論之，其意此體最能完備的發揚國家功業與充分的表現政教義理也。孝文帝因此整頓史官，乃至在 490 年大議改德運。沈約等人刺激了北魏的史學改革，北魏史臣於是亦持子之矛以攻子之盾，《魏書》亦於其國人事跡之後、外國事跡之前構置南朝諸偽政權，正名為「僭晉」、「島夷」、「私署」等。這種正名，即連「僭跨一方」的五胡政權也可開免，卻主要用以針對東晉南朝也。

　　唐初官修前朝國史，雖說已調和兩認，於梁、陳、北齊、周、隋五正史，已避免如此強烈的正名，但由於多本前朝史臣的著作，故行文筆法之間，仍不能全免於此入主出奴之意識。〔註39〕五正史修畢，唐太宗即決意重撰《晉書》。《晉書》不收入北魏，其將其他的五胡政權，統置之為〈載記〉，表示正統在晉（西、東兩晉為一），五胡乃晉之動亂，以示晉室由一統以至南移的全程史實。此則重歸於班史，是較能存真播實的構思也。李延壽曾參與修史，基於當時此觀念而私撰《南史》和《北史》，儘管二史之間互不正名僭偽，但卻另立〈僭偽附庸列傳〉。是則於此息爭調和，為南北史家共遵之際，有些史家亦不易一下子清除這類意識也。〔註40〕

　　一個政權向天下四夷示正朔，復又對諸夏內部爭正統，進而影響國史結構，成為中國史學特色，已如上述。茲進而復有可論者，乃是一國之內，又有對逆爭正統的問題，其強烈程度與上述兩種相較，殆有過之而無不及。蓋前二者乃外來力量，後者乃內在因素也。

　　原本范曄以前諸正史，對篡亂叛逆之臣民，大體上並無特別的正名和固定的構置。班固將王莽置於全書之末（有〈自序〉者除外），殆非用以處篡逆之臣，否則〈王莽傳〉之前安排了〈元后傳〉及〈外戚傳〉，即不易解釋。推班固之旨，蓋西京亡於外戚，尤以王氏一家為甚；故究王跡所以衰亡，事實上和理論上均宜如此安排。此其效法司馬遷列述〈秦本紀〉於〈秦始皇本紀〉

〔註39〕《周書》特立〈蕭詧列傳〉，是基於梁末大亂，宗室紛紛稱帝，而其中蕭詧則臣屬北周，得周支持以抗陳朝之事實。故特立此傳，主要不是為了表達正統與僭偽的關係，而是表達宗主國與附庸國的關係和事實。不過，七世紀以後，唐人或主張隋唐繼統於梁之說，殆即受此啟發。

〔註40〕《北史·僭偽附庸列傳》並非針對南朝正統政權而來，只是收述北朝正統政權涵蓋範圍之內的僭偽政權。其中所列之「梁」，是指北周扶立的蕭詧附庸政權「後梁」，其構思顯受《北周書》所影響（見前詳）。《北史》此傳只有一卷，見卷九十三。

之前的構思，用心應無可疑。《漢書》第一傳爲〈陳勝、項籍傳〉，而最末則以〈王莽傳〉爲殿，儘管稱莽爲「賊臣」、「篡漢」，但如此安排的大旨，實欲根據司馬遷「原始察終，見盛觀衰」之原則而構思，使庶幾達至其〈敍傳〉自謂的「上下洽通」的「通古今」之旨，令西京一代全程而完整的展現出來。陳壽精於《史》、《漢》而深悉此旨，第以三國之末事涉有晉，既不能據實而敍，則只有隱諱不書。然而，東晉以降的發展則不如是，顯然因正統觀念太強之故也。

沈約《宋書》是正史中首創凶姦人物類傳者，特立〈二凶列傳〉以記宋文帝家難。沈約教唆並協助梁武帝「作賊」，但他於此傳之中，卻極盡附會批判之能事，大有誅亂臣賊子之意，顯然對其人格有甚大的諷刺。〔註41〕此例一開，遂爲唐初君臣修史所本：姚思廉《梁書》列宗室篡逆人物及侯景於末次及末卷，《隋書》末卷亦列述宇文化及諸人，《晉書》也特闢三卷以置王敦、桓溫等，且逕命名爲〈叛逆列傳〉。篡逆叛亂事件，自漢末以來何代無之？但事屬國家內部之事，固不必成王敗寇，特別加以正名彙類也。北朝諸史，推本《史》、《漢》之旨，故不特立類傳。李延壽撰《北史》，據舊作亦然；然其《南史》，亦仍南朝之例特置〈賊臣列傳〉，殆有體例不統一之嫌也。或曰亂臣賊子，人人可得而誅之，史家正名批判固宜也。鄙意不以爲然，蓋自曹魏以來，拓跋例外，以至於唐，開國者皆以篡逆手段爲之，而表面飾以禪讓而已。是則篡逆相承，若本《春秋》之旨，正人心匡世道者，應自貶天子始。如此歷代開國之君，皆應爲史家所誅貶也。今不此之爲，但誅臣而不誅君，其意義顯與班彪〈王命論〉有關。又桓玄、侯景諸事跡，猶如劉裕與蕭衍者也，桓、侯若事成，史臣豈會爲之作叛逆傳？是則此例既行，實與成王敗寇的功利主義和現實主義思想有關。這兩類觀念思想，正是官方嚴格控制國史修撰的基因所在。這裡，筆者意欲指出者，乃是正統觀念向國內的再伸延——示意正統眞命不可碰觸，犯之者將列入國史貶爲篡逆，所謂對逆爭正統蓋指此而言。

這種構思不僅對國史的上述結構、筆法、批判具有大影響，抑且尤值注

〔註41〕 宋文帝於 453 年爲其太子劉劭及始興王劉濬兵變所弒，劉宋有類似漢武帝蠱禍的事件發生。沈約述二凶，極盡天時人事之附會，大有表示二凶天生壞胚之意，鄙意劉劭少年時代即「好讀史傳」，其詹事即大史家范曄，二人皆與文帝所信任的江湛和徐湛之意氣政見不合，殆事涉朋黨政爭問題而導至兵變也。此傳見《宋書》卷九十九。

意的是，叛逆人物彙成一類後，史家皆置之於全書末，連四夷諸傳亦在其前，只有《晉書》置於四夷之後、五胡載記之前而已。尋其如此結構之意，應是代表其人連夷狄也不如之意。這種結構意義，含有極濃烈的政教批判味道，自七世紀即定形而成國史特色。由唐至宋，經歐陽修發揚，遂至大盛。若依歐陽修《新五代史》的構思，漢末至唐初數百年間，包括許多批判他人的史家在內，故當全列入「雜傳」，以批判其人非純臣也。若依《新唐書》之例，則此時期「姦臣」、「叛臣」及「逆臣」人物，除北魏肇始之君外，包括所有各朝開國君主及其從龍之士，皆得列入此類類傳之中矣。由此觀之，筆者謂此期史家，大多並非眞正欲正人心匡世道而作批判，其故在此。這些史家大多缺乏浩然之氣，借春秋史學之外衣，而行其入主出奴之實也；但他們的構思及實際創作，卻又眞能影響於中國史學。

綜前所述，正統論與國史內部結構確有極密切的關係，或竟至形成中國史學的重大特色之一。然而前面所述者，雖有牽涉到教的層次，但主要卻是偏重了隨正統論而生的政之意義。關於前者，其影響不下於後者；至於後者，扼言之即正統意識的尊卑觀念，在此時期即形成了紀與傳的上下結構關係。其次又由於含有正統觀念的天下觀，遂形成了先本紀（中央正朔）而後諸夏（漢人諸列傳）、內諸夏而外四夷（外國列傳）的固定構結形式。至於諸夏內部對立政權，亦依正統與僭僞的觀念，特置爲僭僞傳，或竟爲之創立專名，常置於四夷列傳之前，此蓋史臣對僭僞無可奈何，而知事屬諸夏內部之事也。叛逆姦人往往置於全書之末，與正統觀念的關係更不喻而明。〔註 42〕此外，對於史學分類的外部結構問題，正統論於此亦有極大的影響。李彪奏改國史爲紀傳體時，即已解釋此爲國史的「正體」。這是國史體裁以紀傳體爲正統的明顯表達。史體有正統糾紛，正統觀念確爲當時古、今正史之爭的因素，且爲事涉「正史」確立的問題。然而，「正史」的確立雖然與體裁有關，但尤與記述對象的政治地位有關，亦即記述正統王朝之史被視爲「正史」，否則即爲「僞史」。這種正統論體裁分類法和對象分類法，對史學獨立有大影響，最遲在六世紀初，已由大目錄學家阮孝緒所奠定。〔註 43〕下文論古今正史，即是

〔註42〕宋以後史臣修史，對僭國、外國、叛逆此一秩序，或略有改變，但大體均脫胎於此期的國史結構。不過，其秩序之更動亦宜留意，因與當時政教觀念的變化可能有關也。

〔註43〕阮氏卒於 536 年，與沈約、蕭子顯、李彪、崔鴻等約略同時。他在 523 年完成《七錄》，將史部離經析出獨立，而分爲十二類，其中即有「國史」、「僞

為補充此問題而闢。

三、古史正法的中斷與復興

「正史」一名，大約在六世紀中期形成，梁元帝蕭繹正式提倡讀經及「正史」。但史著之為正，殆遲至七世紀初期，始於史部學術分類上奠定，唐初史臣修《五代史志》，即將紀傳體國史正名為「正史」。

「正史」的內涵，若就充分條件看，它必然是「國史」，而且是正統王朝正式的國史；而此正統王朝的國史，尚且必須根據「正體」、「正法」以完成者。《五代史志·經籍志》，即執此以作分類的標準。需要注意的是，唐初史臣認定的「正體」、「正法」，厥指紀傳體及其結構方法而言，因而「正史」之類，遂專屬於正統王朝的紀傳體國史。雖然明知編年體國史實為「古史記之正法」，猶不得將之歸屬及正名為「正史」，而別為「古史」類。

《五代史志》「正史」及「古史」兩類著作，頗有為例不純者。〔註44〕要之，相對於「正史」之正式國史此一標準而言，不符於此者則別為「雜史」；相對於「正史」之正統王朝而言，則另有「霸史」；相對於「正史」之「正體」而言，遂有「古史」之分矣。這種分類法是承受魏晉以降的學術分類學，逐漸轉化創造而成的，大體即為後代正史諸藝文、經籍志所本。然而，至七、八世紀間，劉知幾不滿意於此，另外提出正史、雜史與二體諸主張。其最突出之處，是將史著範圍收縮至人事，而將職官、儀注之類劃出；進而在此範圍中將史分為正、雜二類，以正為主，以雜為輔，而以二體部勒其正也。

本書前面章節已論及魏晉以降「正史」的成立，兼及其內涵意義。於此，試就體裁論的角度，對正史問題作另一觀察而已。

《史通·六家篇》論正史淵源流別，析為六分以論述。子玄「一家之言」，

〔註44〕 史」二部，可詳其〈七錄序〉（收入《廣弘明集》，卷三，頁7上～20下）。
如「正史」類收入譙周之《古史考》、徐眾之《三國志評》；「古史」類收入《竹書紀年》、《獻帝春秋》、《三十國春秋》、《淮海亂離志》；顯然皆不盡符合正統王朝國史此一界定。不過，《古史考》與《三國志評》，主要針對《史記》及《三國志》而來，頗符合完美主義補注正史的原則，故勉強可得而列之，與所收諸正史訓注並也。《獻帝春秋》、《三十國春秋》與《淮海亂離志》，則是分別補漢、晉與晚梁之闕者，亦為勉強而列之者也。至於《紀年》一書，則為先秦晉、魏之國史，而非屬正統王朝者，第肇就其編年體裁而收錄耳，最為不純。

故暫勿論之。要之，據卜辭及殷、周彝銘觀察，古人編年時、紀月日以述事，爲常見之事。殆三代史官，即以此爲記錄原型；〔註45〕於東周以降，蔚成國史常體而已。

及西元前 213 年（始皇三十四年）秦火之劫，「史官非秦紀皆燒之」，而波及於詩、書、百家語。是則前所謂「百國春秋」，與孔子《春秋》及諸傳，皆爲灰燼。秦國於諸夏較爲落後。《史記》說秦文公「十三年（西元前 753 年），初有史以紀事，民多化者」。〔註46〕此爲東周前期之事也。然六百餘年後，太史公讀秦史，猶云「獨有《秦記》，又不載日月，其文略，不具」云云。〔註47〕顯見此秦火餘種，雖經數百年發展，猶停滯於原始記錄形式，不與先進諸夏之編年體同。是則秦火影響所及，使漢世學者，對編年的史體，幾乎或忘矣。司馬遷創紀傳體的「新史學」，又蔚成大河流，籠罩史壇四百年，益使學者不復知有所謂古史之「正法」者矣。

上述時代因素，固爲造成漢儒不復知古史正法之原因，而司馬遷個人的獨創，則又殆爲另一原因也。司馬遷之「新史學」創作，實集古代體裁結構之大成者。《史記》的本紀、世家及諸表，即有取法於編年記事之旨，不僅本紀而已；第本紀在形式上，更接近古史正法罷了。其次，〈太史公自序〉說，秦火以來，「百年之間，天下遺文古事，靡不畢集太史公」；而司馬遷繼爲太史令，隨即「紬史記、石室、金匱之書」以作研究矣。後來班彪評其「採經摭傳，分散百家」，略論其「採《左氏》、《國語》，刪《世本》、《戰國策》，據楚漢列國時事」，「務以多聞廣載爲功」。〔註48〕此略舉之言，後人失察。如鄭樵者竟批評司馬遷「跼蹐於七、八種書」，而嘆其「博不足」也。雖然如此，鄭樵仍能瞭解司馬遷「能上稽仲尼之意，會《詩》、《書》、《左傳》、《國語》、《世本》、《戰國策》、《楚漢春秋》之言……分爲五體。……使百代而下，史官不能易其法，學者不能舍其書。六經之後，惟有此作」的學術成就、地位與影響力。〔註49〕隨著其史學地位與影響力之日盛，百年之後又有班固繼之，後者的成就、地位與影響，較前者不遑多讓，而影響力尙有過之者。自漢至

〔註45〕參劉節《中國史學史稿》，廣州：中州古籍出版社，1982 年 12 月一版二刷，頁 15～24。
〔註46〕見〈秦本紀〉該年，卷五，頁 56 上。
〔註47〕《史記·六國年表》，卷十五，頁 199 上～下。
〔註48〕參《後漢書·班彪列傳》，卷四十上，頁 1324～1327。
〔註49〕參《通志·總序》，頁志一上。

唐，「《史記》、《漢書》，師法相傳，並有解釋」，「自是世有著述，皆擬班、馬，以為正史」。〔註50〕當時中國有史著之撰述，而鮮「史學」之析評。隨著馬、班之盛，學者皆習知二書之體裁結構，但對上述「本紀」、「世家」、「表」三種結構之取法，知者蓋少，此為知其然而不知其所以然之弊。既不知其所以然，卻又奉紀傳體以為正法，以師法相傳，斯則古史正法，遂因司馬遷之創意，而為當時學者所忘。

司馬遷另一創意，而使學者忘卻編年為古史之正法者，厥為其創作「新史學」時，先將經學與史學判分，遂致二學漸殊塗。〔註51〕自是兼重經學之史家，師《春秋》褒貶正名精神者尚有之，論究《春秋》體裁結構者則甚少也。

原夫上述三種結構，皆取法編年古史。雖偶有例外者，然而大體上，「本紀」與月表、年表，編年月而筆法簡略，頗類《春秋》；而「世家」較繁複，則類《左傳》也。筆者讀卜辭以至《春秋》，見上古編年紀事之簡，蓋提綱扼要乃編年史形成早期之筆法也。春秋晚期以降，時代愈後，敘事愈繁，蓋編年史成熟之表現，《左傳》、《竹書紀年》等堪為其代表耶？從卜辭彝銘之無系統編年扼要記事，至《春秋》形式之系統編年扼要紀事，以進至複雜之系統編年記事，殆為先秦史學之重大進展。文字運用、敘事圓熟及體裁結構改進，應為此進展的表現也。司馬遷究畢集之史記、遺文，似乎有得於此，逆推而法之。章學誠所謂三代以上記注有成法，而撰述無定名，至《春秋》、《左傳》而有成例定例，再降至史遷，則其著通變化而近圓神，其斯之謂歟？〔註52〕不幸後之學者師法馬、班，但學其體而不究其源，偶有論史學者，雖已注意編年結構，卻又僅拘執於論「本紀」之編年關係而已。更不幸《春秋》經、傳，漢儒自始即視之為經學，遂致其性質原為古代編年史者，由是日益不明。至於司馬遷取法於此而創作之發展，亦由是不顯矣。

漢魏之世，史壇奉馬、班為圭臬，基於上述因素，遂使編年古體掩沒無

〔註50〕 參《五代史志・經籍二・史・正史序》，收入《隋書》，卷三十三，頁957。
〔註51〕 關於此問題，請詳本書第二章。
〔註52〕 一般說法，根據桓譚之言，謂〈表〉旁行斜上，取法周譜。司馬遷確曾引用譜牒、牒記諸史料，故筆者無意否認此說。這裡論及〈表〉，是取其編次年月以扼述史事此一基本結構也。至於《左傳》原來是否編年形式，作者及撰述時間究竟如何，疑古派類多置疑，此事於此論之不便，暫採劉、班成說也。至於章氏說法，詳《文史通義》內篇一〈書教〉。

聞，學者汲汲競習於新體。依今日觀念看，此新體不僅獨行於史學，抑且影響及於文學，如劉向《列仙傳》、魏文帝《列異傳》等志怪小說是也。至於哲學，亦有受其影響，如阮籍假此體以撰〈大人先生傳〉等是也。於此之時，豈能產生古、今正史之爭與二體優劣之辯耶？漢儒論史學淵源與發展，大體多本記言與記事之二分觀念，且透過劉氏父子校書，班氏父子撰史，形成定論。《漢書・藝文志・六藝・春秋序》云：「古之王者，世有史官，君舉必書，所以慎言行、昭法式也。左史記言，右史記事；事為《春秋》，言為《尚書》。帝王靡不同之。」此為漢魏以降之權威成說，即劉知幾的基本思考點亦由於此。這是史學起於贊治說，以及史學撰述主體二分說之學說也。論史既本於言、事二分法，古史之認識又未清明，此則體裁結構上之古、今之爭，顯然未至成熟爭論之階段也。

　　西元 281 年——晉武帝太康二年，汲冢出土帶給學術界極大的震撼，上距司馬遷開創「新史學」約已四百年矣。

　　震撼首先在經學界展開，進而波及史學界。

　　杜預有「左傳癖」，其研究汲冢書，特別注意其中之《竹書紀年》，指出此書乃戰國時魏國的史記，進而借史證經，以申立《左傳》，破斥《公》、《穀》。他說：

> 其《紀年》篇起自夏、殷、周，皆三代王事，無國別也。唯特記晉國，……編年相次。晉國滅，獨記魏事，下至魏哀王之二十年。蓋魏國之史記也。……
>
> 其著書文意，大似《春秋經》。推此，足見古者國史、策書之常也，……以明國史皆承告，據實而書時事。仲尼修《春秋》，以義而制，異文也。……諸所記，多與《左傳》符同，異於《公羊》、《穀梁》；知此二書，近世鑿空，非《春秋》本意，審矣！〔註53〕

杜預是否就能由此而破斥二傳，此非筆者於此所宜論。要之，其借史證經，殆在經、史二學中產生了重大影響。第一，自劉歆始，即欲利用《史記》以證明《左傳》傳經的權威性，此下遂展開所謂經今、古文的爭論。杜預於春秋學中，獨主左氏，為「左傳功臣」，使《左傳》至唐，地位得以確立鞏固。其立功基點大體與劉歆相同，均由借史——杜預在《史記》外更據《紀

〔註53〕　參杜預《春秋經傳集解・序》，上海商務印書館，四部叢刊初編，頁 269 下～270 下。

年》——以證經。〔註 54〕經傳地位固然因史之印證而明定，但由此亦印證出一個學術觀念與方向——經學必須落實於歷史之研究，始能解決某些糾紛的問題。

第二，由此觀念、方向進行，經學勢需回溯其歷史的原貌，最終必然走上論究經、史二學的關係。隋唐之際，史家已日漸朝先有史而後有經、經出於史的途徑進展，《五代史志》論經籍，可以為證。至於劉知幾，復承此趨勢，將經學拉下回降，作為史學研究項目之一，則為世所知也。

第三，《紀年》文意大似《春秋經》，記事多同《左氏傳》，而編年相次，三書皆同。是則由此史意、史實及史體，足以窺見先秦時代「國史策書之常」也。對《春秋》及《左傳》實為先秦史籍，杜預沒有進一步作一系統性之申論，誠為可惜；不過他能指出上述常態，已足以震撼史壇。晉世許多史官及史家，涵泳於批評之風、褒貶之意中，重新認識先秦各國國史之真面目，進而復興編年古史，胥由此得到啟發。〔註55〕

第四，以史證經之能成立，當與史著之可信性及史料之權威性有密切關係。儒學獨尊的地位日衰，相對的史學即基於其可信性與權威性而日隆。漢代「謬聖非經」可至死罪，經典權威性不容輕議，在此思潮下，巴蜀學派的譙周，引經說以駁斥《史記》，以端正雅言。及至杜預借《紀年》以立《左傳》，於是《春秋》及《左傳》，與古者國史有關係之觀念始明，而以史證經的方法始漸被接受。與杜預同時的司馬彪，用《紀年》等史駁譙周《古史考》在前；劉知幾亦用《紀年》、《瑣語》等汲冢書，疑古惑經於後，自後此風在史學界遂轉吹不輟。

汲冢出土的震撼，事實上不僅只影響上述四點而已，例如古文字的認識整理等問題，當時亦為汲冢震撼力展示之一者也。要之，格於本文主題，汲冢震撼所需研討者，厥在上述第二及第三兩個問題上。

杜預之前，紀傳新體壟斷史壇，其二、三世紀間，荀悅奉漢獻帝詔命而撰之《漢紀》，顯然為特例。荀悅雖出於潁川荀氏經史世家，但其對經史的認

〔註54〕劉歆利用《史記》印證《左傳》，主要焦點在記載的可信性、史料的權威性，及天意史觀對漢朝的正確性——倡漢屬火德說——三者，請詳第三章第四節。至於杜預，焦點主要在體裁、文意與所記事也。

〔註55〕史文之外另有其意義，此觀念正式由孟子提倡為理論，杜預在此提出「文意」與記事之說，足以啟發晉史家們之興起。晉世史家大講「其事則齊桓、晉文，其文則史，其義」則如何如何，以批判當時，請詳本書第七章第三及第四節。

識，大體本於劉、班二氏前述之成說而已。他論左、右二史及其職掌精神，提倡史學「五志」，皆依成說或承之以發揮者也。《漢紀》三十卷，體例效法《春秋》，亦以西漢二百四十二年爲斷限，自謂抄略約集《漢書》全書，「抱爲帝紀」而成。其實眞正的特色與意義，不在提倡及重振編年古史，使與「新史學」並行也。他原意本在將繁複的《漢書》約爲簡化本，融《漢書》之「表」、「志」、「傳」以集入「帝紀」而已。原意如此，又旁參經傳，遂無意中恢復了編年史。他的出發點若非爲了將《漢書》化繁爲簡，約集爲「帝紀」，以便獻帝閱讀，而是逕以原創方式重撰西漢史，並以編年作爲體裁結構，則導至古史復興、引發二體競行之創導者，在史學史上殆非他莫屬矣。惜其格於經學，過份效法《春秋》文意與《左傳》形式，遂致此史學復興契機，延後了百年。〔註56〕

　　雖然如此，荀悅的《漢紀》在史學史上，仍有其可見之影響。由於他的擴充《漢書》帝紀、募倣《春秋》及《左傳》形式，遂爲編年古史的復興舖好了基礎，待杜預提出「古者國史策書之常」說，即不致遭受新史學派的反對，反而使之易被史界重新認識及接受，成爲干寶的批評理論容易推動及提倡之原因也。編年史著復興以後，常見以「某紀」或「春秋」爲命名，蓋因於《竹書紀年》。但《竹書紀年》原爲百國春秋之一的晉、魏國史。三晉國史當時應稱爲「乘」，而今稱爲「紀年」者，蓋因於《漢紀》也。編年史以「紀」爲常名，導源於《漢紀》，雖通代編年如《資治通鑑》，其內部結構之命名法，仍以「紀」爲稱也。此外，杜預借史證經，指出《春秋》有「文意」，《紀年》與之大似。此所謂「文意」者，正是荀悅《漢紀》特色及重點所在，此下兩晉南朝以至唐之吳兢，編年史家類多講究春秋精神與史筆文意。這種史學新氣象雖波及紀傳史家，但若究其史學上的主系淵源，遠則受啓示於荀悅《漢紀》，近則因汲冢出土以後《春秋》編年史之被重新認識也。劉知幾《史通・二體》及〈古今正史〉二篇，推崇《漢紀》出後，「班、荀二體，角力爭先，欲廢其一，固亦難矣」。若就當時而言，荀體彼時蓋無此影響力；若就古史復興以後的情況而言，則未至誇張失實也。

　　三世紀末汲冢出土，已引起經史學界之討論。討論未及從容，觀念未及

〔註56〕有關荀悅的家世學術，以及撰《漢記》的構思，請參《後漢書・荀淑列傳（悅附）》（卷六十二，頁 2062）及《漢紀》之序（上海商務印書館四部叢刊初編），本書頁 166 曾對此有討論。

普及，四世紀初葉，即遭逢五胡之禍、永嘉之亂矣。在此不及半個世紀統一的西晉時代，名史臣與史家，如陳壽、司馬彪、華嶠、張華、傅玄、束晳等，皆以紀傳體撰史，其間如陸機者，殆始試行以「古者國史策書之常」體修撰。筆者疑陸機修《晉紀》四卷，原亦無意於推動古史之復興。陸機於吳亡後入洛謁張華，被薦爲史官。不久捲入「晉元論」爭議的漩渦中，曾上〈晉書斷限議〉，援陳壽追王之義以倡追王晉之三祖，主張國史述三祖身爲魏臣之事跡應如傳，而因有帝王之實則不可以不稱紀。〔註57〕是則陸機論晉史之焦點，仍在紀傳體「新史學」的帝王人物處理問題。唐初史臣修《五代史志》，列陸機《晉記》入「古史類」（即編年史類），疑其誤也。兩《唐書》之志，皆名機著爲《晉帝紀》，仍列入「編年類」。筆者以爲，機著應以《晉帝紀》爲是，蓋其參與「晉元論」爭議後，以傳體爲實，以紀體爲名。所追王之晉三祖帝紀也。若是，則其書法結構，當如陳壽《魏書》之〈魏武帝紀〉而已。尋其實則爲單獨完成之紀傳體之紀，究其結構亦可視之爲編年體。前有班固之撰〈世祖本紀〉，與機同時，亦有束晳所撰之《晉書》帝紀與志兩部份，故陸機僅撰就《晉書》之「帝紀」，並無新奇之處。〔註58〕陸機《晉帝紀》應歸屬何體爲當，似不必執著。要之，必須明瞭其原爲紀傳體之紀的部份，原出發點不在以編年體單獨撰述一部完整之史著者，則不可不辨知。是以正式提倡及實踐編年古史者，殆由約二十年後，東晉之首任史官干寶始也，此時上距汲冢出土已約四十年矣。

四世紀初，西晉陷入大亂，羯族石勒輾轉崛起，建立後趙，並創置經、史、律諸學。設「史學祭酒」，撰述其《上黨國記》、《大將軍起居注》等史籍。〔註59〕這對以文物衣冠自恃的南方華人，顯然刺激甚大。約兩年之後，東晉在王導倡議之下，重建史官制度，請修國史。其〈請建立國史疏〉論點之一，即爲「當中興之盛，宜建立國史，撰集帝紀，……務以實錄，爲後代之準。」他的建議和干寶的表現，立即振興了四世紀史壇的批判精神，於此

〔註57〕「晉元論」爭議及陸機黨附張華、賈謐，筆者曾論述之，請參頁231～232。

〔註58〕班固入內撰〈光武本紀〉，束晳撰《晉書》帝紀及十志，分詳《後漢書·班彪列傳》（同註48）與《晉書·晳本傳》（卷五十一，頁148A）。按：束晳亦爲張華所欣賞者，也被薦爲史官；束晳與陸機皆撰就帝紀，情況約同，實可尋味，惜史料闕乏也。至於機書稱《晉帝紀》，見《舊唐書》卷四十六〈經籍上〉及《新唐書》卷五十八〈藝文志〉。

〔註59〕本書頁230、233～234。

不贅。〔註60〕然而，其所謂「建立國史，撰集帝紀」，出發點或許在重修西晉諸帝本紀，如陸機、束皙一般。不過，對「博覽書記，以才器召爲著作郎」的干寶來說，顯然並不拘限於此。他由紀傳體之「紀」體入，卻別裁爲編年體以出之，以其左氏學之涵養，獨運別識心裁，突破了新史學之籠罩，可謂「入室操戈」者也。所著《晉紀》二十卷，以論述自宣帝至愍帝、凡西晉五十三年史事，史謂「其書簡略，直而能婉，咸稱良史」云云。〔註61〕

　　值得注意的是，干寶領國史不久，即因家貧，求外補爲山陰令，此後輾轉遷轉，以迄於《晉紀》完成。他外放後之繼任史官，厥爲王隱與郭璞；而王隱所撰《晉書》，卷數爲干寶《晉紀》之四倍餘，且爲紀傳體。約與王隱同時之虞預，所撰之《晉書》亦爲紀傳體。是則自西晉迄東晉明帝時代，史壇除干寶而外，仍爲「新史學」風氣所籠罩也。干寶所實踐的古體，當時確爲新嘗試，需待東晉第二、三代史家，如孫盛、習鑿齒、袁宏等人繼起，始克進而擴展成風氣也。

　　干寶的國史著作採取編年體，又取名爲《晉記》，似即因《紀年》及《漢紀》而來，杜預用《紀年》以證《春秋經》及《左傳》，荀悅則亦效法此二書，故干寶爲晉史採用編年史體開張理論根據，遂以《左傳》爲主。《史通‧煩省篇》云：

> 昔荀卿有云：「遠略近詳。」則知史之詳略不均，其爲辨者久矣。及干令昇（寶字）史議，歷詆諸家，而獨歸美《左傳》，云「丘明能以三十卷之約，括囊二百四十年之事，靡有孑遺。斯蓋立言之高標，著作之良模也。」〔註62〕

亦即干寶撰《晉紀》時，已曾對諸家史學作過分析批評、研究比較，覺得《左傳》所代表之古史體最爲優越，故擇而用之也。「史議」原文不詳，甚可惜，要之所論似就文字表達方面之史才而出發。然能省文約字，而將史事表達無遺者，除史才因素外，必然亦與史體因素有關。前者爲史家的主觀能力因素，後者厥爲史學體裁之客觀因素也。蓋體裁結構龐大複雜如《史記》與《漢書》，先天上即不能達至如《左傳》般省約。是以在〈煩省〉之外，知幾另在〈二體篇〉再引此議，以示此亦體裁問題。尤有進者，知幾於〈二體篇〉中，特

〔註60〕　詳《晉書‧干寶列傳》，卷八十二，頁222D。
〔註61〕　詳第七章第三節。
〔註62〕　《史通》，卷九，頁263。

別指出「晉世干寶著書,乃盛譽丘明而探抑子長」,無異表示干寶曾就體裁結構的煩省原則立論,推崇並提倡編年之古史體法,從而貶抑紀傳體新史學之價值也。《史通·載言篇》復云:「昔干寶議撰晉史,以爲宜準丘明;其臣下委曲,仍爲譜注。於是議者,莫不宗之。」是則干寶撰晉史之前,即對史學作了研究,並從而立議,以申明其意見,製造理論形勢,以圖減少阻力,及能廣被接納也。

　　干寶爲春秋左氏學專家,並有這方面的著作發表。〔註 63〕他以左氏學作爲標準,秦、漢以降,修國史用編年體,即因此首創,自後展開史學的復古運動。編年體有載述簡要之優點,但此亦爲其缺點所在,干寶自身即已察覺,故以譜注方式作補救,以改良編年古體。古體改良乃干寶創新的一面,爲議者所宗,即意謂當時曾引起學壇討論,得到學者之肯定也。

　　體裁上的肯定與被宗,恐怕不僅只限於左氏學者而已,史壇恐亦有擁護者,此即後來編年史學興起之原因。而且,干寶左氏學提倡的某些編年體結構問題,事實上也被紀傳史學派贊同及取法。《史通·序例》云:

　　　夫史之有例,猶國之有法。國無法,則上下靡定;史無例,則是非莫準。昔夫子修經,始發凡例;左氏立傳,顯其區域。科條一辨,彪炳可觀。降及戰國,迄乎有晉,年逾五百,史不乏才:雖其體屢變,而斯文終絕。唯令升先覺,遠述丘明;重立凡例,勒成《晉紀》。鄧(粲)、孫(盛)已下,遂躡其蹤。史例中興,於斯爲盛。若沈宋(沈約《宋書》)之志序,蕭齊(蕭子顯《齊書》)之序錄,雖皆以序爲名,其實例也。〔註 64〕

此篇述及取法干寶立例以定結構者,沈、蕭而外,尚有范曄、魏收及唐初諸史臣等,皆紀傳史學派者也。《春秋》、《左傳》以來,古史之成例定例至寶復興,是則干寶的史學地位,可想而知。

　　東晉在 321 年重建史官,當時石趙修《上黨國記》,恐是沿襲東觀修《漢記》之遺規。干寶於此時倡議及實踐以編年古體修撰國史,實爲中國史學史之重大發展關鍵。不但對編年體有興滅繼絕、承先啓後之功,亦且成爲中國史學體裁論,尤其爲二體優劣論之第一人。儘管荀悅與杜預墾拓在前,爲啓發干寶學說形成,及造成較易被議者接受之原因;要之,干寶卓越之主觀創

〔註 63〕據〈寶傳〉(同註 61),寶曾撰《春秋左氏義》、《外傳》等。
〔註 64〕詳《史通》,卷四,頁 88。

作能力，及其《晉紀》被許爲「良史」之優異結果，始爲眞正展開二體之爭，致古史復興的關鍵也。

四、南北朝以降二體之爭與二體論的擴展

自干寶於四世紀十年代興起，以至范曄於五世紀三、四十年代撰《後漢書》止，此百年之間，天下擾漾。五胡政權多各自修其國史，但情況不詳，《史通・史官建置》、〈古今正史〉二篇，已有略論。而南方晉、宋一系，則史壇活動尙可概略以知。

南方史壇，官、私之撰並作，漢、晉之史屢修，而古、今二體則相競而行。即以晉史而言，紀傳體著作有王隱《晉書》、虞預《晉書》、謝沉《晉書》（未成而卒）、謝靈運《晉書》（未成被殺）、朱鳳《晉書》、何法盛《晉中興書》諸作，撰後漢者亦承漢末以來謝承、薛瑩、司馬彪、華嶠等發展，而有張瑩《後漢南記》、袁山松《後漢書》諸作也。彪、嶠二書，世稱良史，而在干寶之前。舍此以外，紀傳史家諸作，在後世評論上殆不及編年史家之表現。編年名家名著，官修者自干寶《晉紀》，以至晉末徐廣之《晉紀》，其間私修者如孫盛《魏氏春秋》與《晉陽秋》、習鑿齒《漢晉春秋》、袁宏《後漢記》，皆稱名著，被推美之程度殆非紀傳諸家所可及。至於曹嘉之《晉紀》、鄧粲《晉紀》、王韶之《晉紀》、劉謙之《晉紀》、張璠《後漢紀》等，評價上始約與諸紀傳史家相若。

從干寶倡議起，編年史家接踵出現，著作篇帙約與紀傳著作相當，而部數則殆超過之。上文所舉多爲以東漢、魏、晉爲對象之作，若將荀悅《漢紀》（西漢），樂資《春秋後傳》等包括在內，則上起春秋，下迄東晉，編年國史系列，大體已完備。〔註65〕其中左、荀、干、孫、習、袁、徐七人及其著作，當時皆爲第一流水準者也；而樂資及習鑿齒之作，更是略帶編年通史的性質，非復斷代可以爲限。他們與紀傳名家如馬、班、陳、華、司馬彪等，正可匹敵較量。但此數位新史學家，皆在干寶之前。是則干寶以後，范曄以前，新史學派陣容水準，殆難與古史學派抗衡。壟斷史壇四百餘年的新

〔註65〕晉著作郎樂資似承編年復興潮流，而採《戰國策》及《史記》二書，撰爲《春秋後傳》，續自魯哀公，以迄於秦二世止，於是自《左傳》以至徐廣《晉紀》，歷代編年國史系列已完備。樂資《晉書》無傳，詳《史通・六家・左傳家》，卷一，頁 11。

史學，遂爲復興之古風所搖動，一枝獨秀之局面已然不再矣。干寶古風重振之餘，北方亦爲強風所捲，故北魏此時創修國史，鄧淵、崔浩等皆先後承風而採用編年體。

這種古風壓倒新潮的趨勢，需待范曄（西元 398～445 年）之出，始被扭轉。

范曄約在 436 年守宣城時作《後漢書》，至 445 年被殺，前後凡十年，「志」部份猶未完成。《史通》謂「范依叔駿（華嶠字），班習子長」，蓋指序例而言。〔註 66〕范曄〈獄中與諸甥侄書〉，自謂「詳觀古今著述，殆少可意者」，雖推崇「班氏最有高名」，服其「博贍不可及之」，但亦對班氏史學頗有批評，自認某些部份「非但不愧之而已」。是則范曄心目中自我期許的人物，厥爲班固是也。〔註 67〕既爲新史學派系中之班氏史學派——斷代紀傳史學派，自然不可能屈服於古史學派理論之下。他欲撰後漢史，體裁之選擇實爲首務。然而揚棄干寶之風，實經「詳觀古今著述」之後，則其反對古史學，遂應非出於門戶之見，而應爲理智之抉擇。

范曄是干寶以後，新史學家中，率先就體裁論角度，反對干氏二體優劣論的史家。他說：

> 《春秋》者，文既總略，好失事形，今之擬作，所以爲短。紀傳者，史、班之所變也。網羅一代，事義周悉，適之後學，此焉爲優，故繼而述之。〔註 68〕

此爲其評論二體，及自述何以採斷代紀傳體的觀念。細推斯論，可得如下瞭解：

第一，此處以「春秋」相對於「紀傳」，是則表面雖以文事爲言，實則兼論編年古史之體裁也。孟子稱孔子之言云：「其事則齊桓、晉文，其文則史，其義則丘竊取之矣。」史義、史文，實史學之兩種層次，而皆以史事爲質。義之層次姑不論，就文與事言，則文之所以總略，主因蓋在事之總略也。所謂「總略」也者，應指綜聚簡略而言。文章總略，以致事實現象之遺失，此確爲編年史之特色，其優、缺點皆由此出。然而文略事失，基本上與體裁簡單，及史家一意摹古有關。亦即古代史記爲編年體，遂因體簡影響事省，事

〔註 66〕見《史通・序例》，卷四，頁 88。
〔註 67〕該書即今《後漢書・代序》。參《後漢書》，頁 1～2。
〔註 68〕此言爲魏澹論史所引，參《隋書・澹傳》，卷五十八，頁 1419。

省影響文略也，眞正關鍵端在體裁。干寶以降，以至劉知幾，推崇《左傳》古法者，皆喜其著史優點爲文簡事略、體裁單純，遂致「擬作」相繼，多忘其短。范曄由此立論以反對古風，正是一針見血之言。

第二，以前論馬、班學者，自班彪以降，殆皆未以「紀傳」名此新體。范曄以此名其體，並指出此爲馬、班變化《春秋》古體而成，這是就史學發展史的角度立論。他隨後又隱然指出馬、班之間，班氏新體適合後學而較優，最主要的理由是此體能「網羅一代，事義周悉」──亦即謂斷代紀傳史，體裁上即能完備地包含一個時代整體之歷史內容，且能兼顧史事及史義兩種層次也。

自馬、班以來，紀傳體新史學相繼不絕，皆以馬、班爲宗，然能創立新史學之理論，奠定其優越不拔地位，使編年各史學受挫者，范曄實居首功。他從體裁論著眼，就史學批評及史學史兩種角度申論，一新當時史壇之觀念與認識，爲五世紀末期北魏之李彪、八世紀初期唐朝之劉知幾，指導了評史方向，舖好了理論基礎。

范曄不僅是一位史學理論家，抑且爲實踐者。其《後漢書》雖諸志未成，頗有憾於「周悉」之目標；但他將所見於其著作中付諸實現，對史壇影響極大。〈獄中與諸甥姪書〉中，他最批評班固之「例」與「贊」，竟至謂其「任情無例」。「例」、「贊」等關係紀傳史之體裁結構，亦事關此體能否與編年抗衡，及是否適於學習與從事撰述者也。范曄自言其《後漢書》體裁結構中之「論」、「序」、「贊」與「例」，爲天下奇傑之作，自許「自古體大而思精，未有此也」。其對斷代紀傳體的各種體例結構問題，曾作精深思考過。六世紀初期，劉昭繼其伯父劉彤注干寶《晉紀》之後，集諸家後漢史著以注范曄書，即推崇范氏「序例所論，備精與奪。」〔註69〕劉知幾頗嫌范氏諸序過炫文采，但亦評論序例之佳者，以干、范爲最，自後紀傳諸家亦多有序例之作，而魏收竟全取范氏。是則干寶重立凡例，使結構完密，以推動古史於前，而范曄亦於此作競爭，重振紀傳於後也。〔註70〕此外，范曄書之題目採用新方式，

〔註69〕劉昭爲當時大文豪江淹之外弟，《集注後漢書》一百八十卷，世稱博悉。他又將司馬彪書諸志抽出，補入范書，使之更完美周悉，即今見之版本也。伯父精於注晉，而尤好干寶；姪子博於後漢，而雅推范曄，二體之兩宗師，皆爲其伯姪二人集注矣。劉昭推崇之言，詳《後漢書》所附〈後漢書注補志序〉；昭傳見《梁書·文學列傳》，卷四十九，頁68C。

〔註70〕詳《史通·序例》，卷四，頁87～88。又：序例關繫史著體裁結構之完美性與

收昭然滿目之效，而「自茲已降，多師蔚宗（曄字）。魏收因之，則又甚矣」。論贊之善者，以干、范、裴（子野）爲最，沈約、臧榮緒、蕭子顯等紀傳家次之。且論贊由子序總述分析而出，每卷之末各立論與贊之結構形式，亦范氏首倡，諸家並法之。〔註71〕凡此有關紀傳體之改良變革，范曄皆於《後漢書》中實踐之，對南、北史壇以至唐朝，影響甚大。難怪其書出，尋即壓倒諸家後漢，並取代《東觀漢記》而得「三史」的經典性地位，與馬、班齊足並馳也。

若說干寶是續五百年絕學之宗師，所復興之古風，動搖了新史學之潮流，則范曄後於其百年，對新史學言，實爲力挽狂瀾於既倒之功臣。自此以後，新史學諸家信心重振，繼起之名家如臧榮緒、何承天、裴松之、沈約、蕭子顯、蕭子雲、姚察、姚思廉等，接踵而生，北方亦有李彪、魏收、李德林、李百藥等起。相映之下，古風頓弱，名家如吳均、裴子野、何之元等二、三出而已，氣象遠遜新史學。而且，南朝君主偏好紀傳，自劉宋以降，不復有官修編年國史（實錄之性質不同）；而時主名王，竟亦躬撰紀傳史著。〔註72〕是則紀傳體新史學，在唐初取得「正史」之地位，於此時情勢已奠定。

大體上，南朝史家，以紀傳名者亦頗擅編年，以編年名者亦頗爲紀傳，故編年雖遜色於紀傳，而二體之爭並未至斷然決絕。加上與范曄同時或稍後而興起之紀傳名家，殆對「史學」關切者不多，更罕見如范曄般精采扼要之批評討論，因而不能順著范曄的基礎，使新史學之理論再上層樓。像臧榮緒、何承天、裴松之及稍晚一輩之沈約等，皆著力究心於「歷史」，於體裁論甚少發揮。五、六世紀齊、梁、陳之世，順此發展，紀傳體新史學之興盛，確是超過了編年古體；但由於新史學的史學理論與批評，並無進一步的發展，故新史學也並非壓倒性的勝過古史學。

例如在新史學派陣容中，沈約撰晉、宋二史，尤以《宋書》爲著。同時或稍後名家撰晉史者，有蕭子雲、蕭子顯等，撰宋書者有徐爰、孫嚴等；至於撰（南）齊書，則以蕭子顯最著，尚另有劉陟及沈約等。古史學派亦不因

嚴密性，可參檀超、江淹爲《南齊書》所立之條例；《南齊書‧檀超列傳》，卷五十二，頁84A。

〔註71〕分詳《史通》，卷四〈題目〉與〈論贊〉。

〔註72〕本書第八章第一節論及三君主撰史現象，如宋孝武帝爲劉義恭、梁簡文帝爲昭明太子、梁孝元帝親撰〈孝德傳〉與〈忠臣傳〉等是也，皆王室偏好國史紀傳體者也。

此等新體著作大出而日漸寢息，檀道鸞、郭季產各續晉而撰編年；裴子野、王琰、王智深、鮑衡卿皆編宋史，尤以子野《宋略》，直是刪削沈約《宋書》而成，為約所自嘆不及者，無異為當時古、今正史之爭所矚目之事。〔註73〕即以蕭子顯私修《齊書》成為名著言，其同時之另一大文豪吳均，亦努力撰成《齊春秋》，與子顯書競爭，並列為名著也。大體范曄書成以後，至六世紀前期梁朝之史壇，史著修撰方面，東漢史因范書之出而日漸寢息，晉、宋、齊三代各史，則為古、今二體競爭之疆場，雙方名家名著輩出也。

尚有進於此者，六世紀初期，梁武帝命令吳均等修《通史》，欲以紹述《史記》，取代《漢書》以降者紛雜之斷代史。此時編年名家殆受刺激，頗有欲師習鑿齒《漢晉春秋》之意，不以斷代為限，撰述通代編年史者。例如裴子野欲撰《齊梁春秋》，梁武帝之孫、湘東王（即梁元帝）世子蕭方等之《三十國春秋》；而熊襄著書以《齊典》為命，其實上起十代以止於南齊，雖通謂之「齊」，然於編年通史著作中，最堪與梁武帝之《通史》競爭者也。〔註74〕是則新史學通代、斷代之爭，竟亦影響及於古史學，二體之爭的主戰場不僅限於斷代為史，抑且擴大至通史領域矣。

此外，尚另有進而可言者，即官修制度，亦因二體之爭所波及，形成修國史（紀傳）則必須亦修實錄（編年）之制度。原夫宋初謝靈運、王韶之、何承天等奉詔分修晉、宋國史，殆即有採范曄之議，用紀傳體之意，自此南朝官修國史，遂一脈相承，以紀傳為重，遵行不替，〔註75〕民間私修，始二體競行。及至梁武帝與沈約「作賊」篡齊，心虛之餘，遂創立官修實錄制度，使修起居注為前序工作，修國史為終程工作，而修實錄在兩者之間，為中介性工作。經此中介程序，在國史創修定稿之前，必參考憑藉於此類實錄；而

〔註73〕裴子野兼擅古、今二體，其史學成績詳《梁書》本傳，卷三十，頁44A～B。

〔註74〕「蕭方等」，兩《唐書》〈藝文志〉誤作「蕭方」，不知梁元帝諸子以「方」排名也，參《梁書》，卷四十四〈忠壯世子方等列傳〉。熊襄著作，附見於《南齊書·檀超列傳》，卷五十二，頁84A。

〔註75〕范曄約於424～445年撰《後漢書》，此前已曾評論古、今二體之優劣，如前文所述。王韶之原為編年名家，為晉史臣，奉敕修國史（宋），即棄編年而用紀傳，卒於435年。繼承者何承天、裴松之等，皆為紀傳體（韶之名著為《晉安帝陽秋》，以此任佐郎，續東晉末期史，有《晉紀》十卷。其事迹參《宋書》本傳，卷六十，頁165A～B）。謝靈運奉敕修《晉書》在426年，其人乃大文豪，於史學殆無深究，且於433年被殺。他之採用紀傳體，殆承范曄之旨，遵王韶之例也。

實錄之修，則已將原始史料作了澄汰的工作矣。不利於其政權之記述，實錄早已起了沙汰之作用，官方意見亦遂因之奠定。故實錄採用編年古體，既可化作賊掩飾之心跡於無形，亦可稍慰古史學派，以示政府不偏重偏廢任何一體之至意。斯則官修之實錄，其體裁及制度，殆於此動機與史學發展背景之下，得以創立，由唐至清，遵行不輟矣。

南朝史學之發展如此，二體爭先亦不能分出絕對性之高下，是則梁元帝倡讀「正史」，殊未專指紀傳體國史而言。裴子野之好友、名目錄學家阮孝緒，撰《七錄》之時，雖將史學學術獨立爲「記傳錄」，而「記傳錄」下分十二部，紀傳、編年似猶未分析爲兩部，仍總而合之，統稱爲「國史部」。至於孝緒似又承元帝之倡議，撰《正史刪繁》一書，殆亦兼涵古、今二體之國史著作，以爲論述範圍者也。〔註 76〕於此君主、史臣、史家及目錄學家，陷於二體競爭，不暇反省細思之際，與裴子野、阮孝緒等同時代的文學批評家劉勰，在論文尊經之餘，竟意外的涉及史學批評，大有創獲，而下開劉知幾之史學批評。

大體而言，劉勰《文心雕龍‧史傳篇》，乃是綜論、檢討二體之爭的作品，其縱向則由史學史出發，其橫向則以史學理論爲本。除了其個人意見之外，對古史學派之荀、杜、干、鄧（璨），及新史學派之馬、班、陳、范等人意見，多所採獲。細尋其意，雖對二體各有優劣之評論，然其歸結，則略偏向紀傳，其詳容待下文，與劉知幾諸說同論。要之，〈史傳篇〉並無強烈意圖，欲對二體之爭作一決定性之高下判別，斯則此爭由梁、陳而隋、唐，遂迄不能息止者也。

至於北朝方面，自范曄之後，二體之爭則逐漸分出高下，並有決定性之發展，關鍵人物爲北魏孝文帝與其史臣李彪（西元 444～501 年）。

五胡政權遞相興滅，皆多置史官以修國史，而又多以「書」或「記」爲名，崔鴻所謂「諸史殘缺，體例不全，編錄紛謬，繁略失所」，可見其況。〔註77〕劉知幾《史通‧古今正史篇》，亦僅略述其撰述概況，於體裁結構，語多不詳。大體言之，五胡修史，似以東漢、曹魏及西晉爲效法對象也。四世紀末淝水之戰，苻堅敗亡，北方復歸紛亂，而拓跋氏崛起於代。斯時制度草

〔註76〕元帝倡議見其所著《金樓子‧戒子篇》（卷二，頁 12），阮孝緒分類及《正史刪繁》，可參其〈七錄序〉，另詳註 43。

〔註77〕詳《魏書‧崔光列傳》所載崔鴻〈上十六國春秋表〉，見卷六十七，頁 154C～D。

創，道武帝即已詔鄧淵修撰《國記》。鄧淵「造十餘卷，惟次年月、起居、行事而已，未有體例」。〔註78〕於鄧淵而言，可能史學所識有限，而又草創匆卒，故略編年記事如此而已，不意卻爲魏史指示了方向。眞正奠定北魏國史採編年體者，厥爲五世紀初期的崔浩與高允。

崔、高二人皆保守漢代經術傳統之儒。崔浩以司徒監總修史，國史體裁結構遂總而裁之。其書分爲〈太祖記〉、〈太宗記〉、〈今上記〉三記，編年而書，總名《國記》。按崔浩有道統儒的性格，曾注《詩》、《論語》、《尙書》、《易》四經，頗有再注《禮》，以成五經之志，其手下史臣亦曾有建議，請盡收境內諸書，「班浩所注，命天下習業」之舉。此欲壟斷群經解釋權以統一經義之野心，實非出於官方既定之政策，故招至朝野反感，可以想知。他遍注五經（以《論語》代《樂》）、總裁《國記》，此則實有法孔子正《易傳》、刪《詩》《書》《禮》《樂》、作《春秋》之志也。漢人稱此行徑爲「僭聖」，重者可至於死。崔浩無見於此，益且更欲假其權勢以推行，顯然不及一個半世紀之後「文中子」王通般聰明，讓《王氏六經》於民間私下流行也。而此欲統一經義之計劃，亦因此需延至兩百年後，唐朝官方命孔穎達撰《五經正義》，始得以完成。就此而言，崔浩欲法孔子刪述之事業，而五經缺一，不能成六，所缺者即爲編年史學之《春秋》。由是言之，崔浩不易鄧淵之轍，決定以編年體修國史，而不師法東觀以紀傳體修《漢記》之成規，恐即與其效法孔子修六經有關。西元 450 年，崔浩史禍爆發，高允即指崔門萬世之禍，端在此「分寸之間」而已；亦即意謂《春秋》古史體本不致釀禍，禍端肇始於動機野心之層面。自西元 450～487 年，高允劫後餘生，繼續主持修史，仍「大較續崔浩故事，準《春秋》之體」而不致禍者，其故在此。〔註79〕

北魏制度依漢晉建立，其官修亦依倣於此。崔浩以司徒領秘書監主持國史，殆即援張華之先例；其手下史臣，官稱爲著作郎與佐郎，或以參領著作爲名之參修制度，亦皆晉制。是則彼等對晉朝史官、史家之活動，殆未致陌生。百年之前干寶的倡議，百年之間編年史名家名著之屢出，雖地分南北，而究心學術者當不至無知。崔浩既有上述之心理動機，對此《春秋》體例自易接受。事實上，范曄始撰《後漢書》，約在崔浩撰《國紀》五年之前而已，

〔註78〕參《魏書・鄧淵列傳》，卷二十四，頁 66C。
〔註79〕關於崔浩注經修史以致禍，及高允續修情況，可參《魏書・允傳》，卷四十八，頁 109C～112C，本書第八章第三節亦頗論之。

而王韶之、謝靈運等分修宋、晉，更時略相當。新史學重起之風潮，就崔浩所學言，未必即能接受，況其別有上述心理動機耶？及至孝文帝爲政，亟思加強漢化，以與南朝爭正統。李彪以其與孝文帝之私人關係，又值任職秘書丞，監理史政，遂得一申抱負，改革史體。

李彪爲究心漢晉南朝史學發展之史家。487 年（魏太和十一年，宋永明五年）高允卒，北魏古史學派重心人物凋零殆盡，值沈約奉勅修《宋書》，傳北魏爲「索虜」，此誠革新史體以興南朝競爭之良機。他與秘書令高祐（允從弟）聯名奏請改創國史。綜其所論，其重點如下：

（一）批評崔浩、高允之著述，「編年序錄，爲《春秋》之體；遺落時事，三無一存」。

（二）指出崔、高著作所以大量遺落時事，端在以《春秋》編年體爲關鍵。此體對歷史之總體問題不能完全包容，故有其局限性，由此進而批評古史學派奉爲圭臬之《左傳》，申言《左傳》只「存史意而非全史體」，並非最佳體裁。

（三）就上述歷史的範圍及史學的體裁而論，馬、班史學在結構上「曲有條章」，能使內容臻至完備，故云「宜依遷、固大體，用事類相從，紀、傳區別，表、志殊貫，如此修綴，事可備盡」。

（四）就史學之功用論言，編年因體裁之局限性，而致大量遺落時事，不能盡宣北魏君臣德業風美；若用紀傳體而又取史才得人，則可免於此憾。

（五）就史學發展之角度言，由於馬、班史體爲「大體」，故「後漢魏晉，咸以放之」。意謂北魏亦應順此潮流也。

其中（一）（二）（三）三點，實發揮了范曄之精義；第（五）點，則是補充及增強范曄之意見。至於第四點，觀其後李彪求復史官之職時所言，蓋爲上承司馬談、遷父子之家學心傳，進而發揮者也。此誠馬、班二彪（孝文賜其名「彪」，欲勉勵其效法班彪與司馬彪）紀傳史學之北方功臣。他得孝文帝信任，又實際「專統著作」，故改創得以遂行。益有進者，六世紀初葉宣武帝時，李彪因案免官，上書要求援引東晉王隱「白衣修史」之例，以綜理國籍獲准，所提出之主要理由爲「國之大籍，成於私家，末世之弊，乃至如此」云云。亦即表示雖白衣獲准入閣修史，仍是政府官修，正常情況，國史不應讓民間私修也。此議倡行，遂使北朝史學之國史修撰方面，面目大變。國史

由古史獨擅變為新史壟斷，而新史壟斷之局又為中央政府所控制支配，由是下開隋文帝民間私修國史之局面矣。〔註80〕

自李彪時代起（彪卒於501年），北朝史壇之古史學派，氣力日益衰微，著作日益稀少，李彪在北方底定紀傳體，實較范曄在南方更為徹底收效。降至隋文帝屬禁國史私修，而官修者如陸從典《通志》、姚察《梁史》與《陳史》、李德林《齊書》、魏澹重修《北魏書》等，又皆為紀傳史學，是則編年史遂只能成為私修著作之體裁方法矣。其間如太原王劭，於屬禁之下，居家私修（北）《齊書》，為人所舉發，幾致獲罪。幸隋文帝喜其文，用為史官，典國史將二十年，除了撰成《隋書》八十卷之外，尚完成其齊史。齊史分用兩體而撰，編年體之《齊志》有二十卷，完成後又以此基礎撰就《齊書》紀傳一百卷。此為北方兼擅二體，為劉知幾所推崇之史家。其人以諂媚見寵，隋文帝以此而不之罪也。〔註81〕

楊堅於西元581年纂位建隋，589年統一全國，而至618年李淵建唐止，國祚僅三十七年，其間某些史學政策，如大舉修前朝國史等，大體仍為唐初政府所遵承。

李唐政府也非全無新意可言者，關鍵在唐太宗史學修養及其來自南、北二系門第諸高層與機要官員。楊隋以來南、北諸與史學有關之世家，如北系之魏（魏收、魏澹）、李（德林、百藥）、薛（道衡、收、德音、元超），南系之陸（陸瓊、陸從典）、姚（姚察、姚思廉）、許（許亨、善心、敬宗）、虞（荔、世基、世南）、顏（顏協、之儀、之推、師古）等等，皆活躍於七世紀前期隋唐史壇，抑且多為政府高層決策人員或機要官員。據筆者之瞭解，由於全國之統一，南、北史學之差異日益消融，尤其在國史的修撰（前代及本朝）及官修體制的建立方面為然。隋、唐政府雖崛起於北朝，但並不排斥南方史學，大體而言，皆有穩定的兼容並包政策，尤其唐朝特有之風格，亦醞釀於此，較精細處此茲不論，欲就本主題之大者略言之，則有如下情形：

第一，從621年令狐德棻建議大舉修前代史，至636年五代史完成（《五

[註80] 有關李彪等議論及北魏當時史壇活動，請參《魏書》，卷五十七〈高祐列傳〉、卷六十二〈李彪列傳〉、卷六十七〈崔光列傳〉。本書第八章第三節亦頗論及之。

[註81] 參《隋書》本傳，卷六十九，頁1601～1610。按《史通》多處稱贊王劭，尤推崇其能以當時之語撰史；然而修《隋書》之史臣，則正好對此貶抑，所見顯然不見。

代史志》在 656 年完成），唐太宗復於 646 年詔修《晉書》，皆承隋之史學政策者也。隋文帝屬禁私修國史，然國史人物事關前朝，則政府壟斷國史修撰權之同時，殆亦須大舉修前代國史，始可杜絕民間私議。唐朝本於此，又亟思發揚本朝之美，以示王跡有漸、天命遂歸，故繼承之也，容待下章詳論之。根據官方意識修撰諸前代國史完成後，對評論兩晉以降史事，自有一指導觀念形成，於是民間欲私修者，始可得而爲之。如七世紀五十年代末期（高宗顯慶時代）之李延壽《南史》與《北史》、呂才《隋紀》，八世紀初期之元行沖《魏典》，吳兢之《梁》、《陳》、《齊》、《周》、《隋》五史，乃得陸續修成。容許史家和修近代國史，且至允其立爲正史，此又承兩晉南朝之風者也。

第二，「以史制君」的精神在南北朝曾經流行，使君主恐懼。北朝亂君由此發展出一套選用心腹文人修史，而以宰相重臣監修之制度，南朝之梁武帝則創造了官修實錄之制度。隋、唐在官修及監修制度上繼承北朝，且藉此獨享國史修撰權。至唐太宗，再度復行梁朝之官修實錄制度，藉以先期纂改李唐開國史實及玄武門兵變事實，自後遂依諸實錄修撰國史。唐初及武周以統制干預爲基礎所修諸國史及實錄，不但令正直之史官或史家如劉知幾等所不滿，即連唐高宗本人也大表不滿，竟至聲稱「此皆乖於實錄，何以垂之後昆」！〔註82〕國史與實錄之不實，是導至官方一再重修之原因。在此情況下，特別例外之私修國史，順著前代史修撰權之開放潮流，遂亦以特例出現。劉知幾對唐史及實錄極表不滿，有效法班、陳私修之志，殆因未敢干犯禁例而未果。〔註83〕其摯友兼同僚史臣吳兢，即居家獨力修成《唐書》及《唐春秋》二書。〔註84〕隋文帝以來之屬禁，遂終告打破，對後來唐人之私自撰集國史，乃至借筆記、小說、傳奇形式以臧否人物，實有解放之功。此又是唐朝分承南、北官修制度之流弊，以形成其特色風格者也。

第三，貞觀修五代史，乃合南、北地史臣爲之者。但641～656 年（貞觀

〔註82〕 參《唐會要・史館上・修國史》顯慶元年七月三日條，卷六十三，頁 1093。
〔註83〕 詳《史通》，卷十〈辨職〉、〈自敘〉及卷二十〈忤時〉。〈自敘〉謂退而見志，私撰《史通》云云，然〈辨職〉末段，直喻欲私修國史。殆知幾本欲退而私修國史，後恐干犯禁例，故改變主意修撰《史通》，以見其志也。
〔註84〕 吳兢有「今董狐」之稱，恐史德更直於知幾者也，其白衣私修分見於兩《唐書》本傳及《唐會要・史館》類。按吳兢二書原即私修，歷二十餘年未就，後以丁憂居家，請政府資助其完成。玄宗勅就集賢院內修撰。後外放任官，兢將史稿隨行。故其書相當於官准私修及在外修史，如班固故事也。

十五年至顯慶元年）詔修《五代史志》，參與史臣爲于志寧、李淳風、韋安仁、李延壽、敬播等，修成獻上時因長孫無忌以太尉爲首席宰相，故由之領銜。此諸志之完成，似以北方史家爲主力，然其中之〈經籍志〉分類學術，卻兼採南方古、今二史並立之觀念，以劃分史部兩種重要著作。二體之爭，經隋之統一交流，此時大體已告底定，北朝李彪偏重紀傳國史之觀念，於此時期顯然已完成其影響力，而南朝二體並立之意見，亦隱然被採用。自唐太宗始，不僅確立了二體的史學地位，亦從而奠定了官修紀傳國史及官修編年實錄二軌並行之體制，因而民間修史，亦與官方一般二體並行。王劭之《齊志》與《齊書》，吳兢之《唐春秋》與《唐書》，皆一人兼修二體之史，理論上應無競足爭先之意也。趙翼指出宋、齊、梁、陳、魏、（北）齊、周、隋八代史，大多成於唐初，然因卷帙繁多，寫讀不易，故在有唐一代，並未行世。〔註85〕斯則爲李延壽參預官修之餘，別撰《南、北史》之主因；吳兢亦基於相同之背景與原因，私撰《齊》、《梁》、《陳》、《周》、《隋》五代紀傳史的簡化本也。二人所著皆爲官修版之綜合本或簡化本，吳兢以過於簡略而評價不高，李延壽則以繁簡適中、剪裁合理，爲世所推重。是則元行沖之《魏典》，王韶之（北）《齊志》，呂才之《隋紀》，乃至吳兢、吳述各撰《唐春秋》，皆二、三十卷之書，發揮了古史編年體總略精簡之優點，以輔成於上述官修紀傳體之繁浩者也，此亦爲南朝較常見的風氣與觀念也。

　　在初唐史壇上述發展背景之下，啓示了劉知幾建立其史學批評的重要題材。其《史通》一書，環繞著若干主題而發揮：鼓吹私撰而批評官修、主張實錄而強調史德、以二體並重原則爲古體爭取與新體同等之「正史」地位，修史以簡易爲貴，此諸主題，皆受上述趨勢背景之影響而得啓示者。由此而言，劉知幾之批評觀念，雖有承受於南朝之劉勰，但因所處背景不同，固亦未必僅於發揮劉勰之舊說而已。

五、劉勰與劉知幾的二體論

　　五、六世紀間完成的《文心雕龍・史傳篇》，實爲中國史學史及史學批評雛形之作。劉勰論述史學緣起、體裁、結構、方法，兼評論史著優劣，申言實證論與功用論、史德論等，向下開啓了七、八世紀間劉知幾之史學研究。

〔註85〕參《二十二史箚記・八朝史至宋始行》條，卷九，頁 123。

知幾將劉勰一篇中之諸論題，分析爲若干篇發揮，自易精詳而見功。

就二體而論，尋劉勰之意，史之緣起甚早，軒轅之世已有倉頡。而遠古之史，「左史記事者，右史記言者；言經則《尚書》，事經則《春秋》」云云，此爲漢儒之成就，既不能確定何時制度，亦不須斤斤計較於左、右二史孰記事孰記言也。然而，劉勰繼籠統論述史之緣起之後，跟著肯定云：「自周命維新，姬公定法，紬三正以班歷，貫四時以聯事；諸侯建邦，各有國史，彰善癉惡，樹之風聲。自平王微弱，政不及雅，憲章散紊，彝倫攸斁。」無異認自周公貫三正四時以聯事，以爲定法，乃爲編年有定法之始，而諸侯亦依天子之例各爲其國史也。且謂孔子即因東周以降，憲章定法，興起以修《春秋》，是以篇末贊曰：「史肇軒黃，體備周孔。」

按貫時聯事之記述方式，骨、金文多有之，未必自周公始。然而將各貫時聯事之記述，作一結構較嚴密之編年爲書，使成「編年體」，「共和」以前，殆未肇創或流行也。〔註86〕《周官》謂「史掌官書以贊治」，勿論其書成於何時，而史以贊治的性質與功能，揆諸先秦載籍，其言恐不假。余意「共和」以降，世局多變，聘享盟會交戰頻繁，文化先進之國，乃創用編年體系統地記事，以助贊國事。《春秋》始自魯隱公（平王時代），文尚簡約，編年而記，或即孔子沿用此流行之體。

相對於孔子《春秋》所代表之編年體而言，《左氏春秋》則無異進一步創新，而使孔子《春秋》成爲編年舊體。劉勰雖仍漢儒謂《左氏》傳經之舊說，但亦已從演進之角度，特別指出《左氏》「乃原始要終，創爲傳體」，推崇爲「記籍之冠冕」。恐此創新之編年體，即爲戰國時代先進之國，史官流行之體式。其特色爲較舊體更詳於人事，隨著周道衰廢而不再斤斤計較於正名褒貶。蓋應當時之需要，讓人讀之，對天下大事、本國變動、當今形勢更易瞭解掌握，劉勰所謂「居今識古」是也。這是符合史學性質、目的與對象之發展，劉勰論《左氏》用「創」字，正得其實，此之爲創，則相對而言，《史》、《漢》之爲史學創新，不言可喻。劉勰論二體，實有此發展演進之觀念。

劉知幾論編年體之基本觀點與角度，頗同於劉勰，且更強調《左氏》傳

〔註86〕國史編年紀事之始，殆當自周厲王「共和」元年——西元前841年起。秦自文公始有史，時在周平王時也；且《秦記》迄無編年，則東周之世，某些諸侯國史仍因舊傳統而未編年者也。《竹書紀年》記三代皆不編年，編年自晉、魏始。是以疑編年體創行，恐不早至周公，此議可待再有新出土之文籍，始能定論。

經之旨。大體上，他也認爲「《春秋》之作，始自姬旦，成於仲尼」，謂《左氏》詳盡眞實，讀之可原始要終，是其優點。〔註 87〕然而，知幾論正史六家及雜述十流，似乎爲針對其本朝前輩之《五代史志》史部分類法而來。〔註 88〕其分類方式與評述史學淵源，自是一家之言，於此不欲作深入評論。要之，知幾論史學淵源及分類，有值得留意者：其一，劉勰〈史傳篇〉論述以國史爲主，而二體兼論，蓋當時所謂「正史」，及阮孝緒「國史部」，猶是二體並言之時代。然《五代史志》則已將之二分——即「正史」與「古史」，雖說已聲言古史乃起源於《春秋》，「《春秋》則古史之正法」，但古史厠於正史（紀傳）之後，誠令愛好編年體及欲以此體向紀傳體競爭者所不滿意。知幾自敘其幼年啓蒙書即爲《左傳》，《史通》故特撰〈申左篇〉，則其持論反對《五代史志》，而必欲回歸於《文心雕龍》，是可想而知者。〈古今正史篇〉將六家二體一概論述，其故應在此。

其二，劉勰認爲孔子《春秋》及周代成法，《左氏》傳體反而是舊編年法之創新；記言、記事之代表作分爲《尙書》與《春秋》，二史實有一古老而構成之淵源。然而，六世紀後期，何之元倡言：「記事之史，其流不一。編年之作，無若《春秋》，則魯史之書，非帝皇之籍也。」其言不啻啓示了知幾廣推史部流別之構思，但也有損於漢以來視《春秋》爲素王事業、一王大法之權威性。〔註 89〕約略同時，魏澹更倡議「紀傳之體出自《尙書》，不學《春秋》，明矣」！〔註 90〕此言不徒損害《春秋》自漢以來的史學地位，亦且爲紀傳體找得較《春秋》更權威古老之淵源，有壓低《春秋》及編年體之意味。是以知幾雖極盡惑經之能事，但《史通》全書則一再肯定《春秋》之權威性地位，甚至不惜將「《春秋》之作，始自姬旦，成於仲尼」的說法扭曲，於〈六家·春秋〉力稱「春秋家者，其先出於三代，……知《春秋》始作，與《尙書》

〔註 87〕詳《史通》卷十四〈申左篇〉。知幾在該篇申《左氏》而貶二傳，持論多由史學性質及史料學出發。

〔註 88〕《五代史志·經籍志》史部分爲十三類，知幾論史分爲正、雜共十六類（詳卷一〈六家〉及卷十〈雜述〉），顯然反對其前輩之分類法。知幾曾任秘書少監，典掌墳籍，也頗精於校讎目錄之學。

〔註 89〕按：之元指出記事之史不僅只有《春秋》一種，此即啓示知幾究溯史學淵源分爲六家之關鍵。自孟子以來即言春秋乃天子之事，孔子爲之，故有知我罪我之懼，而之元於此又特指出《春秋》僅是諸侯之史，使其神秘性與權威性降回原貌也。參《陳書·本傳》所載〈梁典序〉，卷三十四，頁 45B。

〔註 90〕何之元辛於 593 年（開皇十三年），魏澹則約在此時奉詔重撰《魏書》，引文見《隋書·澹傳》，卷五十八，頁 1419。

同時」云云（按知幾謂尚書家出於太古，終仍早先於三代也）。尋其意旨，似欲重建《春秋》之權威地位，使之與《尚書》並，以反對何、魏二人之辯。退一步言，即使魏說成立，紀傳出於《尚書》，由於淵源更古老權威，故宜立爲「正史」；然而劉知幾既倡《春秋》與《尚書》同時，故古老權威亦相當，二體並爲「正史」亦無不可也。知幾不惜自相矛盾，出於爲編年體爭地位資格，用心良苦。

知幾之有異於劉勰既如上述，則其對二體之體裁結構，評論上即可能會有所偏蔽，茲將二人論說略分析之。

所先欲明者，即二劉背景不盡同。劉勰原則上爲佛學家兼文學與文學批評家，除了評論文章的各種問題外，尚突出徵聖、宗經之主旨，由此旁及史傳，故亦倡論春秋褒貶精神與史德也。劉知幾雖文才亦佳，但大體上可說是專業史官，在其專業領域上不得志，故轉而發爲專門之史學批評，遂秉劉勰之旨而論之更切。此事頗有關係於體裁結構論點者，即爲既主批判褒貶，而又對象爲當世或近世人事，則必然以隱晦婉約爲貴，斯則結構簡單之體裁及其筆法內蘊的春秋史學，自易取得史家與批評家之好尚及肯定。干寶以「直而能婉，咸稱良史」，二劉推崇《春秋》及《左氏》，其故在此，蓋兼《春秋》之旨與簡單之編年體裁而言也。

劉勰終歸不是史家，故雖據此推崇孔、左，猶能站在二體信徒之外的第三者立場，作較客觀之評論。《文心雕龍・史傳篇》論編年者少，論紀傳者多，猶如《史通》自〈六家〉以至〈編次〉凡十三篇之以紀傳體爲批評主要對象。其主要原因皆因編年體簡單，而無可詳加評論。在劉知幾而言，則另有涉及二體之爭，及其己身自幼爲《左傳》啓蒙之偏愛等因素，反而在態度上不及劉勰般客觀。

劉知幾二體對舉，認其代表作爲《左傳》與《漢書》，此大不同於劉勰。劉勰論史學，以左氏與史遷對舉。〈史傳〉云：

> 觀夫左氏綴事，附經間出，于文爲約，而氏族難明。及史遷各傳，
>
> 人始區論者而易覽，述者宗焉。

歷史以人事爲主，二體優劣於此已見高下。劉勰顯然同意干寶部份意見，但是完全贊同范曄之論。簡約之體裁與文章，雖有其美者，然而未必談得上完備，更遑論完美矣。崔浩史禍南朝史家亦知之，史禍授人以攻擊口實者，即在浩書「備而不典」。唐史臣評論干寶和孫盛云：「令升、安國，有良史之才，

而所著之事，惜非正典！悠悠晉室，斯文將墜。」〔註91〕可見編年史之能「備」，已為不易之事。

　　一部正式的國史，必需條件在備而能典——即結構完備、內容周悉而雅正也。劉勰執此以論，自然傾向於推重紀傳體。然而歷史及過去人事之總體全程發展，編年體固不易敷應此旨，即紀傳體而乏大史才，仍為不易之事，劉勰由此而論之云：

> 原夫載籍之作也，必貫乎百氏，被之千載，表徵盛衰，殷鑒興廢，使一代之制，共日月而長存；王霸之跡，並天地而久大。……然記傳為式，編年綴事，文非泛論，按實而書：歲遠則同異難密，事積則起訖易疎，斯固總會之為難也。

此處之「記傳」與「編年」，殆分指列傳與本紀而言，非指紀傳體與編年體。〔註92〕劉勰之用字引論，多本於班彪。班彪早在一世紀前期，即已提出紀傳體改革論——主張本紀直稱紀，列傳直稱傳：單純以紀、傳成為一體，取消世家、書、表諸結構是也。〔註93〕討論紀傳體條例之精當、結構之疎密，亦據班彪的意見。劉勰同意范曄批評編年體「總略」，而以紀傳體雖有網羅周悉之優點，若無其才，則「總會」亦難達至也。換言之，劉勰認為若以人事為主體而論，就體裁言則紀傳勝於編年，其有不能達至「總會」者，在於人——史才——之因素。

　　不過，班彪所倡單一紀傳體，其子班固並不盡採用，採用而最成功者厥為陳壽。〔註94〕蓋歷史具總體性，在結構上，「本紀」與「年表」之作用在表

〔註91〕崔浩史禍受此批評而生，牟潤孫對此曾有評論，參其《注史齋叢稿‧崔浩與其政敵》（香港：新亞研究所，民國48年8月，頁81～93）。孫、干評論見《晉書》，卷八十二〈史臣曰〉。

〔註92〕《文心雕龍》（王久烈等譯註；臺北：天龍出版社，民國73年1月再版）〈史傳篇〉，自後半篇論呂太后立紀之事起，除討論立凡例而引編年史外，主要皆以紀傳體為主。

〔註93〕詳本書頁91～92。

〔註94〕班固《漢書》及陳壽《三國志》以後，紀以序帝王，傳以敘卿士，蓋本於班彪。但班彪之議，有強烈的正統主義與正名主義色彩，陳壽列魏為本紀，列吳、蜀為列傳，正是徹底奉行彪議而引起爭執之處。假若陳壽祖述史遷，列吳、蜀為世家；或效法班固，列二國為載記，爭執恐不會如此久而烈也。又班固《漢書》仍法《史記》有表志，《三國志》則是實行班彪單一體裁之意見。陳壽師自譙周，譙周乃巴蜀學派大師，受班彪之影響者也，請詳本書第七章一、二節。

現此總體於時間上的全程發展，屬完整史著之縱經；「書」、「志」之作用則在
表現此總體各方面之情況，屬橫緯；人事居其間，貫經緯、會縱橫以活動，
全部歷史遂由此顯現，是以紀傳體所以優於編年體。今以人事爲主，行單一
紀傳體，所優於編年體不多，而傷於「總會」之旨則大。是以劉勰雖祖述班
彪，但亦憲章范曄。范曄則宗述史、班（固），第以身殺早亡，故未克完成十
志耳。因而在「總會」之旨下，劉勰論云：「〈本紀〉以述皇王，〈列傳〉以總
侯伯，〈八書〉以鋪政體，〈十表〉以譜年爵，雖殊古式，而得事序焉爾。」
亦即謂《史記》之體裁結構，相對於編年史而言，實有總合會通之絕大優點。
此所以劉勰宗史遷而難左氏，〈史傳篇〉末雖贊「體備周孔」，而未必以之爲
完美也。該篇末段又云：

> 至於尋繁領雜之術，務信棄奇之要，明白頭訖之序，品酌事例之條，
> 曉其大綱，眾理可貫。然史之爲任，乃彌綸一代，負海內之責，而
> 贏是非之尤；秉筆荷擔，草此之勞，遷、固通矣，而歷詆後世。若
> 任情失正，文其殆哉！

單一紀傳體已較編年體爲優，複合紀傳體（包含年表書志）自更合彌綸
一代之旨，易臻尋繁領雜而得事序焉之體也。史體至周、孔而備，然史體則
至遷、固始通，以單純編年之結構，簡約敘事之文筆，只能略記事形、表徵
王事而已，遠不及通會總合、彌綸一代之新史學也，劉勰論之明矣。北朝有
李彪改革，南朝有劉勰發揚，紀傳國史在隋唐之際，將編年古史擺脫，單獨
取得「正史」的地位，良有以也。

紀傳國史取得「正史」地位以後，編年古史遂居輔成地位，前面已述。
自王劭至吳兢，大體修成紀傳國史，則編年國史亦有人隨之修撰。劉知幾基
於此背景，既愛好《左氏》，遂不滿「正史」由紀傳單獨取得，故已在主動、
被動之間，涉入了二體之爭的漩渦。

《史通》的基本觀點理論，乃至命詞遣句，大受《文心·史傳》影響，
可不待論而明。〔註95〕但上述劉勰的意見，知幾亦頗有持論不同者：

其一，他不同意紀傳體述人事「區詳而易覽」之說，由此角度再論二體
優劣。

其二，他不認爲紀傳體較編年體更能尋繁領雜、提舉大綱，遂由此角度

〔註95〕許冠三〈劉知幾的實錄史學〉對此一再提出，尤詳其第二章。香港：中文大
學，1983 年初版。

發揚後者體簡文約之優點。

其三，他不認爲複合紀傳體即無懈可擊，故一再對以《史記》爲準諸紀傳結構提出批評，尤著力於表、志部份，而旁及論贊、序例、題目、斷限、編次諸問題。

其四，就紀傳體代表作之認可上，劉勰偏向《史記》，而知幾推崇《漢書》，並提出理論解釋。

關於第一個問題，其實很難有固定之標準，尤其閱讀之難易爲然。知幾認爲《左傳》較《史記》易讀，恰從「區詳」著眼，而與第二個問題有關。首先他肯定《左傳》是釋經而兼及述史的，〈申左篇〉已詳論之，故〈六家·左傳家〉遂云：

> 觀《左傳》之釋經也，……其言簡而要，其事詳而博，信聖人之羽翮，而述者之冠冕也。
>
> ……當漢代史書，以遷、固爲主，而紀傳互出，表志相重，於文爲煩，頗難周覽。

孔子《春秋》文字極簡，世所熟知，故王安石稱爲「斷爛朝報」，而知幾亦稱「向使孔經獨用，《左傳》不作，則當代行事，安得而詳者哉」。〔註96〕由此而言，《左傳》之於經，當然顯出簡而要、詳而博之優點，可無疑問也。然而相對於《史》、《漢》而言，《左傳》之「言（文字）簡而要」實未足以引爲豪，蓋古史因史學觀念、文字運用能力，與新史學不同之故也；至於「其事詳而博」，以此衡諸《史》、《漢》，尤其不可，蓋《史》、《漢》所以爲世所宗，正在其能詳而博，亦易詳而博也，此即體裁上所形成之「總略」與「總會」的差異問題。《史》、《漢》爲複合式紀傳體，可詳可博、宜詳宜博，實爲其優點所在。正唯如此，故《史》、《漢》文之煩在於事之衆多與複雜，互出相重是結構上勢所必然之事，難於周覽自亦可想而知。進而言之，互出相重並非一事再述於他篇，而是簡於此而詳於彼，各篇聯繫若此，故全書一體而成也；語見〈項傳〉，事詳〈高紀〉，實有結構上之統合作用。既欲多知史事，又憚多讀文辭；既欲周悉總體，又懼翻閱之勞，此烏乎可也!?讀者若不讀《史》、《漢》及《後漢》，而直讀荀悅、袁宏二書，試論效果如何耶？

〈二體篇〉論編年體長短，即大抵承劉勰說以發揮，於紀傳體仍執論雖有總會之長，卻有分散斷續之短。不過，他在肯定二體「互有得失」之時，

〔註96〕《史通·申左》，卷十四，頁 421。

卻也對干寶「史議」加以懷疑，謂「尋其此說，可謂勁挺之詞乎？案《春秋》時事，入於左氏所書者，蓋三分得其一耳。丘明自知其略也，……安得言其括囊靡遺者哉」？隨著亦懷疑漢史若仿《左傳》，將《漢書》「志傳百卷，併列於十二紀中，將恐碎瑣多蕪，闡單失力者矣」。〔註97〕其論顯然本於范曄、李彪，進而懷疑發揮者。是則筆者之疑問，知幾亦曾有之，並且已然解答之矣。由是觀之，知幾其實理解歷史是一個整體發展者，而且正唯如此，故亦能理解紀傳體之創作實爲滿足於此而來者。包容歷史之總體，故其體裁爲繁；體裁繁，故結構需區分；區分故能詳其事；事詳故於文則煩，令人頗難周覽也。知幾之難，在於拆散紀傳體而分別閱讀，是以效果與劉勰不同。劉勰認爲區分而詳，是以易覽者，蓋視紀傳體爲一整體，亦即視歷史爲一整體；依各種結構區分，循序進讀，以至周悉全部歷史，則莫此爲易也。二劉對體裁批評，高下由此可判。

由此進而言，講究包舉大端、尋繁領雜，自是紀傳體所必然帶來之問題，前述第二、三兩個問題，當可體會而知。亦即紀傳體本爲滿足容納歷史之總體而創，但每個時代歷史之諸問題與發展特色並不盡同，當世史家與後世史家之看法更不盡同，因而結構上亦需永遠隨之改良變革，自司馬遷以降諸名著，遂亦非永無無懈可擊之可能。劉勰謂「遷、固通矣，而歷詆後世」，即此之理。知幾對紀傳體的各種批評，就追求完美的角度看，是值得歡迎之事。中國傳統史學，正因缺乏這種認識而缺少批評，遂使陳陳相因，皆以馬、班爲宗，殊少創意。不過，值得強調的是，單就紀傳體而言，甚難有一令古、今史家俱同意的標準結論，也就是甚難達至體裁結構完全完美的境地。即如知幾所批評建議，難厭人意者亦不少也。假若執此遽貶此體，必欲抑至與編年體同比，實爲不當之舉。蓋紀傳體對周容歷史之總體有大價值，劉知幾斯然後有廣加批評之必要，否則何以不在體裁結構上，亦廣泛批評編年體，使之更完美耶？誠如〈二體篇〉云：「夫《春秋》者，繫日月而爲次，殊時歲以相續。中國外夷，同年共世，莫不備載其事，形於目前；理盡一言，語無重出。此其所以爲長也。」這種體裁的結構非常簡潔，幾無重大改良之可能，除非將紀傳體之書志結構，移植入此體之中。惜史評家多未由此著眼也。是

〔註97〕知幾就體裁論易讀難讀，大體如此，但就其他角度而論者，於此不便多贅。例如〈載言篇〉論《左傳》「使讀者尋繹不倦，覽諷忘疲」，而《史》《漢》則「令披閱之者，有所懵然」，雖頗涉「傳」體之文字結構問題，但大體由方法論上出發，參卷二，頁34。

則持此之優以與紀傳體爭勝，雖包舉大綱、尋繁領雜諸多結構上的麻煩問題，可得而去，然而遺落大量史事之大弊，終無以解。此體易寫易讀，適合追求對歷史大趨作概括瞭解之史家與讀者，故知幾強調「二體角力爭先，欲廢其一，固亦難矣。……各有其美，並行於世」，〔註98〕當作如是觀。

知幾二體優劣論之目的，在為編年古史爭地位——欲爭得與紀傳體國史同列「正史」之地位也——因而他也反對干寶守編年古史之意見。〔註99〕然而對於紀傳體中《史》、《漢》優劣之問題——亦即第四個問題，他也自有一家之言。

在知幾以前，提出史、漢優劣論者，主要出發點為文字運用與價值觀念，論及體裁者亦不過就開創與因襲之角度言之而已，且皆片言隻句，罕有系統論說者。系統論列，由知幾始。知幾之前，論紀傳體者多馬、班並舉，南朝劉勰，北朝李彪，皆如是也。劉勰雖並舉馬、班，但偏向於馬，此在梁武帝欲修《通史》，繼承馬學，以取代眾斷代史之時代下，是可想而知者。然而，於干寶古風勁吹之下，重振新史潮流之范曄則不然，其〈獄中與諸甥姪書〉於眾名家中，獨推班固。又前引其二體優劣論中，雖亦馬、班並舉，以代表紀傳；但聲言「網羅一代，事義周悉，適之後學，此焉為優，故繼而述之」，是則繼承紀傳、紹述班學之意，隱然而又甚明也。知幾甲班乙馬，正由此出發。

知幾論《史記》的缺點，第一為分散懸隔，此為體裁之失；第二為多載廣採、罕異饒重，此為撰錄之煩。由此進而論及後之通史及撰者，才學皆難及馬遷《史記》，故勞而無功。此就通史體不易為功、大史才不世出而論也。〔註100〕

其實體裁之失，《史記》既有之，同為紀傳體之《漢書》自亦不能免，無可比較其優劣者。撰錄之煩則班彪已評之，但有「遷之著作，採獲古今，貫穿經傳，至廣博也。一人之情，文思重煩，故其書罕落不盡」之同情與瞭解。〔註101〕至於通論通史難為，實為知幾主要論點所在，《史通·六家·漢書家》云：

〔註98〕參《史通·二體》，卷二，頁29。
〔註99〕他論二體各美並行，廢一不可，最後聲言「異夫令升之言，唯守一家（指《左傳》）而已」（見同上註）。干寶顯然曾作此主張，而知幾反對之也。
〔註100〕《史通·六家·史記家》，卷一，頁19。
〔註101〕參《後漢書·班彪列傳》，卷四十上，頁1324～1325。

如《漢書》者，究西都之首末，窮劉氏之廢興，包舉一代，撰成一書：言皆精練，事甚該密。故學者尋討，易爲其功。自爾迄今，無改斯道。

細按其意，所謂言精事該，乃是相對於《史記》的撰錄之煩而言，其餘即上承范曄之意見而發揮者。事實上，史才原就不世出，雖斷限縮短，而能言精事該者，固亦不多見。中國歷代正史可以助證。是則知幾論據，蓋在限短則事少，事少則易爲；雖無班固大才，亦不至於有通代之失也。其主要不由體裁以論二書優劣，事甚明矣。

綜合言之，知幾論二體優劣及《史》《漢》優劣，殆有一共通原則，此即從「易」字上著眼：編年體體簡文約，易寫而又易於讀，故可與紀傳體競美。斷代紀傳限短事少，故易學而易成，則又勝於通代紀傳，可以宗之而爲此體之代表也。難易當然可用以作爲批評的理論原則，但不應是決定優劣之主要關鍵。學術研究及大著作由易學、易成及易讀作批評基準，則是假定研究者與閱讀者皆爲平庸貪懶、急功近利之人；如此舍難從易，學術尚有提升之可言乎？縱然大才不世出，但作學術批評時，雖可從鄙入論，及其至也，即應指向高明，發明其理，以待世之出大才，使之不至爲之徒勞少功也。當然，劉知幾時代，印刷術用於印書伊始，在絹本傳抄之情況下，易寫易讀，誠爲研學上重要之問題。然而此物質條件之限制，不宜過份強調，以作爲論學評史之主要關鍵，應無可疑者也。或有志撰述國民史，使歷史學術推廣至通俗化者，則又當別論。

秦火焚劫，使百國史記蕩然，獨存之《秦記》又不載年月，遂使古史體貌，爲之隱晦中斷。司馬遷乘時而興，力創新史，繼起如湧，班固因之別創。自後以訖兩晉之際，紀傳體新史學擅勝場，皆以馬、班爲宗。

新潮澎湃之際，雖有荀悅挺出，本《左傳》體式撰成《漢紀》，但出發點原非復興古體。其著作爲使天子易讀，省《漢書》之煩，而擴大其帝紀部份而已。及至汲冢出書，杜預據《竹書紀年》解釋《春秋》，斯則古史體貌，始在學術上眞正重現。干寶順荀、杜之說，遂能獨倡古史編年體之美，議守此一家，以取代紀傳新史。古、今正史之爭，二體優劣之論，由是而起。

干寶古風勁吹百年，浸浸然有壓倒馬、班新潮之勢。幸范曄適時崛興，力挽狂瀾於既倒。自後南朝一系，二體角力爭先，新體勢力略大於古體。北朝一系，稍遲至李彪之出，亦恢復了新體獨勝之局。新體之能反敗爲勝，分

在南、北二地收復失土或取得戰場優勢，終至在唐初正式單獨取得「正史」
之學術地位，除了政治力量支持、名家名著輩出、史評理論優勢等主觀因素
外，其二體客觀之體裁特點，實爲主要之關鍵因素。

原夫自荀悅、杜預以至干寶，其學皆源自《左氏春秋》，開始即有經、史
二學混淆之特色，故古史學派特重春秋精神，鼓吹義法凡例，推崇史文婉
約。如此撰述之史著，配合編年體之簡單，遂至表面易讀而其實難明、遺落
大量史事、不能總會歷史整體全部諸缺點，由是一一呈現。上古世樸事簡，
編年體自易爲功。後世則不然，劉知幾也嘗論之，所謂「古今不同，勢使之
然也」。〔註102〕

文約故遺落時事，體簡故不能會通整體，編年古史之優點，適足以構成
其嚴重缺點，范曄、李彪、劉勰等，即據此大力批評，展開其史學理論。彼
之所劣者，正是此之所優。而且馬、班史學，以人類總體發展爲對象範圍，
非徒記述「國之大事，在祀與戎」而已，實符合史學之所以作爲一種學術，
以探究人類過去活動之旨。斯則此之所優，亦適足以在當時滿足史學之需求，
故其成爲「正史」者，宜也。

劉知幾力圖重振編年古史，稱美文約體簡，實已不足以令人折服，是以
走上文約事博、體簡易明之理論訴求。前者爲方法技術之問題，後者爲體裁
結構帶給作者與讀者之好處，此在批評上當然可以作爲理據，尤於印刷術未
及普及之前爲然。不過，二體之爭，優劣決勝關鍵決不在此，斯所以後世終
不以二體並列爲正史也。知幾理論影響後世頗大，歐陽脩、司馬光分在今、
古二體著作中實踐其說，爲較早繼起之名家名著。然而即使以《資治通鑑》
而論，與干寶至知幾間之古文風格已大異其趣，於編年體言，法古之味少，
而創新之處多，因非本文主題所在，茲不論之。

〔註102〕詳《史通》卷九〈煩省〉。

第十一章　唐朝前期官修及其體制的
　　　　　確立與變化

一、官方為前朝修正史的觀念意識

　　前面析論「以史制君」觀念之興起，為三國以降的史壇，帶來了複雜而重要的影響。這些影響的層面相當廣泛：對民間私家而言，修撰一代國史的資料，已逐漸走上由政府控制壟斷，最後甚至明令禁絕私修的途轍。這種不約而同，各朝代大體先後沿襲的政策性發展，對原本蓬勃發展的私修風氣是一大挫折，尤其對私修當代國史而言更為甚也；相對的，史家在「此路難行」的情況下，頗或轉折於傳記史學（包括志怪史學）、譜系學、方志學等範圍，對史學這些領域頗有促進發展之貢獻，而唐、宋以降小說、筆記之大盛，當亦與政府基本上持續此政策有關。

　　筆者又指出，「以史制君」實為經世思想中最尖銳的觀念，統治者除極少數，如北魏孝文帝，願意接受這種制約外，大部份多不願受制於此。這種矛盾的存在，將導致統治者之密切控制修史。此即魏晉以降整個官修體系及措施之諸種改革的重要基因。進而甚者，經世致用精神的發揮，向來以政、教兩層面為主，隨著經學的衰退而落實於史學，且關係王室聲譽、政治統治及國祚修短甚鉅，因而統治者遂一面加強控制修史的體制措施，一面亦因勢利導，借史發揮經世之效果，逐漸步上統一史事的解釋權與批判權於官方。

　　若不妨礙私人或其他方式的研撰，由官方統一價值標準，透過歷史批判以發揮經世致用；或由官方召集人才，研集史料，修輯成較具實用性之史著

－407－

和史纂，以達致用目的，原則上皆爲史學可行之途。但若官方統制過切，必導致「學術爲政治服務」極端之危機，對史學之爲獨立學術會甚爲傷害。漢魏以來，史著失實，史書一再重修的現象早已出現。唐朝官方一再大舉修撰各類歷史，亦極力提倡經世致用精神，加上開國祖宗自始即有難言之隱，不幸繼世又常政潮洶湧，則上述現象不僅未隨新時代的盛世昌明而結束，抑且爲之更甚也。唐朝史官始終有秉持及高倡「實錄史學」者，故較之兩宋以降，又爲不幸中之大幸。

總而言之，中國史學在這方面的種種發展及現象，殆可歸因於史學經世致用精神之極度發揮。在此前提下，又可析論爲史家（史官）之尖銳提昇「以史制君」精神，與統治者（君主及掌權官員）反制「以史制君」意識之間的矛盾衝突，所以形成者也。唐、宋以降史學，尤其官修史學的特色與發展，不明於此者，遂將無以論之。上章已簡略論及唐朝前期史壇活動的重點，茲就此作基點，進而較詳細討論其思想觀念之表現。

世稱二十五史者，成於唐凡八部。除 659 年（高宗顯慶四年）李延壽私修之《南、北史》外，餘六部皆官修。其中《齊》、《周》、《梁》、《陳》四史，隋朝已分命李德林、王劭、姚察等修撰，因隋末世亂，未克完成。此外，隋文帝命楊素、陸從典續《史記》，以部帙龐大，因世亂亦停。文帝又命魏澹、顏之推、辛德源重修魏收之「穢史」——《魏書》，其後煬帝以爲未善，復勑楊素、潘徽、褚亮、歐陽詢等二度重撰，因素薨亦不克成。〔註1〕唐初修前代史，蓋承此遺緒，竟其未成之業也。第詔命蕭瑀、王敬業、殷聞禮負責《魏書》三度重修未成，另成《隋》、《晉》二書，此其異耳。

官修、私撰合成八史，於正史比例佔三分之一，實爲中國史學上重大之事。後人以其事觸目顯著，遂謂爲前朝修史，是後一政府及史家所應負起之責任云云。抑且推衍之極，致有謂此爲史家責無旁貸之使命所在，甚至夾雜濃烈之政治意識形態於其中，馴至被修之國有恐亡之懼，修撰之國有使亡之意。修撰國史滲有政治目的與作用，由來久矣，視爲前朝修史是必然之責任者，唐以前殆未盡然。

唐初大舉修撰各種史籍，思想意識相當複雜，不易一言以概之，但可先從令狐德棻的首議入手，由其明顯可知的觀念著眼。

〔註1〕隋兩度修北魏史，事涉正統之爭問題，詳《史通通釋・古今正史篇》，卷十二，頁 365～366。

　　德棻是燉煌右姓，家族與北朝政治關係密切。他是唐朝首任起居史官。唐當時承開皇律令，內史省置起居舍人，而無起居郎的建制。他從 617 年（武德元年）任至 622 年（武德五年），甚爲高祖所信任。武德四年十一月，德棻從容言於高祖云：

> 竊見近代已來，多無正史。梁、陳及齊，猶有文籍，至周、隋遭大業離亂，多有遺闕。當今耳目猶接，尚有可憑；如更十數年後，恐事蹟湮沒。
>
> 陛下既受禪於隋，復承周氏歷數。國家二祖，功業並在周時，如文史不存，何以貽鑑今古？如臣愚見，並請修之。〔註2〕

此首議顯然可見的，內裏蘊有幾種觀念及意識：第一，「正史」及爲前朝修「正史」的觀念。第二，「史文絕續在己」，須及時修撰的使命意識。第三，欲籍此確立周、隋、唐國家承傳之正統觀念。第四，爲先世存「功業」的觀念，有爲唐室開國建立光明面的政治意向。

　　四大類型的觀念意識，的確其來有自，各有思想淵源，筆者對此四者在隋以前的發展及內涵，已曾反覆論述，爲了更清楚瞭解唐初君臣大修前代史的觀念，於此實有再扼述四者關係之必要。

　　四者之中，起源早者爲第二及四，經司馬談、遷父子於〈太史公自序〉鄭重申論，遂滲入後世許多史家史官內心之中，誠中國史學傳統精神所在。一、三兩種，淵源則殆不早過馬、班史學之創行，其重大發展且晚至五世紀南北朝以後。

　　〈太史公自序〉申言：「余嘗掌其官（太史令），廢明聖盛德不載，滅功臣、家世、賢大夫之業不述，墮先人所言，罪莫大焉！」這是因史文絕續在己的意識，而提出之史及時修撰、使不滅亡之「史不可亡論」。這種觀念理論，實司馬遷上承先秦史學以發揮，而及於後世者，表示了史籍需待我及時而修，無需假手後人的一種認識。基於此故，歷代王朝皆置史官，各及時修國史，不待國亡之後，後人整理其文獻檔案，越廚代庖也。晉以前未聞後朝爲前朝修史，主因在此。〔註3〕蓋國史需各自修撰，後朝無此責任或義務必須

〔註 2〕　參《舊唐書》卷七十三〈令狐德棻列傳〉，《新唐書》卷一○二本傳略同。

〔註 3〕　三代未聞爲勝朝修史事。秦以降，秦未爲周修，漢不爲秦修；魏、吳之於漢，晉之於三國，官方皆未爲之修史。西晉史官陳壽、傅玄分別撰就《三國志》及《魏書》，疑似官修，實史官居家私修之例。王沈修魏史，在魏未亡之時，猶爲魏史官自修其國史也。

爲前朝修撰也。

在此觀念習慣之下，史書無所謂「正史」不正史，每代史官接續而修，尤以前輩史官所未修之其當代史爲主，更未限以政權爲單位。這種不一定以朝代爲單位的修史習慣，殆爲古代史官對歷史延續性的瞭解與表現，所重視的是繼古通今的形式和精神。《竹書紀年》由夏、商、周、晉以至魏之「今王」，《史記》「上記軒轅，下至于茲（漢武帝）」；其未及修者，魏有史官續撰，兩漢有諸好事者紛續《太史公書》，正爲中國上古史學常態之現象。諸生引周史以議今制，李斯竟能以「諸生不師今而學古」爲由，行其秦火之毒，蓋亦以當時繼古通今之史學精神爲據耶？是知此上古史學精神形式，與東漢以降大不相同。《史記》以前，古人蓋無所謂分期論之觀念。《史記》以來，由五行學說衍生歷史分期論，及《漢書》出，歷史分期論又以政權始末爲分期單位，於是歷史以國朝爲分期之觀念始形成。五世紀范曄力辟干寶編年古史復興之風，而挽紀傳新體之狂瀾於既倒，其論據主要爲「網羅一代，事義周悉」。八世紀劉知幾申辯斷代、通代之爭，力主斷代可行之堅強理由，亦爲「如《漢書》者，究西都之首末，窮劉氏之廢興，包舉一代，撰成一書，言皆精練，事甚該密」也，前文均已論之矣。以國朝爲分期之觀念，即是爲前代修全史的前提。若狹義化或意識形態化一些，即官方爲勝朝修全史的前提也。

「正史」此一觀念之普及，最晚不遲至六世紀中期，當時梁元帝之提倡，阮孝緒在學術上之定位，殆皆有功。但「正史」之書，蓋指國家一代正式的全史而言，此時殆未專指紀傳體，如七世紀中期完成之《五代史志》中，唐朝史臣界定者也。自班固以降，國家全史的觀念已生。適上古修史習慣下，國家每至末期，常因動亂，史官失職，無法修完史者，恆爲常態，故自修國史勢有缺尾之憾，甚難爲全。《東觀漢記》在魏晉，雖與《史》、《漢》並列爲「三史」，但缺尾終以爲憾，是以繼起以修成東漢全史者，先後以十數。三世紀之司馬彪是其中一人，所撰《續漢書》重要理由之一，即爲《漢記》自「安、順以下亡缺者多」，故「通綜上下，旁貫庶事」，爲之重撰。〔註4〕爲前朝修全史之風氣，自三世紀以降，遂由謝承、華嶠、司馬彪、陳壽等史家帶起，加上嗣後政權興亡快速，亦提供了史家私修之園地。青年史家如沈約，「常以晉氏一代竟無全書」；隱逸史家如臧榮緒，早年亦「括東、西晉爲一書」，以

〔註4〕詳《晉書》本傳，卷八十二，頁221D。

「彌綸一代」。〔註5〕姑不論這些史家另有完美主義的理想，要之，其基本上即是欲窮一己之力，爲前朝修全史也。史家私修風氣既如此而旺盛，政府亦因勢以爲之。420 年劉裕建宋，命晉末期史官王韶之掌國（宋）史之餘，至文帝劉義隆，復於 426 年（元嘉三年）勑文豪謝靈運修晉史，蓋「以晉氏一代，自始至終，竟無一家之史」爲念也。〔註6〕這與宋文帝學識或許有關，但魏文帝曹丕學識更佳，何以竟未下詔爲漢修史？是則眞正之關鍵，蓋爲民間修全史之風氣已盛的緣故。靈運被殺，晉史未成，雖未聞文帝另詔當時史家如范曄、何承天、裴松之等踵成之，然官方此風既開，至六世紀，梁武帝即勑沈約修《宋書》，而准蕭子顯撰《南齊》。陳踵之，亦勑姚察撰《梁書》，官修前朝史之習慣遂開始形成。令狐德棻於七世紀初建議修五代史，對唐而言可謂近代之習。至於德棻所謂「正史」，尋其文意，基本上指正式的國家全史而言也。

　　國家全史逐漸發展成爲「正史」，實與正統論有關，前文論之甚詳。原夫班固著《漢書》，政治觀念與哲學思想實爲其兩大創作動機。《漢書》斷代爲史，國家主義的本朝意識，和天意史觀的德運學說，實爲其撰述的指導思想。一個王朝代表一種德運，亦即一種歷史型態和一個分期階段，於是斷代爲史的國家全史遂產生。不過，自班固始「究漢德之所由」，解釋統緒的承受，並非專以本朝之統必須繼承勝朝之統不可者。班固依劉氏學說之推定，認漢德屬火，解釋漢紹堯運，越秦、項而繼周。〔註7〕這種正統論之「遙繼上古說」及「超越上繼說」，至習鑿齒〈晉承漢統論〉之鼓吹而極。在政治與史學均可引用此類解釋之下，後一王朝之正統，未必皆須承自勝朝不可；斯則後朝亦無須基於爲解釋正統承受之關係，而必須汲汲爲勝朝修史。官修前朝史慣例之晚成，與此觀念頗有關係。

　　大體在政治上，魏認繼漢，晉謂承漢，繼承漢朝乃最現成之事實。漢、晉史家提出「超越上繼」諸說，反而是唯心的理念，只會對歷史事實之發展

〔註5〕《宋書》沈約〈自序〉，謂其十三而孤，二十許即有撰晉一代之意（卷一〇〇，頁 247A）。《南齊書·臧榮緒列傳》，記其早年隱逸時，即撰《晉書》（卷五十四，頁 88B）。

〔註6〕參《宋書·謝靈運列傳》，卷六十七，頁 179A。按：靈運時任秘書監，主持整理群籍，帝又優禮之，故付以此任，其書未成，即於 433 年（元嘉十一年）被殺。所以臧榮緒、沈約等皆歎晉無全史，立志修撰也。

〔註7〕本書第三章第四節。

造成解釋上的紛爭。自五世紀初期進入南、北朝以後，正統之爭原則上出現在敵對政權橫面之間，至於前後政權直線的授受關係，大約已然奠定而鮮爭議——亦即一政權與敵對政權爭正統之時，必然宣稱自己奉天得統，並同時解釋自己的正統來自勝朝，而該勝朝也必然為正統。南朝如此，北朝遲至五世紀末期孝文帝、李彪改定其統緒以後亦然。〔註8〕正統之爭的直線授受關係既然出現固定的模式，則官方為本朝修國史之餘，勢將本朝之統緒衍繹於勝朝，而逐漸注意及重視為勝朝修全史。這是前面分析四種意識觀念間，由第二種過渡至第一種，復又過渡至第三種也。

宋文帝是現可確知首位正式為勝朝修史的君主，基本上由「全史」的理念出發。至梁武帝時所修之《宋》、《南齊》二書，似因「正史」觀念已出現，遂頗有為前朝修「正史」——正統王朝正式的國家全史——之意。晉史當時起碼有三部名家私修之著作：即臧榮緒、沈約、蕭子雲三部晉朝全史。梁朝雖未勅命官方重撰，但勅修之《宋書》、御准之《南齊書》，已足可與上述任一《晉書》，合成一正統的統緒系列，對北魏宣稱繼承西晉造成甚大的意識形態壓力。高歡當時專制魏政，官吏貪瀆公行，杜弼以此建言整頓。歡云：

> 弼來，我語爾：天下濁亂，習俗已久。今督將家屬，多在關西，黑獺（宇文泰）常招誘，人情去留未定。江東復有一吳兒老翁蕭衍（梁武帝）者，專事衣冠禮樂，中原士大夫望之以為正朔所在。我若急作法網，不相饒借，恐督將盡投黑獺，士子悉奔蕭衍，則人物流散，何以為國？〔註9〕

不敢懲治貪瀆，投鼠忌器原因之一，即為梁武帝在整頓歷史文化的事業上，所構成的正統意識壓力。所謂「專事衣冠禮樂」，當亦包括修正史——私家如沈、蕭之修《晉書》，官方如《宋》、《齊》二書及欲取代歷代國史之《通史》也。〔註10〕梁武帝壓力使高歡心理造成如此大的憂懼，後者重視修國史，而

〔註8〕自五胡亂起，胡人政權對其統緒之解釋即多各隨所意，爭議頗多。北魏興起，對其政權之得統，解釋也不甚明確，至 491 年（太和十五年）孝文採李彪一系之建議，覺得「越近承遠」之原則不妥，決定宣佈北魏之統繼承西晉，以貶東晉及繼承東晉之南朝也，請詳上章第一節。

〔註9〕詳《北齊書》弼傳，卷二十四，頁 34A。按：此事當發生在六世紀三、四十年代之間，時東、西魏對峙之局已成，西魏為宇文泰所把持也。

〔註10〕梁武帝約在六世紀初期至二十年代，勅吳均修《通史》。上起三皇，下及梁朝，頗具正統主義及民族主義色彩。嘗從容謂蕭子顯曰：「我造《通史》，此書若

北朝首次官修勝朝史亦由高齊開始，與此殆有關係。

正統授受的直線關係既已出現固定模式，在此情勢下，各王朝所修本朝國史雖宣佈自己爲正統，但說服力顯已比不上既修本國史、又修勝朝正史者強。蓋後者實擁有了正統承受之宣佈權，甚至決定權。六世紀中期是一個混亂的時代，陳朝與建政於江陵的後梁爭南朝正統，北周與北齊爭北朝正統，南、北朝之間又各爭正統。大體上，陳朝官修梁史，而後梁卻向北周稱臣作附庸，故陳朝取得了南朝正統優勢；高齊勅魏收修《魏書》，北周無聞，則北齊取得北朝優勢。及至北周滅齊，隋朝滅（後）梁、陳，政治紛爭始告結束。當此一統之時，爲了取得本朝的正統性，同時促成政治認同與統一思想，於是爲前朝修全史，並從而宣佈本朝統緒所自來，遂爲事關立國根本，須由政府鼎力完成之要政矣。隋、唐不僅僅爲勝朝修史，而是擴及南、北各朝，關鍵殆在此也。

正統的成立基準當然以本朝爲準，若依已成的統緒授受模式，隋、唐只須依本朝所自出的原則作思考即可，即：西晉──北魏（包括西魏）──北周──隋──唐是也。據此系統，隋文帝固需重修《北魏書》，並兼及完成《北周書》；至於北齊、梁、陳，未必一定須各獨立爲史，而依附於魏、周爲列傳、載記可矣。其後唐太宗重修《晉書》，對與晉競爭諸國，即用此體例。又者，以隋立場而言，此系統也絕非唯一之選擇，尚有第二系統──隋承（後）梁、梁承（南）齊、齊承宋、宋承晉；及第三系統──隋承陳、陳承梁、以至齊、宋、晉，可供考慮者。只是選擇任一系統而將其他王朝列爲列傳載記，恐皆不厭其他王朝原有臣民之望，徒引起思想、情緒、意識形態之紛爭而已。以隋文帝之精明幹練，實不會如此笨拙的抉擇此要政。他的對策非常高明，分爲三種措施：

（一）重修《魏書》。以明本朝承魏、周歷數，以符已成之授受關係模式，以免臣民之疑惑。

（二）大舉修周、齊及梁、陳四史。以承民間乃至官方原已存在的南、

成，眾史可廢！」如此看來，《通史》實也構成北魏之壓力也。《通史》四百八十卷，唐初修《五代史志》，將之列入「正史」類。梁武帝修《通史》是效法司馬遷的，司馬父子皆認孔子修舊起廢而作六藝，正是悲周室王道缺、禮樂廢而來，故梁武帝「專事衣冠禮樂」，蓋亦包括修史而言也。筆者曾對此有分析，請詳第八章第一節及第九章第一節。

北朝互相承認及交聘，所代表之調和兩認趨勢；〔註 11〕並以示政
府之不偏袒歧視，滿足各地臣民心理，以促進認同與統一。
（三）效法梁武帝修《通史》以統一歷史之故智，勅陸從典等續《史記》，
以作全面之總整理。

　　隋祚短促所面臨的歷史問題，基本上繼起之唐朝也同樣面臨，但其間頗
有差異。如隋朝於統一伊始，需解決本朝正統淵源諸問題，而唐則不然，起
碼並不那麼嚴重。蓋唐朝只需宣告統緒承自隋即可，隋當年所努力者，正已
爲唐統淵源舖了基礎。故令狐德棻首議修五代史，原則上只欲繼續上述隋朝
之一、二兩種措施。這種措施隋、唐官方持續爲之，而當時民間史家私修，
如李大師、李延壽父子之《南、北史》，亦基於同樣觀念意識以進行修撰也。
唐高祖異於德棻所建議者，厥爲修《魏書》。德棻既以陛下承隋、周歷數爲
言，正是一針見血，最能代表當時一般官修勝朝史的動機心態，而能動人主
之視聽者。隋不滿魏收偏黨北齊，以成《魏書》。但隋兩次修《魏書》，大體
已成，而猶未盡善，是以高祖既以歷數直系所承爲念，則必然有指向《魏
書》之思，繼承隋朝未竟之第一種措施。所頒〈命蕭瑀等修六代史詔〉，大體
據德棻意思而伸言。不過其中特謂「自有晉南徙，（北）魏承機運，周、隋禪
代，歷世相仍。梁氏稱邦，跨據淮海，（北）齊遷龜鼎，陳建宗祊，莫不自命
正朔」云云，〔註 12〕表示高祖認識北齊、梁、陳之正朔乃出於自命，眞正正
統所在，乃西晉、魏、周、隋一系也。既有此認識，且修史政策承之於隋，
則德棻雖不言，魏史固當重修也。官方爲前朝修國家全史，動機至此已滲入
正統論觀念而日盛，則德棻之所謂「正史」者，已不可純粹視以「全史」之
意義矣。

　　正統統緒授受的模式，至隋、唐已奠定，於是國家爲本朝爭正統之同時，
也必須爲勝朝爭正統，所謂「超越上繼」諸說，由是被視爲荒謬不可據者。
在此趨勢下，官方爲勝朝修「正史」，遂變成繼起王朝的重大政治考慮。不過，
在六、七世紀官修勝朝正史逐漸變成義務之時，同時也頗有變爲責任的趨勢。
要之，官方爲異姓、並且政權被己所篡奪的前朝，猶有此義務，則正統問題

〔註 11〕六世紀中期固是混亂時期，但因混亂之極，此時亦萌發了南、北兩皆承認的
　　　　調和兩認觀念，爲隋、唐大舉修周、齊、梁、陳四史，及李大師、延壽父子
　　　　撰《南、北史》的指導思想，參本書第十章第二節。
〔註 12〕該詔見《唐大詔令集・經史》類，卷八十一，頁 466～467。

而外，是否另有關鍵因素？

　　筆者認爲，欲解答此問題，有兩個方向可供思考：第一，自魏、晉以降，王朝的建立多假「禪受」以成篡奪，官方修史可以文飾之，以免影響本朝開國的正義性。第二，傳統史學有褒貶功能，因而也產生隱惡揚善的特質，善於利用，可以增添本朝開立國家之光明面，有利於統治，更有利於統治階層的現行聲望之建立，及歷史地位之提昇。此即令狐德棻首議的第四種觀念意識之問題也。這些問題，經常在修撰國史時發生，由此而延伸至修前代史，而其淵源可上溯至先秦。王充之問孔刺孟，劉知幾之疑古惑經，可以視作後人對先秦史學的檢討；其實孟子懷疑周史記武王伐紂，聲言「盡信書則不如無書，吾於〈武成〉，取二、三策而已矣」，先秦史風即可見一班。

　　司馬遷建立新史學，父子在〈自序〉中極力推崇周公能宣揚先世之美，以不載「明主、賢君、忠臣、死義之士」爲懼，不述明聖盛德、卿相事業爲罪，表明史著有此功能，史家有此義務，影響極大。劉知幾即稱引此旨，倡言「夫天下善人少而惡人多，其書名竹帛者，蓋唯記善而已」。並以此原則，批評其近代史學久矣不知此義。〔註13〕尋夫司馬氏父子之出發，頗有「君子成人之美」的意思；不過，其立場原則是堅持在實錄史學上的。遷申言對漢興以來將相名臣的撰述原則，是「賢者記其治，不賢者彰其事」。〔註14〕否則，《史記》若「唯記善而已」，尚有何「不虛美，不隱惡」可言，且爲何被人誣爲「謗書」也？實際上，司馬遷之意，是在歷史人物及事跡善惡皆書的基礎上，對其人其事之光明面加以重視推崇，以見成人之美的溫情敬意。劉知幾之言，易使人生誤會，以爲史書唯記善人善事而已。第一個修國家全史的班固，爲突出漢朝之正義光明而撰《漢書》，殆即有誤會史遷之意的嫌疑，故其著作被傅玄評爲：「論國體則飾主闕而抑忠臣，敘世教則貴取容而賤直節，述時務則謹辭章而略事實，非良史也。」自班固始，東漢以降，史官即在有意無意之間，或當局干預之下，有多記或唯記其善之傾向矣。例如王沈等官修《魏書》，時人評價甚低，稱其不及陳壽之實錄。而事實上，陳壽私下對魏、晉易政之際，亦多所迴避不書，但略記其較明顯可書之事跡而已。〔註15〕

〔註13〕詳《史通》，卷八〈人物篇〉。
〔註14〕參《史記‧太史公自序》，卷一三○，頁1059下。本書第二章對此已論及。
〔註15〕傅玄評價容有誇張，但班固有爲漢寫光明面之傾向，應爲事實。忠臣直節有
　　　　損當局之聲譽，反映政治之不善；辭章取容，則只論表面、歌頌粉飾之美，

　　魏晉以降，政權「禪受」原本就多行不義，當時權臣常假「如魏輔漢故事」、「如伊、霍故事」、「如諸葛亮故事」等等名義專制，漸行篡奪，時人固多知爲自欺欺人之事也，且至騰笑於胡人之口，迄唐初猶以爲言者。如石勒拒劉曜「如曹公輔漢故事」之詔，聲言「大丈夫行事當礌礌落落，如日月皎然，終不能如曹孟德、司馬仲達（懿）父子，欺他孤兒寡婦，狐媚以取天下也」！此與唐太宗問蕭瑀「隋文帝何如主」，瑀答以「勵精之主」，被太宗批評只知其一而不知其二者正同。據太宗分析，隋文帝之勵精，是由於不肯信任群臣；不肯信人則由於性至察而多疑；性格所以如此，則是由於「欺孤兒寡婦以得天下，恆恐群臣內懷不服」之故也。〔註16〕石勒曾坦率宣稱「趙王、趙帝孤自取」，而不欲假讓以狐媚取他的天下，誠兩晉、南朝諸主所少見者。

　　諸主愈是狐媚取天下，則修國史時，必干預史官以行文飾之事，這是可以想知者。建立勢力、漸行篡奪的事跡既在前朝，則其干預必延及前朝史，亦可想知。蓋使不義轉變爲正義，使正義變得更光明，此於六朝玄、史、文、儒、道、佛諸方內、方外各學術中，最能從史著之研修文飾而奏功。官方爲前朝修正史，此爲重要意識之一。加上漢以來禪受模式，皆以劉氏學說——五行相生說爲基礎；亦即一德漸衰，則一德漸興，「王迹所興」之美，則爲天命眷顧斯在也。因而，諸主多盡可能上溯其世德代功，以明本朝天心所漸顧，不可以勢力強也。前述令狐德棻所言第三、四兩意識觀念，遂於此處緊密契合。

　　不過，透過修史以述先世功德，以明天心所漸的意圖，在四世紀的大批判風氣中，受到了挫折，東晉首任史官干寶，奉勅書晉室帝王美迹之餘，嚴正而大力地批評其「創基立本，異於先代」，非如周朝先世之屢代積德累仁，以邀天命。〔註17〕自後史官、史家承風而起，使南朝諸主不敢過份虛美其先世王迹，述王迹所興，不過及身而已。南朝開國諸主，皆及身篡奪以建國，

　　　自班固以降，史學即有此趨勢，詳本書第六章。
〔註16〕關於當時引政治慣例爲篡奪鋪路，及石勒之論笑，請參閱本書第七章第三節。唐太宗之分析，參《貞觀政要·政體篇》，貞觀四年條：卷一，頁12B～13A。
〔註17〕干寶批評帶起史界大批判之風氣，詳參本書第七章第三節。又干寶最初治《左傳》，由此振興春秋史學，帶動古、今正史之爭；當時古史學派，大多具有春秋史學之批評精神，前章則已述之。

先世原無功業可美。加上干寶等前例爲鑑，作賊心虛之餘，更不敢從先世大作文章。

　　南朝如此，北魏情況則不然，拓跋氏以部落掘起，原即無魏晉以降篡亂之跡，故褒述先世之美，正可以證王迹之興。漢人啓導他們漢化，也啓導他們利用修史，以完成建國理論根據，並以此向南朝爭正統。影響北魏修史最重要的兩位史家，厥爲崔浩與李彪。太武帝詔崔浩監總修史，詔書即以「昔皇祚之興，世隆北土，積德累仁，多歷年載」，至太祖道武帝而「協順天人」、「應期撥亂」，由此歷數，以至太宗及其本人之功業爲言；聲言「而史闕其職，篇籍不著，每懼斯事之墜焉」云云，故責命崔浩領導史臣以完成國史。由此可見，北魏修史，自始即徹頭徹尾地，以記述先世功德天命及本朝正義光明面，作最主要的指導觀念與原則。〔註 18〕中期已降，李彪助孝文帝大事推動史學建設，君臣之共識，仍以此爲出發基準，聲言效法司馬遷父子。以孝文而言，則是「懼上業茂功，始有缺矣」；以李彪而言，則爲惟恐「東觀中圮，冊勳有闕，美隨日落，善因月稀」。〔註 19〕是則北魏前後修史及興革，記美書善，一直是最主要的指導觀念與意識。正因此故，所以《北魏書》之〈序紀〉，追紀二十一帝，含序統、原始、追王諸義於一篇，最爲二十五史所僅見之特色，亦見北朝史學這方面的觀念意識，表現得較南朝爲明顯而濃烈。

　　北朝官方首次爲前朝修史，在 551 年──北齊文宣帝高洋天保二年，西魏文帝大統十七年，梁簡文帝大寶二年。論其風氣所自，則有由南傳至北之趨勢；論其政局所示，則魏猶未亡，魏文帝仍承孝武帝西遷之統緒也。由此以言，則高齊爲魏修史，雖或有宣佈魏朝已亡之意，然而其實另有一番其他動機。此即上承前述北朝論述功德王命、光明正義之強烈史學意識是也。魏收自述其於魏末求修史職時，崔暹當時言於高澄（洋兄）曰：「國史事重，公家父子霸王功業，皆須具載，非收不可！」故高氏父子用收爲史官，甚至縱容其貪賄，無視其史筆上下其手，即此之故。高歡（洋父）所重視，而黽勉

―――――――――

〔註 18〕詔文詳《魏書・浩傳》，卷三十五，頁 85D。

〔註 19〕李文、李彪的史學建設，重要者包括建立史官制度、議定北魏統緒、改革國史體裁等問題，前面已多處論之。此處引文請參《魏書・彪傳》所載李彪求復史職之表（卷六十二，頁 143A～C）；又李彪早年提議改革史體全面修史，亦以記王朝美善，懼史文斷絕爲言（參同書〈高祐列傳〉，卷五十七，頁 129A～B），是知李彪一直秉持此觀念意識，以啓導孝文、宣武二帝，二帝亦爲此而修史者也。

於魏收者，僅以「我後世身名在卿手，勿謂我不知」爲言而已。魏收對此言之不諱，且頗有得色者，蓋雖蒙承意曲筆之惡名，然卻能得主子之寵也。魏收既以此自得，故文宣帝高洋問其志時，收乃答以「臣願得直筆東觀，早出《魏書》」。文宣帝亦冀父兄先世霸王功業之能完成，乃詔收專其任，勅勉以「好直筆，我終不作魏太武帝誅史官」！〔註20〕北朝由修本國史轉移爲修前朝史，其間之指導觀念與意識，於此顯然可見。

關於北朝意識現象，其中有些問題值得進一步分析與注意：

第一，漢代史學，若以馬、班爲主，則以書先世功業、對揚王休爲最顯著的意識觀念。若以《東觀漢記》及司馬昭命王、沈等所修《魏書》爲主，則漢、晉之際，上述意識觀念已有改變。即命令修史的君主權臣及執行修史的史官，已有濃厚的隱惡虛美之傾向，魏晉南朝遂沿此發展。各朝先世嚴格說並無功業可言，欺篡之政治亦往往乏德美可記，因而各朝史官所書，儘管表面上美善不絕，卻鮮有君主史臣，尚敢公開倡言馬、班所伸之觀念意識者。北朝則不然，崔浩、李彪本馬、班所代表之漢代史學，而值拓跋有先世努力之功、本朝漢化之美，故君臣相繼對此觀念意識作鼓吹闡揚，影響所及，以至於唐。

第二，在前述所謂政權授受的正統模式既固之下，則前朝、本朝，先世、今世，若論功盛德美，必合趨於一。亦即爭本朝正統，則必論其正義之德美；既論本朝之正義德美，則必推溯王迹所興之庸烈，以見盛德邀天之前後一致性。於是統治者及其史官，不僅沿襲傳統之重視修撰國史，亦必兼重修撰前史，以使王朝先世、今世美迹盛德，獲得一致的評價與地位。由是而言，修撰前朝史實視如修撰本國史之延伸，亦即前史、今史，一以當代意識出發，形式上及精神上，皆視同修國史，以免異書所記功業正義，前後矛盾也。

這方面的表現，基於第一點所述差異，北朝爲之更強烈而明顯。高氏與魏收、唐高祖與德棻之觀念表示，正足以說明之。宋祁於《新唐書》潤飾德棻之言，改爲：「二祖功業多在周，今不論次，各爲一王史，則先烈世庸不光明，後無傳焉。」〔註21〕語雖改飾，猶能有得於此周、唐一脈相承之意識，表示先世今世，王德一致以興，需由本朝修之，以見載於不同的正史而已。

〔註20〕引文分見《北齊書》卷三十七收傳，及《魏書》卷一〇四〈自序〉，北齊史風并請詳第八章第四節。

〔註21〕德棻之言，《舊唐書》本傳、《唐會要》卷六十三〈史館上・修前代史〉及《新唐書》本傳，皆有載述。前二書文意略同，知其本舊史原文也。

北朝史學順著此兩點看，則唐初某些修史問題可得而明。

首先，唐太宗於貞觀九年（635 年）謂公卿曰：

> 朕端拱無爲，四夷咸服，豈朕一人之所致，實賴諸公之力耳！當思
> 善始令終，永固鴻業，子子孫孫，遞相輔翼，使豐功厚利，施於來
> 葉；令數百年後，讀我國史，鴻勳茂業，粲然可觀！豈惟稱隆周、
> 炎漢及建武、永平（東漢光武及明帝）故事而已哉！〔註22〕

貞觀集團極重視君臣一體之團隊意識，《貞觀政要》一書甚多此方面的討論。此條不但可見其團隊精神，抑且知其君臣互勉努力，以共享流芳萬世、入史不朽之盛果也。讀我國史即知我等粲然之鴻勳茂業，正是北魏、高齊修史精神意識所鼓吹，而爲唐初君臣所著力發揚者。

太宗既有如此濃烈的歷史意識，則其要求史官書其善美、對揚王休，要求史官解釋其玄武門兵變爲「周公誅管蔡」，要求躬閱國史諸行爲及思想，可以想知。此特就唐朝國史修撰之影響與干預而言也。其次，當時官修五代史（取消重修《北魏書》計劃）猶未完成，以此團隊努力共垂不朽之精神意識而言，史官論述王業所興而追及先世，必然亦兼及君臣集團全體成員之先世功業，以作天命使然，乃是君臣諸人從先世即積德累仁，最終蔭及後人，匯合以成王業之解釋也。五代史諸史臣褒美君主及其先世之餘，往往亦褒美諸同僚史臣先世，以及於其他將相大臣同僚先世。此舉嘗被批評質疑，不知後世修史之背景與意識，與此時實異其趣。

例如金文淳整理令狐德棻之《北周書》，疑德棻對北周政局之其同僚之先世頗事隱惡揚善，而批評云：

> 當周、隋時，柳虬、牛弘各有撰述。德棻等撰次，不外柳、牛兩
> 家，然其中頗有可議者：虬爲周臣，多諱周惡。弘入隋代，便文隋
> 過。在虬與弘，初無足怪。德棻等身居異代，而史不直書，其失甚
> 矣！〔註23〕

實則周、隋兩王室各以一己之力，決不能爲篡。其所以能爲篡奪者，乃集團力量所以致之也。當時爲門第社會，周、隋助主成篡諸臣，其子孫亦率多爲助唐「太原起義」及「周公誅管蔡」之人也。這些人多反覆於魏、周、隋、唐政權之間，翻雲覆雨，以建武功冠冕。若執忠君愛國原則以繩之，雖周、

〔註22〕《貞觀政要‧慎終篇》，卷十，頁 12A。
〔註23〕詳《周書》書末，編修金文淳所作按語，頁 77C。

隋、唐王室先世及創業君主本人，猶得視如叛逆姦人，何況助之者耶？叛逆
凶姦，何以能興王立功、盛德邀天？順此解釋，決不符官方修史之目的與意
識，可以知之。史臣修五代史，不得不以魏、周、隋、唐正統授受爲史觀，
故助周、隋得國，遂得視爲助順，扶義俶儻者。如德棻先世與周、隋關係密
切，祖父整盡忠效力於宇文泰。泰至謂「方當與卿共平天下，同取富貴」，復
讚整「卿勳同婁（敬）、項（伯），義等骨肉」，遂賜姓宇文氏，宗族二百餘戶
並列北周屬籍。德棻父熙亦有功於周，後助楊堅篡位，以本官行納言（侍中）。
是則德棻若書周、隋之過惡，一者不合官方正統之旨，一者亦無異自書父祖
之助紂也。以此推之，恐至於可能以唐之得國及己之助唐爲非也。本朝國史，
君臣上下，尚有鴻勳茂業之粲然可觀耶？

在德棻首議的後二種觀念意識指導下，復因今史（唐史）與前史諸解釋
必須有一致性的需要，因而書法上必然以周、隋、唐相繼得天統而爲正，而
助其主得天統者爲順，以釋述史事。如此的書法取向，是變應爲直書事實的
問題，而爲價值解釋的問題也。在此轉變作用之下，君臣本人及其先世之篡
逆及幫助篡逆，始得分在不同之正史中，取得前後一貫的解釋，并顯得世濟
其美。如令狐整助宇文氏篡魏，德棻所撰《周書》整傳，即推崇其父祖立名
取位，克保終吉，比之以「韓信背項，陳平歸漢，……轉禍爲福可也」。德棻
曾撰《令狐家傳》一卷，當亦不出此意。故魏徵撰《隋書・令狐熙列傳》，亦
專述熙之光明面，以示敬意；且在傳末提及熙有四子而不名，但曰「少子德
棻最知名」云云。〔註24〕他如《隋書》述李德林由北齊仕北周，助隋文帝踐
祚，而不力述其惡，蓋同僚史臣李百藥（德林子）故。姚思廉不評述其父姚
察之分仕梁、陳、隋，一如李德林例，兼且反之著力推崇其父文章助國。至
於房玄齡、長孫無忌、高士廉等先世，亦在各書見其光明面。表示武德、貞
觀君臣，積德有餘慶，先世後世，皆能知天命，識形勢，以建功名者也。

王劭在隋長期任史官，曾撰就（北）齊、隋二史。劉知幾一再推崇其史
學，盛稱其「抗詞不撓，可以方駕古人」。〔註25〕但魏徵《隋書》劭傳，卻一
再詆其人格鄙劣，對其史著予以惡評，然而又不得不承認及佩服其爲學「精
博」，用思「專固」。二者評論差異極大，恐問題之關鍵，在王劭之能直述唐

〔註24〕分詳《周書》卷三十六〈令狐整列傳〉、《隋書》卷五十六〈令狐熙列傳〉，並
　　　二傳〈史臣曰〉部份。
〔註25〕劉知幾對隋唐之際諸史臣，極力推崇者不多。他在《史通》中，卻多次推崇
　　　王劭，於〈曲筆〉、〈史官建置〉、〈古今正史〉諸篇，可窺其至意。

君臣及其先人之事跡，而立場評價與唐君臣不同耶？知幾力辭史任，提出官修制度「五不可」之時，其第三不可即直謂「王劭直書，見仇貴族」。則王劭被唐初史臣惡評，可想而知。〔註26〕劉知幾一再批評「皇家修五代史」，稱其「或以實為虛，以非為是」；更直謂德棻《周書》，「其書文而不實，雅而無檢，真跡甚寡，客氣尤煩。……使周氏一代之史，多非實錄者焉」。〔註27〕此則不待金文淳評於後也。

　　《新唐書》以來，世人或以知幾「工訶古人」，實則被訶者多有可議可疑之處。知幾批評五代史及《晉書》，多由方法論入手，而少從觀念意識著眼，但也絕非完全未體會其前輩史臣之思想意識也。唐朝史臣書唐朝開國初期歷史，真實性極有問題。他們所修之五代史亦復如是。或許唐初史臣修前代史，未必刻意「曲筆」，但是基於令狐德棻首議諸觀念意識，如前面所析論者，則其修史的效果，固有虛美隱惡如曲筆之效也。回思魏收《魏書》之所謂「穢史」問題，收一方面固有上下其手的主觀意志，另一方面卻又實承高氏父子記述功業之意識，如德棻所議者，遂使其書成穢物。學術之首要，在為學術而為學術。雖講究經世致用，必不能喧賓奪主。過份突出史學功用論觀點以指導及約束修史，終必有反害諸史之本身者，《魏書》及唐修五代史，上述析論正宜為吾人所重新深思也。〔註28〕

二、唐太宗的史學修養與貞觀史風

　　武德四年（621）十一月令狐德棻首議修前代史，翌年十二月二十六日，

〔註26〕《隋書》史臣對王劭人格及其著作之鄙嫉，甚為少見。他們說他求媚取容，批評其著作引用史料不當、湮沒名臣將相善惡之跡，《齊書》鄙野不軌。總論更謂其「直愧南董，才無遷固，徒煩翰墨，不足觀採」云。詳《隋書》劭傳，卷六十九，頁 1601～1610、1613。知幾之指出王劭蒙惡，關鍵在能直筆，見《史通通釋·忤時篇》，卷二十，頁 591。

〔註27〕劉知幾在《史通》各篇多次評論唐初所修諸前代史，這裡引文及意見，詳參卷十七〈雜說中〉。

〔註28〕周一良〈魏收之史學〉（收入杜維運等編，《中國史學史論文選集》，頁 311～347），就此質疑，大有平反收枉之意，其論亦頗有是者。但論收枉，不由時人崇尚以先世功業入史之風氣入手作分析，誠憾事。周一良已引用《北史》收傳，謂其書出，「前後投訴百有餘人，或云遺其家世職位，或云其家不見記錄，或云妄有非毀，收皆隨狀答之。」是則可見時人論訴收書之著眼點，正與唐初史臣之觀念相同也。

唐高祖下詔修六代史，此時德棻已轉遷祕書丞。德棻奏請重金搜募遺書，蓋為修史之故。〔註29〕德棻負責募理群書，至629年（貞觀三年），始群書「略備」。按武德七年以前，天下猶未底定，軍國倥傯；九年，玄武門事變。如此軍國政情，加上群書未備，六代史之不能完成，諒可知也。

貞觀三年二月六日，魏徵以祕書監參政，一面負責募理群書，一面重開修前代史之局。太宗詔於中書置祕書內省，以便推動工作。〔註30〕祕書求書工作，則在魏徵、德棻、虞世南、顏師古等相繼主持下推動，實有助於五代史之撰修，終使在貞觀十年（636）正月二十日，得以完成奏上；而五代史志部份，亦得以在顯慶元年（656）五月四日奏上。前後凡二三十年中，最主要的決定及推動力，蓋來自唐太宗與魏徵、房玄齡、令狐德棻，被動員工作之君相史臣，連《晉書》在內，約在百數，正史之有「御撰」者，亦以此為唯一之例。

大體貞觀朝開修六代史，與政局漸安，乃至貞觀之治的盛況，與夫人才濟濟、書籍漸備諸因素，皆有密切關係，然而如此大規模持續開修，實以太宗君臣特富歷史觀念及意識最居關鍵。《貞觀政要・慎終篇》所載一段君臣談話，有助於對此問題的瞭解，茲不憚重錄如下（前曾引用部份仍錄之，以見思想交流之全況）：

> 貞觀九年，太宗謂公卿曰：「朕端拱無為，四夷咸服，豈朕一人之所致，實賴諸公之力耳。當思善令終，永固鴻業，子子孫孫，遞相輔翼，使豐功厚利，施於來葉。令數百年後，讀我國史，鴻勳茂業，粲然可觀！豈惟稱隆周、炎漢，及建武、永平故事而已哉！」
> 房玄齡因進曰：「陛下撝挹之志，推功群下，致理昇平，本關聖德，臣下何力之有？惟願陛下有始有卒，則天下永賴！」

〔註29〕 《舊唐書》卷七十三本傳，德棻此時又奉詔與侍中陳叔達修《藝文類聚》。此書在武德七年九月十七日書成奏上（參《唐會要・修撰》該年條，卷三十六，頁651），是則遷德棻為祕書丞，首議及主持購書，蓋目的之一在與修撰文史工作呼應配合也。德棻於貞觀六年累遷禮部侍郎・兼修國史。

〔註30〕 兩《唐書》及《貞觀政要》，對魏徵在貞觀初任官記載有出入或不詳，是年徵以右丞遷此官，據嚴耕望師《唐僕尚丞郎表》（臺北：中研院史語所，民國45年4月初版，參頁451）。又唐初募理群書，由德棻首議，至魏徵繼續，始克略備，兩〈德棻傳〉歸功於德棻，而《舊唐書・經籍志》、《新唐書・藝文志》，則兼言德棻、魏徵等，是也。太宗於中書重開前代史修撰工作，見《唐會要・修前代史》該年條，卷六十三，頁1091。

太宗又曰：「朕觀古先撥亂之主，皆年踰四十，惟光武年三十三。但朕年十八便舉兵，年二十四定天下，年二十九昇爲天子，此則武勝於古也。少從戎旅，不暇讀書，貞觀以來，手不釋卷，知風化之本，見政理之源，行之數年，天下大理，而風移俗變、子孝臣忠，此又文過於古也。昔周、秦已降，戎狄內侵。今戎狄稽顙，皆爲臣妾，此又懷遠勝古也。此三者，朕何德以堪之？既有此功業，何得不善始慎終耶！」〔註31〕

這段談話，充份表露了太宗強烈的歷史意識——他意欲透過讀書以吸收爲君治國之經驗，使自己能入史不朽，獲得卓越崇高的歷史地位。不但如此，尚欲推己及人，激勉群臣以團體意義，俾共同達到此境界目的。由襃存先世功業以至於己，由己推及於人，實爲一以貫之、發展延緜的同一歷史精神，斷非桓溫「既不能流芳後世，不足復遺臭萬載邪」，與夫高齊硬欲具載一家「父子霸王功業」之觀念意識可比。在此旺盛強烈的歷史精神下，唐初君臣的一些行爲可得而解。例如就太宗言，他毅然決定完成未成之五代史，重修晉史，開修、令宰相監修、甚至親閱實錄等行爲和制度之建立，胥與此有關。又如就群臣言，史臣們各書其先世及同僚先世之美，甚至本人尚未蓋棺，名字先已列於前史——過份提早入史成名的行爲，亦與此有關係也。至如兩《唐書》〈魏徵傳〉，謂徵常將其諫諍言行私錄，以付史官褚遂良，蓋亦由此可得而喻。

這裡宜請留意的是，太宗的歷史精神和意識，並非自少即有，而與貞觀以來讀書論學有極密關係，上引文已略有自述。原夫太宗出身高門閥閱，與楊隋有表親關係，爲貴族子弟。關隴士族尚武功，太宗自少交遊，亦與豪俠貴族子弟爲伍，是以貞觀十年（636）與魏徵論史及於周成王和秦二世，深訝少時摯友柴紹、竇誕等，「爲人既非三益」，而自己居然未被薰染變壞。〔註32〕且早在貞觀二年（628）即曾向房玄齡說：「爲人大須學問，朕往爲群凶未定，東征西討，躬親戎事，不暇讀書。比來四海安靜，自處殿堂，不能自執書卷，使人讀而聽之，君臣父子、政教之道，共在書內。古人云：『不學牆面，莅事

〔註31〕見該書卷十，頁 12。
〔註32〕柴紹以勇力任俠聞於關中，是太宗姊夫。其實柴紹夫婦皆以俠名，爲唐開國功臣，兩《唐書》有傳。竇誕爲太宗母親竇氏家族子弟，兩《唐書》均附於〈竇威傳〉。與魏徵論史，事詳《貞觀政要・杜讒邪》（卷六，頁 16B～17A）。

惟煩。』不徒言也。卻思少小時行事，大覺非也！」〔註33〕這種深悔當年讀書少或不讀書之情，溢於言表，故貞觀以來，年屆而立，手自執卷或使人讀而聽之的折節行爲，遂爲之甚篤。貞觀十八年（644），散騎常侍劉洎上書稱美太宗之「自勵」——「乙夜觀書，事高漢帝（指漢光武），馬上披卷，勤過魏王（指曹丕）」；並推崇其「自行」——「聽朝之隙，引見群官，降以溫顏，訪以今古，故得朝廷是非，閭里好惡」——良非諂媚阿詞。〔註34〕

其實，太宗自開秦王府文學館以來，即與臣僚論學，不待即位始然；第即位後，廢文學館而建弘文館，遂常於此論學。太宗強調貞觀以來之勤學，恐是強調論學較前更從容勤快而已。太宗學識日增，最大關鍵在與人論學，未即位前以秦府十八學士爲主，即位後以兩省侍臣爲常。十八學士與秦王世民，每「討論墳籍，商略前載」，蓋讀書以經史爲主，尤究心論史也。今《貞觀政要》所輯言論，內容亦復如此，確以論史爲多。〔註35〕即太宗折節論學以來，最究心者厥惟史學，目的蓋爲吸收前人治國平天下之經驗，並發揮此種學術。高祖起兵時，猶誠建成、世民以「爾等年少，未之更事」。及至世民平洛陽，僅四年之間，高祖觀感遂變，至謂裴寂曰：「此兒（世民）典兵既久，在外專制，爲讀書漢所教，非復我昔日子也！」此即「乙夜觀書」、「馬上披卷」之明效，由來已久，登位以前蓋已如是矣。〔註36〕

〔註33〕 參《貞觀政要・悔過》（卷六，頁19A～B）。按：太宗大覺其非的少小時行事之一，當指他自言「少在太原，喜群聚博戲」也。此言《政要》失載，詳《舊唐書・太宗本紀下》，貞觀十五年五月條（卷三，頁52～53）。

〔註34〕 劉洎向以正直著稱，後亦以直言爲太宗枉殺，兩《唐書》有傳，此次上書，目的建議教育太子（高宗），《通鑑》繫於十七年五月，時間稍異。事實上，太宗約在貞觀十年以後，魏徵即批評其「一二年來，不悅人諫；雖勉勉聽，而意終不平。」劉洎於此次上言稍後，亦批評太宗與人論議，常「面加詰難，無不慚退」。但大體上，太宗始終能與人論學論事，並常予接納及勉勵。劉洎稱美，詳《政要・尊敬師傅》十八年條（卷四，頁7A～10A），其批評則詳〈納諫〉十八年條（卷二，頁33B～34A）及〈悔過〉同年條（卷六，頁20B）；魏徵言見〈直諫〉（卷二，頁45B～47A）。

〔註35〕 秦府論學內容及十八學士，見《舊唐書》，卷七十二〈褚亮列傳〉。筆者前曾爲中國時報改編《貞觀政要》一書（《中國經典歷代寶庫叢書》），雖未對論經、論史、論體等內容作統計，但討論歷史者大半，可以無疑。

〔註36〕 參李樹桐師〈初唐帝室間相互關係的演變〉（收入所著《唐史考辨》，頁125～140）。李師分述此事，未論及秦王與十八學士所究心、所討論之學術。高祖怨世民少不更事，語見《大唐創業起居注》，蓋恐其學識未長也。謂裴寂語，見《舊唐書・隱太子建成列傳》，正見秦王世民之學識，已非昔日吳下阿蒙。

　　基本上，青年時代的李世民，十八歲起兵，二十四歲定天下，性格原本剛烈，似乎頗乏自制力和挫折忍受力，〔註37〕這應是後來造成玄武門兵變的性格因素。不過，尚有另一重要因素，此即與教育──歷史教育有關。

　　原來太宗即位前後，與人論學，其旨趣不僅在多識前言往行而已，他們所討論的，主要在歷史變動的因果關係和價值道理，以俾能掌握及運用。讀過《貞觀政要》者，將知吾言不誣。顏思魯、顏相時（顏師古之父和弟）父子，武德中俱曾爲秦王府參軍事，相時且爲十八學士之一，輪値與秦王討論者。相時祖父顏之推著《顏氏家訓》，其弟子作訓誡，其中〈勉學篇〉云：「夫學者，貴能博聞也。郡國山川，官位姓族，衣服飲食，器皿制度，皆欲根尋，得其原本。」他批評「江南閭里閒大夫，或不問學，羞爲鄙朴，道聽塗說，強事飾辭」。同篇之推又述其師梁元帝十二歲便已好學，以讀書療疾痛，尤其「率意自讀史書，一日二十卷，既未師受，或不識一字，或不解一語，要自重之，不知厭倦」。之推的意思，原欲舉元帝此一文史大家，以「帝子之尊，童稚之逸，尚能如此」，來黽勉子弟努力學習，初無批評元帝讀史方法不通之意。〔註38〕

　　太宗君臣論學，絕非如南朝士大夫一般之風氣。梁元帝是江南讀書人之矯矯者，尤重讀史與躬自撰史，對「以史經世」之發揚影響頗大。〔註39〕但太宗論學讀史精神與元帝不同，兩者比較，太宗以窮理爲重，元帝以死讀爲主；太宗尤重史學之實學與實用，元帝雖也具經世精神，但讀書論學則頗有炫耀飾辭、以邀時譽之傾向。若強分之，前者求學問而應用之，後者則談學

〔註37〕　貞觀六年太宗對禮部尚書陳叔達說：「朕本性剛烈，若有挫抑，恐不勝憂憤，以致疾斃之危！」這是回憶武德中叔達幫其說話之言，詳見《貞觀政要‧論忠義》，卷五，頁6A～B。
〔註38〕　參《顏氏家訓》（臺北：世界書局，民國63年7月新二版），卷八，頁16～19。之推爲梁元帝在藩邸講課時學生之一，此篇及《北齊書》本傳俱有記述。之推在六世紀中期，顚沛流離，先後落難於侯景、北周、北齊、復於齊亡入周，仕於隋而卒。他比較南、北學風，皆出於親身體察，非耳食之談。之推在北朝先後生思魯、敏楚、遊秦，子孫在唐初皆顯。尤以相時爲秦府學士，仕至禮部侍郎；師古爲高祖、太宗最重要機要侍臣之一，參與經、史撰述的工作。師古父子兄弟詳《舊唐書》，卷七十三本傳。
〔註39〕　參本書第八章第一節。元帝史部著作甚多，如《孝德傳》三十卷、《忠臣傳》三十卷、《丹陽尹傳》十卷、《仙異傳》五卷，又《注漢書》一一五卷。顏氏家學以《漢書》著稱，恐爲之推當年受元帝啓發者也。元帝著述參《梁書》本紀及其所著《金樓子》卷五〈著書篇〉。

術而炫飾之，大有魏晉以來清談家之氣及玄學、文學之風也。元帝批評當時學風，謂「今之儒，博窮子史，但能識其事，不能通其理，謂之學」。實則其自己亦不免如此，或誇耀多識其事，或虛談其理，故辛苦聚得圖書八萬卷而引以爲傲，前後著書六百七十七卷誇以爲豪，喜集眾講論玄佛，大軍兵臨城下始停講後悔，恨書無用，咸自焚之，〔註40〕是則元帝終不脫其父兄之風範。唐太宗則不然，他對歷史教訓之重視與學習，超過五胡時代的石勒，實踐且過之甚遠。君臣經史兼論，雖論史較多，但探究史事背面之義理，亦即論經世。黃宗羲重讀書，倡「學者必先窮經，經術所以經世；必兼讀史，史學明而後不爲迂儒」，正此之謂。〔註41〕對歷史文化、人倫日用，根尋其變，原本其理，如顏氏之言者，即爲貞觀君臣承北方學風，而篤切行之者。

石勒不識漢字，欲爲中國帝王，猶在軍餘令儒生讀史，與朝賢儒士共論古代帝王事迹。唐太宗二十四定天下之年，正是平洛陽而高祖嘆「爲讀書漢所教，非復我昔日子也」之時。天下大體已定，求功高之賞，其志遂指向君位及君位繼承，故五年之後有玄武門兵變，而「昇爲天子」。由此至貞觀初，與太宗從歷史入手而論古先帝王事跡者，厥以十八學士之一的虞世南最值得留意。

世南乃唐太宗常引亡隋爲戒的主角之一虞世基之弟，歷事陳、隋及夏（竇建德）。621年（武德四年），秦王世民平竇建德，遂入秦府爲記室參軍兼學士，與房玄齡對掌文翰，是年已六十四。太宗對世南學藝甚推重，尤推崇其人格，稱其有「五絕」云。世南兄弟在六世紀末受業於南朝的大博學家顧野王，陳亡入長安，時人方之爲晉之二陸。〔註42〕世南不以史學知名，但其博學源自

〔註40〕若以《貞觀政要》和《金樓子》相較，太宗重視歷史事理之系統討論，而梁元帝則誇其博識前言往行而已。其聚書著書，及書鈔零碎割裂之撰述情況，《金樓子》大體可以徵知。

〔註41〕石勒、石虎父子極重史學，軍旅間亦令人讀史以作討論，詳第八章第二節。黃宗羲倡讀書，詳杜維運〈黃宗羲與清代浙東史學派之興起〉，收入所著《清代史學與史家》（臺北：東大圖書有限公司，民國73年8月初版），頁169～171。

〔註42〕顧野王、虞世基、虞世南分在《陳》、《隋》、兩《唐書》各有傳，不多贅。據兩《唐書》世南傳，世南自小即極用功而博學，屬文則學自徐陵而得其意，書法則由智永而摹右軍，當時評價甚高。他因年事已高，故太宗未任以繁劇，使繼魏徵爲秘書監，主持整理群書工作，對唐貢獻甚大。太宗稱其德行、忠直、博學、文辭、書翰爲五絕，最信任其人格，故其卒時，太宗嘆「石渠、東觀之中，無復人矣！」

乃師顧野王。野王雖爲文豪，但頗非顏之推所批評的江南士大夫。他「遍觀
經史，精記嘿識，天文、地理、蓍龜、占侯、蟲篆、奇字，無所不通」，在陳
爲史官，知梁史事。所撰有《玉篇》、《輿地志》、《符瑞圖》、《顧氏譜傳》、《分
野樞要》、《續洞冥紀》、《玄象表》，已行於當時；又撰《通史要略》一百卷、
《國史紀傳》二百卷，或因部帙過大而未就。世南博學爲太宗所佩服，其解
釋經史往往援引符瑞讖緯之說，當與師門學術有關。〔註 43〕其傳世之作一爲
《北堂書鈔》，一爲《帝王略論》。

　　《舊唐書・虞世南列傳》，稱「太宗重其博識，每機務之隙，引之談論，
共觀經史。世南……每論及古先帝王爲政得失，必存規諷，多所補益」。早期
與太宗論歷史上的帝王，以啓示太宗，厥以世南爲最；中期則以魏徵爲最。《帝
王略論》五卷，即世南與太宗長期討論的心得要旨，爲太宗而撰者，其情形
於序文略可窺知。〈序〉云：

> 伏惟陛下稽古則天，膺圖撫運，武功文德，遠肅邇安。猶且未明求
> 衣，日冥思治，屬想大同，凝懷至道，倣南風之在詠，庶東戶之可
> 追。以萬機餘暇，留日墳典，鑒往代之興亡，覽前修之得失。乃命
> 者有司，刪正四部，研考緗素，網羅遺逸。翰林冊府，大傳於茲。

〔註 44〕

世南在秦府文學館時，即與太宗論學。此序稱「陛下」，稱「翰林冊序」云云，
當指太宗即位後，聚四部群書二十餘萬卷於弘文館時事也，世南時任著作郎
兼弘文館學士。〔註 45〕此書雖或成於貞觀初，但所論歷代帝王之內容，未必
遲至太宗即位始討論，蓋太宗有帝王之志，兵變前已然醞釀也。大約太宗兵
變踐祚，汲汲於改善形象，與努力研求治術，故更重視研究古代帝王事迹。《新

〔註 43〕野王學術及著作，詳《陳書》，卷三十本傳。兩《唐書》世南傳及《貞觀政要》，
　　　　亦有記載其以經史爲太宗解災釋事。

〔註 44〕《帝王略論》在中國已失傳，日本東洋文庫藏有其一、二、四卷之殘本，巴
　　　　黎國立圖書館所藏敦煌殘本亦僅存卷一和卷二殘卷，日本人尾崎康曾據以比
　　　　較討論，序文轉錄其頁 175～176 所載，詳蔡懋棠譯尾崎康所著之〈關於虞世
　　　　南的『帝王略論』〉一文，《國立編譯館刊》二卷三期，頁 173～194。

〔註 45〕兩《唐書》世南傳謂秦王兵變爲太子後，世南任太子中舍人，太宗即位，遂
　　　　任此官職。尾崎康據日藏唐拓本世南所撰〈孔子廟堂碑〉及貞觀三年之〈破
　　　　邪論〉，謂其以中舍人行著作郎（參同上註引文，頁 176）。按：唐文官制度，
　　　　行、守、兼用於以階官任職事時，兩職事官相兼或有之，行則少見。據《全
　　　　唐文》（臺北：大通書局，民國 68 年 7 月四版），卷一三八所錄世南此二文，
　　　　未見此繫銜。宏文館情況參《唐會要・宏文館》（卷六十四，頁 1114）。

唐書・儒學上・蕭德言列傳》謂「太宗欲知前世得失，詔魏徵、虞世南、褚亮及德言，裒次經史百氏帝王以興衰者，上之。帝愛其書博而要，曰：『使我稽古，臨事不惑者，公等力也！』賚賜尤渥」。〔註46〕是則太宗即位後，極力從研討歷史中尋求學習榜樣和治術，而魏徵、世南等以經史學術襄助之、啓發之，其情可知。

《帝王略論》乃世南與太宗討論古先帝王之餘，獨力撰成之簡要著作。至於上述魏徵、世南等集體所論著者，即爲《群書政要》一書。此書完成於貞觀五年（631），凡五十卷，集論經、史、子所載，上起五帝、下盡晉年，以滿足太宗求知慾者。太宗將此書各賜諸王一本，俾共研習。〔註47〕兩年之後，太宗更進一步命令魏徵，就史實專論古代侯王，名爲《自古諸侯王善惡錄》。太宗之意，在「朕所有子弟，欲使見前言往行，冀其以爲規範」。魏徵之序，則強調「欲使見善思齊，足以揚名不朽；聞惡能改，庶得免乎大過」，是爲〈善錄〉、〈惡錄〉兩篇主旨。亦即發揮歷史功用主義及入史不朽之史學思想者也，是滿足太宗將歷史教育推及子弟的作品。〔註48〕

唐太宗在貞觀二年感嘆「爲人大須學問」，由其學術臣僚啓發其研究史事及史事後面之原理，此即史學經世，所謂「前言往行」、「前世得失」是也。這種篤切研究事理的爲學精神，與前述所謂南朝士大夫風度不同，蓋以實學實用而經世爲主。同年或稍早，王珪曾與太宗論爲政與用人，強調「人臣若無學業，不能識前言往行，豈堪大任」。太宗肯定之，謂「信如卿言」云，〔註49〕是則太宗不僅自我要求讀史明理，推及子弟，且亦欲推及群臣，其觀念早已有之，可以知也。

太宗即位初始，大闡文教，於宏文殿聚四部群書二十餘萬卷，於殿側置宏文館，精選天下賢良文學之士，如虞世南、褚亮、姚思廉、歐陽詢、蔡允

〔註46〕參該書卷一九八，頁10。

〔註47〕參《唐會要・修撰》該年條，卷三十六，頁651。

〔註48〕太宗將此書分賜諸王，並囑云：「此宜置於座右，用爲立身之本。」事詳《貞觀政要・教戒太子諸王》，貞觀七年條，卷四，頁11B～13A。按：此書分爲〈善錄〉與〈惡錄〉兩部份，已佚，《全唐文・魏徵》文項下，亦僅錄此序而已。

〔註49〕詳《貞觀政要・崇儒學》，貞觀二年條，卷七，頁4。按：此條稱王珪爲大諫。王珪爲太子建成系統。太宗兵變後，召之爲大諫。《舊唐書》本傳謂其在貞觀元年遷黃門侍郎兼右庶子，則此段言論，當發生在武德九年至貞觀元年之間，吳兢編年殆誤。《通鑑》不錄此條。

恭、蕭德言等，以本官兼學士，更日宿直，以聽朝之暇，引諸人入內討論墳典，商略政事，或至夜分乃罷。君臣論史議政之餘，亦召收皇親、外戚、要官子弟爲宏文學生。這些國子冑子，皆爲未來之接班人也，故最初以學習書法爲主。貞觀元年王珪遷黃門侍郎，遂奏請置博士，教以經史，而史學首任教席即爲許敬宗。〔註50〕其後學校如國子學等亦教以經史，貞觀八年詔進士試讀一部經史，乃至逐漸開設一史、三史等史科考試，〔註51〕蓋欲不論從學校教育以至科舉拔人，皆使未來政府官員，泳涵於史學之中也。

至於現代臣僚，太宗常與論史研理之例甚多。例如貞觀二年，太宗讀隋代名相高熲本傳，兼及《三國志・諸葛亮傳》，仰慕欽歎，指示房玄齡等學習其政理，聲言「朕今每慕前代帝王之善者，卿等亦可慕宰相之賢者，若是，則榮名高位，可以長守」云云。這正是切實發揮年前王珪所論──人臣無學業，不識前言往行，即不堪大任之觀念也──是宰相群臣以史教育太宗爲帝王，太宗相對的亦以史教育宰相等爲賢相，互相啓發勉勵，以圖發揮史學經世之思想者也。〔註52〕又如貞觀三年，涼督李大亮密諫太宗。太宗極爲嘉許，贈以御用金壺、金碗各一，並下書勉勵指示云：「公事之間，宜觀典籍，兼賜卿荀悅《漢紀》一部。此書敘致簡要，論議深博，極爲政之體，盡君臣之義。今以賜卿，宜加尋閱！」蓋荀悅《漢紀》旨在「五志」，是極強調以史經世之書。太宗賜其閱讀研究，並又點明其要旨以啓發之，是爲以史啓示激勵武臣之明例也。〔註53〕

〔註50〕宏文館初置就在門下省，即正殿之左是也。故王珪既爲黃門侍郎，遂建議改革。此時學校制度未備，太宗性愛書法（《晉書・王羲之傳》特爲撰《制曰》代論贊，其制文可以知之），是以召學生習書法（書法亦爲唐朝銓敘試項目之一）。蓋此類學生日後皆可援「封爵」、「親戚」或「資蔭」等出身，逕行銓敘任官者。貞觀初以學校未備，故宏文學生資格爲五品已上京官之子，盛唐時學校已備，品官之子各依其父官品進入國子學、太學或四門學讀書，宏文學生遂以皇親、外戚、宰相之子孫爲主，資格轉嚴。吳兢乃盛唐人，故誤謂貞觀初即許三品已上子孫爲學生。宏文館教育改革，詳《貞觀政要・崇儒學》首條（卷七，頁1），及《唐會要・宏文館》武德四年和貞觀元年條（卷六十四，頁1114～1115）。

〔註51〕進士科雖以詩賦文章爲重，但亦有考史者，殆由貞觀時代始。見《唐會要・貢舉中》貞觀八年條，卷七十六，頁1379。

〔註52〕詳《貞觀政要・公平》該年條，卷五，頁15B～16A。

〔註53〕詳《貞觀政要・納諫》該年條，卷二，頁30B～31A。按：荀悅「五志」詳《漢紀》之序，爲悅在建安之際極力發揚以史經世之思想者，對後世史學思想影響甚大。

　　益有進者，魏徵在貞觀十三年恐太宗不能善始令終，遂奏上著名的〈十漸不克終疏〉以批評之。太宗閱疏警惕，謂徵曰：「自得公疏，反覆研尋，深覺詞強理直，遂列爲屛障，朝夕瞻仰。又錄付史司，冀千載之下，識君臣之義！」即以「錄付史司」作手段，以勵臣求治者也。無怪魏徵私自以前後諫語錄付史官褚遂良，而令太宗不悅。〔註54〕實則魏徵等修撰《隋書》，極推高熲盡忠諫、進賢良，以天下爲己任，並特別提及「所有奇策密謀及損益時政，熲皆削稿，世無知者」之謙德。他自己卻不能此之爲者，或其歷史意識——入史不朽意識極強，而至過份好名耶？或太宗激勵之過甚耶？要之魏徵啓導太宗以史，太宗激勵魏徵亦以史，君臣史學精神思想互相激盪，成爲時代精神之所致也。〔註55〕

　　貞觀時代君臣入史成名、以史經世諸史學思想相激盪，情況如此旺盛。運用史學知識篤行之切，則太宗在貞觀十二年發問之情可見——「朕讀書，見前王善事，皆力行而不倦。其所任用，公輩數人，誠以爲賢！然致理比於三（皇）五（帝）之代，猶爲未逮，何也」？魏徵對以仍需讀書明理，努力不懈，君臣各保其終，始將可超邁前古云云，〔註56〕是知下引太宗向史官褚遂良之發誓，實出於眞誠，而非權術或宣傳者也：

　　（太宗）謂遂良史曰：「爾知起居，記何事善惡？朕今勤行三事，望爾史官不書吾惡！

　　一則遠鑒前代敗事，以爲元龜。

　　二則進用善人，共成政道。

　　三則斥棄群小，不聽讒言。

　　吾能守之，終不轉也！鷹犬，平生所好，今亦罷之：雖有順時冬狩，不踰旬而返。亦不曾絕域訪奇異、遠方求珍羞。比日已來，饌無兼味。自非膏雨有年，師行剋捷，未嘗與公等舉杯酒、奏管弦。朕雖

〔註54〕詳《貞觀政要・愼終》該年條，卷十，頁 13A〜17B。兩《唐書》魏徵本傳亦載此疏，及徵自錄諫語付遂良事。

〔註55〕武德時《隋書》爲陳叔達、庾儉、令狐德棻修撰，貞觀再修時，改由魏徵、敬播、孔穎達、顏師古等撰（參《新唐書》卷一九八〈儒學上・敬播列傳〉），而序論則徵爲之。徵等對高熲之推崇，見《隋書》卷四十一熲傳并〈史臣曰〉。貞觀諸臣中，馬周頗有高熲之風。周疾甚將死，悉取所上奏章焚毀之，聲言「管、晏暴君之過，取身後名，吾不爲也！」（《新唐書》卷九十八本傳）顯示留下奏章爲文集，已爲「取身後名」之行爲，至如錄付史司則更甚也。

〔註56〕詳《貞觀政要・愼終》貞觀十二年條，卷十，頁 12B〜13A。

　　每日兢懼，終藉公等匡翊，各宜勉之！」〔註57〕

此言在貞觀十六年七月八日說，距玄武門兵變，與群臣研習歷代帝王，起碼已十六、七年以上，而其貫徹始終竟如此。比諸北魏名君孝文帝重建左右史，指示史官謂「直書時事，無諱國惡，人君威福自己，史復不書，將何所懼」之自動自發「以史制君」觀念，來得顯然更爲積極，不亦高歟？蓋孝文特重消極的制裁君惡，尚未發揚以史積極經世——所謂以史鏡——之思想精神也。孝文自覺「以史制君」，已高出魏晉以降君主甚多，而唐太宗則高於魏孝文也。後世但重太宗之儒家思想以致貞觀之治。其實太宗有強烈之儒家思想，誠然；〔註58〕但貞觀君臣之統治學術，蓋得力於史多，得力於經較少，至於魏晉以降顯學之文、玄、佛諸學，則更無論矣，若謂秦之事業得法家作思想指導，文景之治以黃老，前述太宗推崇之「建武、永平故事」本儒、法雜用；則貞觀之治的指導學術，殆爲史、儒並導（依文、史、玄、儒四顯學分），而其治術則尤來自歷史研究也。史風如此。故貞觀時代一再大舉官修史籍，蓋有由焉。

　　貞觀十六年（642）七月，太宗猶向史官信誓旦旦，決意篤行「遠鑒前代敗事，以爲元龜」等三事，以「望爾史不書吾惡」。不意翌年正月，督促及協助太宗篤行此三事最力的魏徵，卻因老病去世。揆諸貞觀後半期史實，魏徵之死對太宗實踐三原則影響頗大，蓋唐太宗對此之貫徹力已不及魏徵生前之時也。魏徵在眾多臣僚之中，最能使太宗接納其所論的歷史教訓和理論，以作施政、親賢、遠佞之實行者。故徵既死，史載太宗有如下的表示：

　　太宗後嘗謂侍臣曰：「夫以銅爲鏡，可以正衣冠；以古爲鏡，可以知興替；以人爲鏡，可以明得失。朕常保此三鏡，以防己過。今魏徵殂逝，遂亡一鏡矣！」因泣下久之。乃詔曰：「昔惟魏徵，每顯予過，自其逝也，雖過莫彰。朕豈獨有非於往時，而皆是於茲日？故亦庶僚苟順，難觸龍鱗者歟？所以虛己外求，披迷內省，言而不用，朕所甘心；用而不言，誰之責也！？自斯已後，各悉乃誠；若有是非，直言無隱！」〔註59〕

<hr>

〔註57〕詳《唐會要‧史館‧史館雜錄上》貞觀十六年條，卷六十三，頁1103。

〔註58〕這方面論著頗多，近者羅彤華著《貞觀之治與儒家思想》一書（臺北：師大史研所專刊，民國73年2月初版），即專就此問題作研究。

〔註59〕魏徵兩《唐書》本傳皆載太宗三鏡說之名言，今引文據《貞觀政要》，更見其詳。參〈任賢‧魏徵〉，卷二，頁7A～8B。三鏡說首由荀悅倡之（參《申

魏徵對太宗言，不僅是明得失之「人鏡」，亦且是知興替的「古鏡」之最重要者。雖然興修前代史，首由令狐德棻倡議，但終究未完成，而其修史精神意識，主要爲上述四種。至於五代史之能克奏厥功，並在五代史中著力探討興替問題與原理，使成經世致用落實之學，則以魏徵、房玄齡居首功，而尤以徵爲重要。二人蓋身繫貞觀官修史著，乃至整個文化政策之重心者。二人與當時宰相名臣如李靖、陳叔達、杜淹、薛收等，傳皆出於河汾門下，故貞觀文化政策，尤見經世致用精神之提昇與落實也。〔註60〕

　　玄齡以善謀名，初與杜如晦之善斷相合作，台閣規模及典章文物，皆二人所定。房謀杜斷，遂爲良相楷模。〔註61〕如晦在貞觀三年已重病辭職，翌年遂死。此時起，能爲太宗斷事，別嫌疑、明是非、定猶豫者，厥爲魏徵。即魏徵漸取代了如晦也。故貞觀十二年太宗歡宴侍臣時說：「貞觀以前，從我平定天下，周旋艱險，玄齡之功無所與讓！貞觀之後，盡心於我，獻納忠讜，安國利人，成我今日功業，爲天下所稱者，惟魏徵而已！」遂親解佩刀以賜二人。〔註62〕大體玄齡以其學，作實際策劃施行之落實；而魏徵則常以史爲鑒，善持論以定猶豫也。貞觀三年二月，玄齡由中書令遷左僕射，監脩國史；魏徵於同月亦由右丞遷秘書監，參預朝政。文化政策，尤其修史，自此遂以二相爲重心。由於魏徵自此年至貞觀七年代王珪爲侍中爲止，體制上爲最高文化機關長官，故尤以他爲重。

　　就在貞觀三年，太宗命令於中書置秘書內省，以修五代史。決定完成五

鑒・雜言》，卷四，頁 19；世界書局新編諸子集成），顯見太宗甚重其學問思想。

〔註60〕宋王讜撰《唐語林》（臺北：世界書局，民國 56 年 5 月再版），首條即載文中子及《王氏六經》，指出「北面受學者皆時偉人，國初多居佐命之列。自貞觀後，三百年間號稱至治，而《王氏六經》卒不傳」，以至元和間劉禹錫始稱道推崇，「自錄士大夫擬議及史冊，未有言文中子者」云云（見〈德行〉，卷一，頁 1）今《全唐文》所收諸文──見王績（通弟）、王福畤（通侄）、王勃（通從孫、福畤子）、陳叔達、薛收、杜淹、呂才所撰文，略可知文中子家學，及其經世致用精神之表現影響也。杜淹〈文中子世家〉，具述房玄齡、李靖、魏徵、陳叔達與淹本人，皆王通弟子，薛收撰〈文中子碣銘〉，知收亦爲王通弟子。王福畤〈錄東皋子答陳尚書略〉，聲稱文中子家族受長孫無忌抑壓，杜淹亦與無忌交惡，陳叔達因之不敢在《隋書》爲文中子作傳云云（《全唐文》，卷一六一，頁 2071～2072）。既一時偉人、佐命元勳皆通弟子，何以竟能受無忌抑壓如此？其事可疑。或文中子在唐前期未被頌揚，蓋有他因耶？

〔註61〕房、杜二相，兩《唐書》皆將二人合爲一傳，其事蹟請自詳之。

〔註62〕詳《貞觀政要・任賢・魏徵》，卷二，頁 6B。

代史，而又於中書置秘書內省修撰，蓋與魏徵爲秘書監參政有關。當時諸臣分修，魏徵一方面自領《隋書》，一方面又與玄齡總監諸代史。〔註63〕修撰前代史固有牽涉今人及其先世，乃至李唐之開國問題者，是以作了上述的部署而使之禁密化。然而另一方面，當亦與魏徵等與太宗就近討論史事，以作元龜的構想有關，亦即就近推行遠鑒前代之研討，促成經世致用之落實也。茲舉一例以見之：五代史在貞觀十年正月始完成奏上，但在貞觀九年，太宗即曾舉北齊後主及北周宣帝爲例，與魏徵論云：「頃讀周、齊史，末代亡國之主，爲惡多相類也。……」徵遂向太宗分辨二主亡國事跡和原理，以見二國覆亡特點不盡相同。〔註64〕至於前述太宗讀隋相高熲本傳以指示宰相相效法，此則若非武德朝陳叔達等未完成之隋史，即殆爲隋朝史官如王劭等所撰之隋史本傳，當時藏於禁內，而後來爲魏徵修《隋書》所必須參考者。貞觀君臣平時以史論學，以求經世致用的情況，概略可知也。

　　官修五代史爲一大事業，不可急速完成者。太宗君臣於修撰期間，即已迫不及待，進行討論取誡矣。全部歷史，尤其近代史的瞭解，既不可一蹴即就，此即虞世南抽取歷代帝王事跡教訓，《帝王略論》五卷之所以作也。《帝王略論》之爲略，故貞觀五年魏徵再與世南等，擴充以成五十卷之《群書政要》。此爲魏徵主持最高文化機關，補救五代史緩不濟急，以發揮經世致用精神之另一項史部工作。

　　貞觀君臣修前代史，基本目的之一，厥爲以本朝價值標準爲中心統一歷史解釋，從而統一思想意識，以致治者也，例如太宗、世南皆工「徐庾體」，喜愛南朝文學。太宗後來勅令重撰《晉書》，竟至親爲陸機撰論贊，以〈制曰〉爲名，推崇陸機「百代文宗」云云。但魏徵總裁梁、陳史，批判南朝文學艷

〔註63〕五代史分修概況，詳廖吉郎〈貞觀撰勅正史考〉（臺北：師大《國文學報》十二期，民國72年6月，頁83～100），按：《隋書》武德時原由陳叔達、庾儉、令狐德棻負責。此次改組，德棻負責《周書》，餘二人不預史局，《隋書》則由魏徵、顏師古、孔穎達、敬播負責（參《新唐書》卷一九八〈儒學上·敬播列傳〉），地點即在秘書內省。《舊唐書》謂「徵受詔總加撰定，多所損益，務存簡正。隋史序、論皆徵所作，梁、陳、齊各爲總論，時稱良史」云（參卷七十一〈徵傳〉）。則徵之工作，殆不如廖文所謂「僅作（《隋書》）序論」而已。

〔註64〕詳《貞觀政要·辯興亡》該年條，卷八，頁 19B。按：魏徵分析二主人格與政策不同，齊王以無能而亡，周主以獨裁而亡也。《通鑑》錄此條，繫於九年正月，則距五代史奏上，尚有整整一年也。

麗，判斷與亡國有關。徵此「文學亡國論」，代表北方學術意識，而借梁、陳兩書作統一解釋和論定者。〔註65〕官方之標準和意見，有時不一定來自太宗。意見既成，則太宗亦需學習與遵守之。如魏徵所代表之官方意識，太宗即吸此來自歷史教訓的意見，曾指示玄齡監修國史留意，謂「文體浮華，無益勸誡，何假書之史策。其有上書論事，詞理切直，可裨於政理者，朕從與不從，皆須備載」。又曾在貞觀十一年拒絕臣下編次文集之請，聲明：「朕若制事出令，有益於人者，史則書之，足爲不朽。若事不師古，亂政害物，雖有詞藻，終貽後代笑，非所須也。祇如梁武帝父子及陳後主、隋煬帝亦大有文集，而所爲多不法，宗社皆須臾傾覆。凡人主惟在德行，何必要事文章耶!?」此則官修史書以統一思想觀念，太宗從而指示群臣及自我要求師古學習，遵行求治的精神與篤行，可見一斑。〔註66〕

從貞觀三年修五代史，至貞觀二十年修《晉書》，有關這方面的問題，尤其當時發生重大政策、事件、制度爭論，與同類史事有關，可以見到君臣如何借史發揮者，事例相當多，足可另行撰文討論。要之，太宗在玄齡、魏徵等輔助下，基於上述精神觀念推動官修史著工作；並又漸推而廣之，至於經學、禮學、律學、譜系學諸方面，以統一解釋、整齊思想、頒付實行爲主，欲完成整個文化政策之完整體系。〔註67〕其中以高士廉領銜之《氏族志》，非

〔註65〕關於此問題，牟潤孫撰〈唐初南北學人論學之異及其影響〉一文，曾有詳論。按：《梁》、《陳》二書，基本上爲姚氏父子所作。姚氏父子出身南朝，對梁、陳文風雖有批評，但不及魏徵之論斷強烈。姚思廉或引其父論贊，或自己直抒論贊，然而終引〈史臣·侍中·鄭國公魏徵曰〉（參《梁書》，卷六〈敬帝本紀〉及《陳書》，卷六〈後主本紀〉），顯見魏徵代表北方觀念，行其監總五代史之權力也。

〔註66〕太宗指示玄齡及拒修文集，皆見《貞觀政要》卷七〈文史〉類。玄齡條謂發生在「貞觀初」。按玄齡在三年二月六日始以左僕射監修國史，故應發生在三年開修五代史以後也。拒修文集條繫於十一年（《通鑑》作十二年三月），此時五代史已修成。魏徵批評梁、陳文學亡國，亦批評隋煬帝「恃才矜己」以至國亡！（《隋書》卷四〈煬帝紀下·史臣曰〉），則太宗拒詞引梁武父子、陳後主及隋煬帝爲例，蓋即本於魏徵所代表的官方解釋與意見也。

〔註67〕頒定五經事在貞觀七年十一月，工作早在貞觀四年已開始，由顏師古主持。經文頒定後，又詔師古與孔穎達等撰成《五經正義》，以統一經義，付國學施行。顏、孔二人當時一邊助魏徵修《隋書》，一邊進行此工作也（兩《唐書》二人皆有傳，又詳《貞觀政要》卷七〈崇儒學〉貞觀四年條）。十一年，頒行《新律令》及《五禮》（參《舊唐書》卷三〈太宗本紀下〉）。《五禮》一百卷，由玄齡、魏徵等修改舊禮而成（《舊唐書》卷二十一〈禮儀志〉）。《新律令》亦由玄齡等刪定而成（《舊唐書》卷五十〈刑法志〉）。

由玄齡、魏徵監督者，亦在十二年正月完成奏上，但尋即引起太宗不滿，詔令重修。

　　譜氏、氏族之學，乃南北朝以來顯學之一，當時修《五代史志》，即將之列入史部學術，與禮、律二類之列入史部正同。其所以發生問題而立即重修者，蓋因此書不符太宗之基本精神與意識故也。修撰《氏族志》，早在貞觀六年太宗已向玄齡提出指示。其最初動機，是由於不滿山東舊族崔、盧、李、鄭四姓，「雖累葉陵遲，猶恃其舊地，好自矜大，稱爲士大夫」；並以嫁女索財，同於賣婚，以至損風紊禮。前者影響政治，後者影響社會。陳寅恪先生以來，論者多以關隴、山東集團衝突解釋之。

　　尋當時關隴、山東，士族風尚確有不同。關隴士族重武功，自然瞧不起此等「世代衰微，全無官宦」，以賣婚自高的山東舊族。在此以前，唐高祖即以此譏嘲山東人，而太宗殆兼受其父影響，故有此舉也。〔註68〕由社會風尚價值觀的差異，遂轉爲教化與政道的問題，而爲太宗視爲「往代蠹害，咸已懲革；唯此弊風，未能盡變」之蠹政也。太宗欲透過氏族譜系之史學，整齊社會風俗，統一價值思想此動機意識，似未爲高士廉等人所眞正瞭解或不同意之，故仍以崔氏第一等。是以太宗閱覽初修版本後，即指示重修原則及責備云：

　　　　士大夫有能立功，爵位崇重，善事君父，忠孝可稱，或道義清素，
　　　　學藝通博，此亦足爲門戶，可謂天下士大夫。今崔、盧之屬，唯矜
　　　　遠葉衣冠，寧比當朝之貴？……我今定氏族者，誠欲崇樹今朝冠
　　　　冕。……卿等不貴我官爵耶？不論數代以前，祇取今日官品人才作
　　　　等級，宜一量定，用爲永則！〔註69〕

太宗給「門戶」下定義，明顯即由關隴士族風尚的價值觀出發，最後仍歸結於功名富貴。此與約十年之後，親爲《晉書》作陸機評論，主張「賢之立身，以功名爲本；士之居世，以富貴爲先」，人性貪榮利而去禍辱的思想觀念，大

〔註68〕高祖之譏，詳《唐會要・氏族》武德元年條（卷三十六，頁663）。至於太宗深受其父影響，處處模仿其父，請詳李樹桐師〈唐太宗的模仿高祖及其對唐帝國的影響〉一文，收入《唐史新論》。鄙視山東士族賣婚自矜，蓋亦模仿之一歟？

〔註69〕此事本末兩《唐書・高士廉傳》皆有載，與《唐會要》（參卷三十六〈氏族〉貞觀十二年正月條）、《貞觀政要》（參卷七〈禮樂〉貞觀六年條）文字略有出入。引文今據《政要》。岑仲勉〈校貞觀氏族志殘卷〉（《史學專刊》第一期，頁315～330）一文，謂此殘卷即士廉等初修之稿云。

體始終一致。〔註70〕不過，太宗強調士大夫立門戶的功名富貴，以「今朝」所授予者爲準，並以官方評定之標準爲永制——此次官方標準則以君主意旨爲依歸，則太宗意欲透過譜系史學作統一解釋，以收統一思想與意識、整齊社會與政治之功，其情昭然。房、魏二相協助太宗，推行官修新禮新律，即爲欲完成此國家目標。惜士廉不解，或因其出身山東士族，故未能配合政策，以量定永制標準，致使太宗明揭旨意，責令修正也。《氏族志》之修正，必須與房、魏協助及策劃下，貞觀時代整個文化政策及修史政策結合看，始能完全知其眞義。〔註71〕

貞觀君臣欲從歷史教訓吸收經驗，發揮以史經世精神，其最後的關鍵，必然指向君主本人能否虛心學習及篤切實行。貞觀十六年，前引太宗向褚遂良發誓一事，正說明了太宗「以史經世」，而史官則「以史制君」此一關鍵。魏徵與玄齡比較，則魏徵更能切實掌握以修注制度制衡或制裁君主之旨。他曾以「君舉必書，所願特留神慮」爲言，警告於太宗。其後又向太宗強調「人主位居尊極，無所忌憚，惟有國史用爲懲惡勸善」，以鼓勵太宗之指示史官直書。〔註72〕故其所薦用的杜正倫、褚遂良等，先後修起居注，皆能發揮「以史制君」之言論和行爲，使太宗始終自覺受制，不敢造次，以至發表前述之誓言也。〔註73〕徒人、徒法，各皆不足以自行，貞觀君臣發揚史學，人、法並重，致有「貞觀之治」的奇蹟，將一個以篡亂作起點的政權，結束而爲三代以降首屈一指的盛治；使一群亂君亂臣基於歷史自覺，由曲而誠，努力以成聖君賢臣之局面。史學之貢獻於貞觀之治，可云大矣！

〔註70〕 詳《晉書・機傳・制曰》，卷五十四，頁 153C～D。

〔註71〕 拙著博士論文《唐代中央權力結構及其演進》第一章第一節對太宗氏族政策有頗詳之論述。

〔註72〕 某年，長孫皇后爲太宗娉鄭氏女爲充華，魏徵聞其原已許嫁他人，進言阻止，即以此語爲言。玄齡等相則以詔書已出，其女適人無顯然之狀，大禮不可中止爲請，頗有逢君之惡的嫌疑。幸太宗接受徵意，乃止。其事《貞觀政要》繫於貞觀二年，但依玄齡等相之官職，繫二年應誤（詳卷二〈直諫〉，頁 34B～36A）。《通鑑》繫於八年，差是（詳《通鑑》卷一九四，頁 6108～6109）。至於鼓勵之詞，詳《政要・文史》貞觀十四年條（卷七，頁 9A）。

〔註73〕 正倫在貞觀元年爲徵所薦，俄遷給事中・知起居注，即以「臣職左史，陛下一言失，非止損百姓，且筆之書，千載累德」警惕太宗。魏徵遷秘書監，正倫遂接替其右丞遺缺（詳《新唐書》本傳，卷一〇六，頁 1）。此後朱子奢、褚遂良等修注官，亦屢申此意以制君，詳《貞觀政要・慎言語》（卷六，頁 12B）、〈文史〉（卷七，頁 7B～9A），及《唐會要・史館・史館雜錄》（卷六十三，頁 1102～1103）所載。又請詳本章第四節。

　　貞觀二十年（646），太宗下詔修《晉書》，可謂晚年大事。此年三月，太宗親征高麗甫還，六月又詔李世勣率軍北伐漠北薛延陀，並親幸靈州督師，漠北以平，鐵勒諸部內附，上太宗以「天可汗」尊號。太宗對此役及其結果極其滿意，曾謂群臣此事「古昔已來，書史不載，今日起居，記朕功業，亦爲劬勞」！〔註74〕是則自貞觀九年自我肯定文、武、懷遠三者皆勝於古，而與群臣互勉努力，表示欲讓後人「讀我國史，鴻勳茂業，粲然可觀」的觀念以來，迄此十餘年間，太宗已覺功業粲然，多至令史官劬勞的地步矣。因而《晉書》之修，志不在此。蓋歷史觀念極富之太宗，深覺大唐功業已立，將有國史書之，但大唐功業地位何以至此，爲何能如此，若只於五代之近代史中探求肯定，已然不足令人滿意，勢須溯及晉代問題，及先人在晉時德業也。亦即基本上承接令狐德棻——德棻參與修五代之《周書》及此次《晉書》——當年倡議背面的四種觀念意識，上溯至晉，爲本朝政權塑造更完美光明的理論根據。當然，貞觀君臣特富以史經世觀念，他們重修《晉書》，與探究晉代興亡之眞相有關。尤其留意當時發生之事件與晉事相類似者，俾更能從晉史中瞭解此類經驗之得失，亦爲其重要動機和目的之一。當時重要事件如封建問題、廢太子承乾而越次立晉王治爲嫡問題、藩王將相反叛問題、突厥內亂引起之徙戎問題等等，皆在晉史類似事件如八王之亂、晉武立惠帝、徙戎置戎政策中，可得到檢討和教訓。〔註75〕要之，太宗君臣之基本動機與目的，厥在借晉之興亡以謀求唐祚久安的原理，並爲本朝塑造更綿遠之光明面，絕無疑問。太宗親撰晉宣、晉武二帝紀之論贊，史臣以特殊筆法述涼武昭王及其后，原因即在此。

　　茲略言之，太宗頒〈修晉書詔〉，首言「朕拯溺師旋（指十九年東征高麗），省方禮畢，四海無事，百揆多閑，遂因暇日，詳觀典府」，深覺「大矣哉，蓋史籍之爲用也」！接著述五代史「朕命勒成」，「莫不彰善癉惡，激一代之清芬，褒吉懲凶，備百王之令典」。跟著逐一批評諸家晉史，歎晉事有「韜遺芳」、

〔註74〕參《唐會要・史館・史館雜錄上》二十二年二月七日條，卷六十三，頁1103。
〔註75〕筆者只欲舉此類重大事件爲言，餘例尚多。至於此類事例的檢討結果及唐君臣之最後判斷，於此亦不贅。蓋因此類事例必須與五代史中同類事例之研究作比較，始能看出君臣對此論斷之實況也，故宜另文專論之。五代史在貞觀十年完成，此前唐朝發生的問題，曾在史中作檢討探究。而封建、突厥內亂與大戰略改變、藩王將相謀反，廢嫡立嫡事件，皆在十年以後發生，五代史或未遑討論，論之亦頗與《晉書》觀點有出入。貞觀時代如何以史經世，這些問題的討論最能見其落實。

「闕繼美」之憾。是則由大興文教政策，揭櫫以史經世的功用論觀念，進而兼有為前朝修正史、史文絕續在己、發揚先人芳美諸意識，如德棻所示者。由此出發，故詔令「更撰《晉書》，銓次舊聞，裁成義類，俾夫湮落之誥，咸使發明」。〔註76〕

　　按：貞觀三年修五代史之詔書無聞，《唐大詔令集》及《唐會要》，竟亦遺此，或以太宗修五代史，基本精神同於高祖詔令，故不載之耶？今〈修晉書詔〉確見此精神之前後一致。然而必須注意者，即太宗特重史之為用的功用論觀念，恐非武德朝所具有或豐沛如此者也。太宗此特重及強調者，對唐朝官修制度及史官影響極大，如官修是否必須統一於官方意旨，是否必須由最高層官員監修，是否能實錄其事，是否必須發揮功用以使之作為政教工具等等，其後遂為許多館院史臣——起居院及史館——思考辯論的中心主題。劉知幾在半個世紀後，為此思考而創立史學批評。高倡「實錄史學」——接近客觀主義為歷史而歷史，而展開其批評系統之餘，尚不忘強調「史之為用，其利甚博，乃生人之急務，為國家之要道。有國有家者。其可缺之哉」！〔註77〕知幾死後十一年，侍中裴光庭欲修《待春秋經》——這是繼文中子《元經》、河汾學風以後，官方則繼太宗整齊經史以發揚褒貶之後的重要工作。光庭為首諸館臣——弘文館，蓋欲續獲麟以來千餘載，尤對魏晉以簒殺為揖讓諸史實作嚴厲之批判。其基點即從唐太宗親撰《晉書·宣武紀·制曰》著眼，並亟圖援引史臣「敷暢聖意」之此前例，恭請玄宗「裁定指歸，如先朝故事」——即如太宗之指示修《晉書》者。〔註78〕是則太宗晚年修《晉書》，精神、主旨可知也，下面實例，或可窺其梗概。

　　早在貞觀六年（632），太宗即因陳叔達「曾直言於太上皇（高祖），明朕有克定大功，不可黜退云」，故授之以禮部尚書。叔達表示當年所言，主要是

〔註76〕該詔頒於二十年閏二月，詳《唐大詔令集·經史》類，卷八十一，頁 467。

〔註77〕知幾實錄史學，詳許冠三撰《劉知幾的實錄史學》一書。知幾強調功用論，《史通》各篇常見，引文參〈史官建置篇〉（卷十一，頁 303～304）。白壽彝曾略論〈劉知幾的學派〉（參《中國史學史論集》所收白撰〈劉知幾的史學〉一文，上海人民出版社，1979 年，頁 106～112），雖分析未詳，要之即本文所稱館院史臣的一支。另詳本章第六節及下章。

〔註78〕玄宗手詔，對此「欲正人倫而美教化，因舊史而作《春秋》」之事雖加稱美，但對援例由天子裁定一事，則謙稱「事業相懸」，指示「隨了續進」云。詳《冊府元龜·國史部·採撰》，開元二十年三月光庭奏條，卷五五六，頁 2944下。

懲於隋朝父子自相誅戮，以後滅亡之緣故。叔達著有《隋紀》一書，故能引史致用，〔註79〕以啓示太宗。但太宗有當年功高不賞之觖望心態，不易消除，遂於九年的宴會中，向玄齡再度提及此事，聲言「太上皇有廢立之心。我當此日，不爲兄弟所容，實有功高不賞之懼」！〔註80〕是則太宗對玄武門兵變事件，始終有隱痛而不能釋懷者。

此時姚思廉修梁、陳二史，對二朝同類型君位轉移之際，評論上頗隱約其辭；但因魏徵總裁監督，則又不能不錄載徵言，以示官方最後之論定也。魏徵總論梁朝興亡，卻屬評元帝「內懷觖望」，不急平侯景，而「先行昆弟之戮」，遂成亡國禍患云云。〔註81〕陳宣帝兵變篡位，姚思廉爲之虛美隱惡。謂陳文帝（宣帝兄）對其子（廢帝）早已憂慮不堪爲君，以其冢嫡，故心理上依違久之，最後「深鑒堯旨，弗傳寶祚焉」，乃召宣帝告以欲行「太伯之事」云。因而思廉強調「世祖（文帝）知冢嫡仁弱，弗可傳於寶位。高宗（宣帝）地居姬旦，世祖情存太伯」云云。但魏徵不表同意，批評宣帝有篡位之嫌，思廉亦不得不存錄之。〔註82〕魏徵且在親自負責的《隋書・煬帝紀・史臣曰》中，對煬帝之逼父篡位，屠殺兄弟，極盡誅姦貶惡的能事。太宗兵變，類同於此者蓋多，檢討歷史之餘，見史臣褒貶之筆，能不怵目驚心？

魏徵、思廉兩種評論並存，而徵論獨詳錄者，蓋太宗深知三朝政亂國亡，實情確如是，徵論不能撓故也。太宗既志在「遠鑒前代敗事，以爲元龜」，是則既鑒之後，必然反省，以免史官援例書其惡。五代史奏上後六年，太宗堅要玄齡錄進國史，閱後指示將玄武門兵變解釋爲「周公誅管蔡而周室安，季友鴆叔牙而魯國寧」，令命改制修正。〔註83〕故唐實錄之開修之失實，

〔註79〕 武德修史時，叔達負責北周史，貞觀修五代史則未參預。所撰《隋紀》，殆爲私撰，王績曾借閱之，詳《全唐文・王績》〈與陳叔達重借《隋紀》書〉，卷一三一，頁13～14。

〔註80〕 兩次談話詳《貞觀政要・論忠義》該二年條，卷五，頁6、8。

〔註81〕 詳《梁書・敬帝本紀》之〈史臣（思廉）曰〉及〈史臣・侍中・鄭國公魏徵曰〉，卷六，頁16C～D。

〔註82〕 思廉在《陳書》廢帝、宣帝二紀不述篡迹，於〈世組沈皇后列傳〉則詳述之（卷九，頁13D）。然而思廉以〈史臣曰〉名義作評論，則如正文之意（詳卷四及卷五二帝之紀），故魏徵不表同意也（詳卷八〈後主本紀、史臣・侍中・鄭國公魏徵曰〉）。

〔註83〕 《唐會要・史館雜錄上》十六年條（卷六十三，頁1103），與《貞觀政要・文史》十四年條（卷七，頁8A～9A）略同，但繫年有異。按：高祖、太宗二實錄，於十七年七月十六日奏上（見《唐會要・修國史》，卷六十三，頁1092），

與太宗鑒前失、畏史評，欲史官不書吾惡，以及宣揚其政權之光明面，極有關係。

魏徵復批評隋文帝「溺寵廢嫡，託付失所。滅父子之道，開昆弟之隙」，以致滅亡。此時太宗溺子，太子與濮王泰的競爭，兆端已略見。徵或有所指，借史而發耶？二子競爭牽涉將相大臣及王室子弟，終造成十七年（643）之禍變。故馬周等在事發之前、魏徵此論之後，曾引漢晉史，向太宗提出警惕忠告也。〔註84〕

自魏晉以降，權臣宗子窺伺野心，導致政變篡位者甚多，太宗本人即為其中之一。此次事變後，太宗懲罰亂臣之餘，越次立晉王李治，實出於政策性決定。二十年之詔修《晉書》，蓋有宣達此政策之意，欲借史事的研究評論以作自我辯護及對後來警告也，其〈武帝紀・制曰〉云：

> 武皇……不知處廣以思狹則廣可長廣，居治而忘危則治無常治，加之建立非所，委寄失才。……且知子者賢父，知臣者明君。子不肖則家亡，臣不忠則國亂。國亂不可以安也。家亡不可以全也，是以君子防其始。……惠帝可廢而不廢，終使傾覆洪基。夫全一人者，德之輕；拯天下者，功之重；棄一子者，忍之小；安社稷者，孝之大。況夫資三世而成業，延二孽以喪之，所謂取輕德而捨重功，畏小忍而忘大孝，聖賢之道，豈若斯乎？雖則善始於初，而乖令終於末，所以殷勤史策，不能無慷慨焉！

太宗透過晉史之啓示，表達居安思危以棄子存國，其以史經世致用之殷勤慷慨，背後之思想觀念可知也。故史臣順此申論，至批評惠帝為「庸暗」「不才」，而「武皇不知其子也」。〔註85〕

思路沿此而往，則必走向撻伐篡亂、宣揚眞命之旨，以正本清源。太宗

當為改削完成奏上者也。故初修及太宗指示，當如《唐會要》繫於十六年為是。

〔註84〕太宗寵溺李泰，當不遲至貞觀十年六月長孫皇后死後。蓋翌年馬周即上書，檢討漢晉以來「樹置失宜，不預立定分」屬論人主「溺於私愛」之弊。十二年，魏徵復與太宗激辯繼嫡問題，此時太子、濮王之爭形勢已成。其情請詳拙著《唐代中央權力結構及其演進》，頁484～491。徵論隋文帝，參《隋書・高祖紀下・史臣曰》，卷二，頁55～56。

〔註85〕按李泰並非遂行反叛，太宗基於政治考慮，故與太子兩皆棄之，實有違法之嫌。是以太宗一度痛苦無聊，幾至自殺。此論正為解釋其心思而作也。〈制曰〉參《晉書》卷三，〈史臣曰〉則參卷四〈惠帝紀〉。

在《晉書》第一篇讚贊——〈宣帝紀・制曰〉，即猛烈批評司馬懿姦回，失貞臣之體，天命未啓即急圖篡逼，致內使子孫蒙羞，外爲胡人所笑；最後強調寶位「非可以智競，不可以力爭」。天心不可以智力強的思想學說，自班彪、習鑿齒以來，即廣被篡奪成功的君主所運用。太宗知此思想學說而運用之，殆以受虞世南影響爲主，劉知幾即曾大力批評之。〔註86〕不過，眞命論不僅有裁抑政亂之效，抑且有尊立本朝正統光明之功，故太宗「御撰」《晉書》，即首論此旨也。史臣順旨批評晉室，謂「詳觀發迹，用非天啓」，尋引干寶《晉紀・總論》，對晉政權作全面而猛烈的批評。另一方面又在〈涼武昭王列傳〉中，宣揚唐祚資此爲「世德」，累世漸積而流慶於「來裔」，以示唐之興起，是因積德累仁，爲天所顧，如周、秦之漸者。〔註87〕前面所論太宗重修《晉書》之用意，君臣共同的基本精神和思想，於此實例，可以證明。君臣如何運用六代史事以作元龜，行其經世致用之功效，亦概況可見也。

　　官修本國史源遠流長，先秦已然。官修前代史，今可確知者，始於五世紀初期之南朝劉宋。初期官修，主要從悲憫前朝竟無全史出發。發展越後，則官修之觀念意識越錯綜複雜。令狐德棻於七世紀前葉首議唐朝修前代史，顯示的精神，即包括了「正史」與需爲前朝修「正史」、史文絕續在己、由修史統一思想以宣佈正統、爲先人存功業與爲本朝彰示光明面諸觀念意識，已非初期之單純可比。

　　上述觀念意識，與史學的經世致用精神有關，唐以前已有可觀的發展，有些且在官修前代史以前，已有縣遠的傳統，隋唐相繼大舉修前代及本朝國史，即此諸種觀念意識的發煌。希望透過修史，對前代作全面檢討，整齊思想，以收結束長期篡亂所帶來之世衰道微，重建一個新時代之效果。

　　唐太宗君臣孜孜於史，尤其強調上述之旨。不過，太宗又特別重視本朝的歷史地位及其本人的歷史名譽，故鑒前史、揚先美諸觀念意識，最終遂歸結於個人的歷史聲譽與地位之獲得和關懷——所謂流芳百世、入史不朽的精神意識是也。因而重視修前代和本國史的程度，空前莫比。此則唐史之開修與三分之一的中國正史，故能於貞觀時代或稍晚，經太宗直接促成或間接影

〔註86〕請詳註44尾崎康之文（頁191）。《帝王略論》以天命解釋興亡，故爲反命定論的劉知幾所批評。但該文譯知幾言殆有誤，原文可參《史通通釋・雜說上》，卷十六，頁463。

〔註87〕分詳《晉書》卷五及卷八十七〈史臣曰〉。卷九十九論桓溫、卷一二二論五胡偏霸之國，史臣亦一再稱引眞命論。

響而完成。貞觀君臣特重史學之研討和致用，固為終能開修及完成上述史著的主因，同時蓋亦為促成「貞觀之治」的原因也。貞觀時代之為史學時代，殆無可疑。

三、國史修撰由壟斷化至禁密化

唐初史官有兩大體系，一為修前代史體系，例以專職史臣或他官充任，由宰相監修，地點在禁中秘書內省的修史所。這些史臣率皆各有本官，故事畢即撤，是一種臨時性質的任務編組，前述唐初大舉修齊、周、梁、陳、隋、晉六代史，即屬此系統。

另一則為列入政府常制機關的專職史官。這類史官自北魏孝文帝於五世紀改革時，即已採取修注（起居注）修史（國史）分離原則，漸漸劃分修注史官與修史史官兩系統──由集書省領起居修注，秘書省領著作省修史，二元運作。隋朝承之，頗事改變，有由宰相監領之趨勢，至唐初乃成定型。

唐承隋制，修注由隸屬於內史省（即中書省）的起居舍人負責。太宗貞觀二年（628），舍人移隸門下省，官稱改為起居郎，此即左史，而後形成左史院。高宗以後，又於中書省復置起居舍人，此即右史，品秩編制職掌同起居郎。於是，唐世左、右二史分隸兩省宰相，於起居院修注的體制乃告完成。

至於國史及實錄的修撰權，唐初仍由著作省的史館執掌。貞觀三年（629），太宗將史館移隸門下省，自後著作省即無法定修史權。史館移隸門下省，由宰相──未必是門下省長官的侍中──監修，館內並無建制性史官，卻另以他官充任史職，職稱為「修國史」或「兼修國史」。史館修撰國史實錄，為經常舉行之事，長期遴調他官充任此例行性工作，故無異為一常制而富彈性的任務編組系統；中唐以降，史職職稱漸定型為修撰（其中一人知院事）及直館，編制亦漸固定。唐朝前期門下省權重，高宗武后以降中書勢漸盛，故至開元二十五年（737），史館亦移隸中書省，遂成定制。

這裡所稱館院史臣，蓋指第二種體系之修注、修史兩系統專官及充職史臣而言。所謂「館院學派」，則指館院史臣中，有共同史學精神和主張者，尤以劉知幾等一夥「道術相知」的史臣而言。

秦漢一統以來，因司馬遷創新史學，至東漢遂大為朝廷所重視及利用，因而有國史修撰權中央化的壟斷趨勢，由此以至唐，乃日益完成為制度化，筆者已前後申論之，於此不贅。不過，於此尚須補充及強調者，厥為東漢以

降，除非朝廷力弱、王室勢衰，否則不論漢族或胡人政權，莫不注意及此。然而，他們大體只壟斷國史——本朝史的修撰，對於他國史、前朝史，或其他範疇諸史，原多無壟斷之意。唐初官修《五代史志》，將之辨章整理，歸爲十三類，而前朝史及他國史即分屬正史、霸史。其他範疇諸史，除典章經制各依專門分類外，其餘以雜史、雜傳爲大宗，特色是著作不完備，且有流於迂怪虛誕者。它們大量出現，基本上是由於史官失守，博達之士愍其廢絕，各記聞見，以備遺亡的風氣鼓盪下產生，該志〈經籍志‧史部〉載述甚詳。劉知幾則重新辨章爲雜史十種類。這些雜史雜傳，由於撰述人宗旨意識不一，且其書多亡，不易於此詳作分析。要之如劉知幾所評，他們大抵恃其文才，率爾而作，「多無銓綜之識」，「蓋不過偏記雜說、小卷短書而已」；若「責之以刊勒一家，彌縫一代，使其始末圓備，表裡無咎，蓋亦難矣」。〔註88〕這類撰述，朝廷不僅禁不勝禁，抑且也因其有發揚政教、增廣見聞的利用價值而不必禁，故禁抑重點主要在私修本國史。

　　隋文帝統一中國後四年——開皇十三年（593）五月癸亥詔：「人間有撰集國史、臧否人物者，皆令禁絕！」依據這道詔令，私修國史及私評人物兩項，皆在政府「禁絕」範圍之內，如此一來，不僅國史不得私修，抑且事涉當代人物的雜史、雜傳、霸史，乃至前代史，亦恐在禁限之內，打擊史學發展不可謂不重；比較六世紀初期李彪在北朝主張國史不可成於私家，及梁武帝在南朝不許吳均看前朝檔案以修《齊春秋》，所爲更甚，可謂集南、北風氣意識而冶於一，抑又嚴之以法令也。唐初大舉修前代史，其基本意識包括：確立「正史」、國朝需爲勝（或前）朝修「正史」、史文絕續在己而不可亡、藉修史統一思想以宣佈正統、爲先人存功業及爲本朝彰光明等，實有環繞及引伸此禁令在內的意識者，故亦繼承隋代大修前朝史未成的事業而踵成之。

　　隋代修前朝史往往爲宰相楊素所推動，情況不詳。唐初既延續此示令精神，乃有貞觀三年（629）於中書置秘書內省，由宰相房玄齡與魏徵監領其事，以修五代史之舉。十七年後詔宰相房玄齡和褚遂良監修《晉書》，亦依此「故事」。唐修六代史，對當時人物及其先世頌揚德業不遺餘力，正是天子及史臣，在禁令之下所宜進行的方向。而貞觀二、三年間，也正是起居郎及史館移隸更有權力的門下省之時，常制性修國史制度較南北朝進一步確立，與步向更

〔註88〕參《史通》，卷十〈雜述〉及卷九〈覈才〉。

禁密化的關鍵階段。

唐太宗朝欲踵成開皇史業，禁令的精神在史官制度上雖能較徹底執行，卻在政策落實於民間的層面上，沒有或不能完全貫徹。例如武德五年（622）唐高祖下詔大舉修前代史時，北周史由宰相陳叔達與令狐德棻等負責，另一宰相封德彝與顏師古則負責隋史，不過叔達卻私下另撰《隋紀》二十卷。不僅如此，王通之弟王績，曾向叔達借閱此書，以便完成其亡兄欲修撰隋史之意。〔註89〕這是事涉國史人物的歷史撰述，王氏子弟曾以叔達因長孫無忌而不敢述王通事蹟爲微辭，〔註90〕顯示唐高祖或雖繼開皇律令，但禁令並未有效施行。這或許可解釋爲事當開國初期，故未能執行。但是，王績好友呂才，在高宗時代也曾私修《隋紀》二十卷行于時。〔註91〕兼且，呂才《隋記》完成之同年——顯慶四年（659），另有兩種史著亦完成：一爲李延壽私修的《南史》和《北史》，一爲許敬宗官修的《(唐)國史》一百卷。〔註92〕《南、北史》下限至隋，必有事涉國史人物者，而高宗親爲製序。此書和呂才《隋記》，幾乎與唐國史實錄同步而修，唐朝並未嚴格制止，如隋文帝之怒收王劭也。顯示開皇禁令，唐初自始即未嚴格於民間執行，恐怕也未明令重申此禁。

唐朝最多不過只是繼承了開皇官修的基本精神，未見有制詔律令的頒行，以禁絕私修。於是自唐初至開元，私人修撰前代史者常有之。如上述陳叔達、王績、呂才、李延壽外，尚有敬播《隋略》二十卷，張大業《後魏書》百卷、《北齊書》二十卷、《隋書》三十二卷，〔註93〕徐堅《晉書》一一〇卷，

〔註89〕參《全唐文・王績・與陳叔達重借隋紀書》（卷一三一，頁13～14）；及〈陳叔達・答王績書〉（卷一三三，頁1～3）。

〔註90〕詳《全唐文・王福畤・錄東皋子答陳尚書書略》，卷一六一，頁2～5。福畤爲王績之姪，大詩人王勃之父。《舊唐書》將王績列入〈隱逸列傳〉，謂卒於貞觀十八年，死後《隋書》未就；又特謂「兄通，字仲淹，隋大業中名儒，號『文中子』，自有傳」云云。按魏徵等《隋書》今無王通傳，王福畤所怨恐爲眞。

〔註91〕呂才生於開皇二十年，卒於唐高宗麟德二年（600～665），爲隋唐間大術數家、哲學家、音樂家、藥學家及史學家，兩《唐書》有傳。《唐會要》卷六十三〈史館・修前代史〉記其在顯慶四年（659）二月，以太子司更大夫完成《隋紀》。侯外盧、趙紀彬撰〈呂才的唯物主義思想〉一文，爲他作平生簡表，將其撰《隋紀》列於龍朔年間，恐誤（見《歷史研究》，1959年9月）。

〔註92〕詳同上註所引《唐會要》，及同卷〈修國史〉顯慶四年二月五日條。

〔註93〕張大業乃唐太宗玄武門兵變功臣張公謹之子，兩《唐書・公謹傳》列其諸子

而元行沖《（北）魏典》三十卷更是針對官修《晉書》而撰。〔註94〕徐堅是劉知幾好友，知幾另一好友吳兢亦以官修五代史繁雜，而別撰新本，同樣是針對官修本而來。而且，吳兢於不滿官修之餘，居家私撰《唐書》及《唐春秋》；元行沖之表侄韋述，舉進士前亦私撰《唐春秋》，〔註95〕此則連國史亦可私撰也。至於溫大雅《今上王業記》、李延壽《太宗政典》、吳兢《貞觀政要》，乃是撰集本朝帝王事蹟者；令狐德棻《凌煙閣功臣故事》、敬播《文貞公（魏徵）故事》、李仁實《衛公（李靖）平突厥故事》等書，兩《唐書》〈經籍〉、〈藝文志〉斑斑記之，皆爲撰集當代人物者。唐代殆未完全遵從或貫徹開皇禁令，可以無疑。〔註96〕

　　唐代前期，私修前朝史及撰集本朝人物較多，是由於資料尚不致太難得到，及耳目尚可接的緣故；至於國史較少，則是由於唐朝史館制度繼承壟斷化而日益禁密化，以致史料極不易得見的緣故也。自唐迄今，私修當代史不易，此最爲主因。當代史料龐雜固然也是原因之一，但是每代史料情況皆如此，唐以前稱成功者多爲私修，顯示主因不應在此而在彼。

　　大體上，從一世紀班固被告「私改作國史」至六世紀王劭被告違禁私撰北齊史，幾乎分被漢明帝和隋文帝致罪身死，國史之禁止私修，政策趨向始終甚明確，只是正式頒詔禁絕，至隋文帝始見罷了。唐朝雖未見頒發此類禁

　　　　行次有矛盾，不詳。《新唐書》卷八十九〈公謹傳〉謂大業爲高宗兼修國史，著書百餘篇；《舊唐書》卷六十八同傳則謂大業撰《後魏書》一百卷、《隋書》三十卷。其弟大安在高宗中期爲宰相。但是，兩《唐書》經籍、藝文志史部，則謂《後魏書》、《北齊書》、《隋書》皆張大素所撰。按《舊唐書・方伎・僧一行列傳》，一行乃《大衍曆》撰者，俗姓張，即張公謹之孫，父名擅，從祖張太素撰《魏書》一百卷而〈天文志〉未成，一行續成之云云。據其所述，應爲張大業，其詳不明，要之皆出之於張公謹家族。

〔註94〕兩《唐書》徐堅傳未載其撰《晉書》，今據《新唐書》卷五十八〈藝文志・乙部，正史類〉所載。行沖與堅同年死，爲北魏宗屬，撰《魏典》所爭焦點之一，在說明魏時有「牛繼馬後」之謠，應說指魏晉受命，反對魏收以晉元帝爲牛氏私生子，冒姓司馬，以應天命之說（收說見《魏書》卷九十六〈僭晉司馬叡列傳〉）。按太宗御撰《晉書》即同魏收說法（詳《晉書》卷六〈元帝紀〉），故行沖無異衝著官修《晉書》而來也。

〔註95〕吳兢、韋述兩《唐書》皆有傳，此不贅，後文另論及。

〔註96〕張榮芳撰《唐代的史館與史官》（臺北：東吳大學暨中國學術著作獎助委員會，民國73年6月初版）一書，先疑唐於開皇禁令是否沿而未改，繼引《封氏聞見記》所載鄭虔采著書事，謂「可見唐代仍繼續施行此一禁令」（參頁33）。筆者不敢苟同，蓋其孤證，而又爲偏記傳聞之說也；且該書頁49即引白居易〈贈樊著作〉詩囑樊氏自著史，豈非害人違禁？

令或重申開皇詔令，但不表示已完全放棄了此傳統趨勢。國史禁絕私修，就政策看原來即不易完全貫徹，若將禁令範疇擴大至前朝史、雜史、雜傳等，更不易執行，這是唐朝前期上述修撰情況不絕的原因。但是，禁絕國史私修已是六個世紀以來的基本政策，唐朝若在無禁令仍然沿襲傳統政策之下，比較切實可行的措施，顯然唯有落實於史官制度的改革調整——亦即史官修史制度的禁密化，是禁絕國史私修政策較為有效及較可控制的方法。這是貞觀二、三年間，起居史官改隸權勢較大的門下省而作為侍中屬官，史館改隸為門下省作為直轄機關的重要原因。及至後來中書省權勢較大，基於相同因素，於該省或創置起居史官，並將史館由門下省移隸於此。門下、中書兩省唐制皆為宰相機關，且均置於禁內為供奉機關，是兩省史官由是禁密，非「通籍禁門」則不得而入，國史資料非他人所能輕易得見者也。在此情況下，民間私修國史自是不易，政府無禁制之惡名，而實收有禁令之效果。由此而言，史官制度禁密與國史修撰權壟斷化的關係，其密切可知矣。

四、禁密化下的貞觀修注制度、精神與功能

前面提及唐初史官兩大類，皆為宰相在禁內督導監修，以切實收統一思想之效者。於此，筆者不贅事畢即撤的第一類，而以第二類的修注和修史兩個系統為重心，蓋其事關常制性史官及修史制度，並為完全針對國史修撰而建制者也。

關於第二類，劉知幾有言：「夫為史之道，其流有二。何者？書事記言，出於當時之簡；勒成刪定，歸於後來之筆，然則當時草創者，資乎博聞實錄，若董狐、南史是也；後來經始者，貴乎儁識通才，若班固、陳壽是也。必論其事實，前後不同，然相須而成，其歸一揆。」〔註97〕知幾所言，粗視之，自可比於唐制的第二類系統，即當時草創為修注，後來經始為修史。不過，唐制自太宗採用梁朝修實錄之制，而納入修史系統，則修史系統遂亦有二任務：即修實錄（編年體）及修國史（紀傳體）是也，二者皆由史館任其責。因此，唐制修國史，嚴格而言有兩系統三程序——即由起居院操「當時之簡」以為起居注，史館秉「後來之筆」以成國史；而修國史前，史館先修實錄，則為中介性工作，對國史言是當時之簡，對記注言則為後來之筆。

〔註97〕《史通·史官建置》，卷十一，頁325。

　　官修程序分爲前序性（記注）、中介性（實錄）和終程性（國史）三階段，創始於梁武帝，而完成於唐太宗。當初，梁武帝蓋恐史官「以史制君」，而增修實錄，以便篡改，劉知幾似未知之。唐制由宰相監督史館修實錄和國史，常有刪略之事發生，淵源在此。不過修注官則不然。此官雖隸屬兩省，由宰相統率，但其修注權則頗能獨立舉職；而且修注官爲法定供奉官，密近天子，故能對人君作第一手紀錄。論其禁密性，實高於史館與修史官，可說是官修制度的第一禁密系統。若論唐朝官修之禁密化及精神的各種變動，需先由此開始。

　　唐起居制度承自北朝，450 年北魏崔浩史禍爆發，高允猶直答太武，謂「史籍者，帝王之實錄，將來之炯戒，……是以言行舉動，莫不備載，故人君愼焉！」而不畏一死。則知北朝儒者，「以史制君」的思想甚盛。是以降至 491 年，孝文帝詔定起居注制而分置左、右史官，常指示史官說：「直書時事，無諱國惡。人君威福自己，史復不書，將何所懼？」魏、齊官制，遂將起居省建制隸於侍從機關的集書省，以便左右史記錄人君言行。〔註98〕至隋文帝移隸內史省（中書省）宰相機關，而 628 年（貞觀二年）唐太宗再度隸於較中書更具權勢的門下省，起居官官稱定爲起居郎，乃是一步進一步的發展，使之更禁密化而已。

　　太宗朝只有門下省從六品起居郎的建制，編制僅二員。高宗顯慶三年（658）十二月十五日，另於中書省創建起居舍人。品秩編制與起居郎同，至此唐制左、右史建制始正式完成，但其修史制度則面臨致命性的變革。百三、四十年後，蘇冕撰《會要》，即曾記述此變革。他說：

> 貞觀中，每日仗退後，太宗與宰臣參與政事，即令起居郎一人執簡記錄，由是貞觀注記政事稱爲畢備。及高宗朝會，端拱無言，有司唯奏辭、見二事。其後許敬宗、李義府用權，多妄論奏，恐史官直書其短，遂奏令隨仗便出，不得備聞機務，因爲故事。〔註99〕

〔註98〕　第八章第三節。

〔註99〕　蘇冕爲唐德宗時人，與同時代的杜佑皆爲中國制度史的名家，所撰《會要》四十卷，內容以高祖至德宗當代的制度變革爲主，下開以後會要系列的發展（冕事附《舊唐書》卷一八九下〈儒學下・蘇弁列傳〉）。其曾叔祖即蘇良嗣，武后相：良嗣父即太宗秦府十八學士之一的蘇世長（參《舊唐書》卷七十五〈世長傳〉）。引文見《唐會要・省號下・起居郎起居舍人》轉引，卷五十六，頁 961。

亦即在太宗朝，朝會時起居郎固得依法舉職，記錄人君言行。但在退朝後，太宗與宰相入閣議事——大多爲朝堂上不便公開的機事，亦令起居郎一人執筆隨側記錄也。到底君相入閣，起居郎如何執簡？據唐憲宗元和十二年（817）九月勅的追述，情況是「仗下，秉筆隨相入禁殿，命令謨猷，皆得詳錄；若伏在紫宸閣內，則夾香案，分立殿下——正直第二螭首，和墨濡翰，皆即首螭之坳處，由是諺傳謂『螭頭有水』。官既密侍，號爲清美」。〔註100〕是則隋唐之際的起居史官——當時隸屬中書令爲供奉侍從官，原先職掌專在記錄人君言行，初無過聞機事及兼理中書省檔案之職權。貞觀二年移隸門下省後，始建立上述職權，似倣照貞觀元年的諫官改革——諫官隨宰相入閣預聞大政的新制——授權建立者。太宗革新諫官制度，是基於朕雖不明，猶則諸公「匡救」的構想而改革，目的假設在君相密議或許有缺失的情況下，隨時得諫官在旁「直言鯁議，致天下太平」。〔註101〕

唐初門下省權勢甚大，諫議大夫編制四員，與兩員起居郎皆爲重要建制官，爲其他機關所無者。太宗對此兩種建制官改革授權，目的在故意革新此二制，以尋找外力刺激——制度的制衡作用——使自已更愼政愼行，對諫官的要求是「直言」的及時匡救，對起居郎的要求是「直筆」的及時記其善惡。及時言救與當時筆貶，亦即表示將孝文帝的「以史制君」精神，切實建爲制度，庶幾使人君不爲過惡，克已復禮也。太宗選擇門下省建置此二官，是因門下省本部基本職權即爲參與決策、封駁制勅，而侍從供奉之故。太宗甚重視「爲官擇人」的原則，有時起居官出缺，繼任人選一時難得，亦會詔令原任而已遷爲諫議大夫如褚遂良，或他官——如給事中杜正倫等，兼知起居注事。這三種禁密侍從官職權的結合，將更會增強制君的效果，使孝文帝復建此制的精神更爲發揮。

以直諫最著，卻置君堯舜上的魏徵，一度淪爲竇建德的起居舍人，有修注經驗，任官門下省時，曾諫止唐太宗之欲納鄭氏女，聲言人君應「以百姓之心爲心」，納鄭氏女「恐虧損聖德」，「君舉必書，所願特留神慮」云云，是

〔註100〕詳同上註所引《唐會要》類別該年條，卷五十六，頁 963。螭，像龍而無角的神話動物也。

〔註101〕詳參《貞觀政要・求諫》貞觀元年條，卷一，頁 19A～19B。《唐會要・省號下・諫議大夫》類所載較略，但將其事繫於元年正月十五日（卷五十五，頁948），與《通鑑》卷一九二所繫同。

利用注記以制君的表現。〔註102〕他在起居郎改隸門下省的同年，推薦同為直臣的杜正倫，使之拜給事中兼知起居注。史載云：

> 太宗嘗謂侍臣曰：「朕每日坐朝，欲出一言，即思此言於百姓有利益否，所以不能多言。」
>
> 正倫進曰：「君舉必書，言存左右史，臣職當修起居注，不敢不盡愚直。陛下若一言乖於道理，則千載累於聖德，非直當今損於百姓，願陛下慎之！」太宗大悅，賜絹二百段。〔註103〕

是則杜正倫兼理改隸後的首任起居官，則已申明起居官必須執行「以史制君」的建制精神，而太宗亦以賞賜形式作為鼓勵與肯定。君臣的精神意識相契合如此，這是起居史官改革，及得以依職權舉修注的原因。

不過，這個制度牽涉一些基本問題，使之稍後不得不開始陸續改變，並至制度破壞、精神盡失之局。這些問題是：第一，此制的創制精神在「以史制君」——格君之非、制君之惡，但是，會有多少君主願意主動接受此制度真正的發揮？有多少史臣敢不顧前途真的執行？前者事涉人君的理性和修養，後者事涉史臣的史德，所面臨考驗的是人性和道德問題。第二，為了實踐「以史制君」，在制度上是否提供了史官自主記錄的保障，使之能充分舉職，不受控制？第三，為了實踐「以史制君」，所以史官預聞君相最高機密，既是最高禁密的事情，君相是否願意讓史官聞知，並作成紀錄？尤其在君相有私心，或欲進行不法勾當之時？制度與實際、人性與理想，有時或常常相衝突，上述問題勢必使修注制度面臨考驗及改變。

純就修注制度的本身看，貞觀體制是相當優美的。起居官是清美的宰相屬官，是皇帝的供奉侍從官之一，備受君相重視。他們多從中央各機關的優秀官員中選任，離任後的轉遷前途甚佳，最後能拜相的機會也甚大。〔註104〕

〔註102〕魏徵兩《唐書》有傳，不贅。諫止事見《貞觀政要‧直諫》貞觀二年條（卷二，頁34B～36A）。按此事《通鑑》繫於八年，魏徵時任侍中。

〔註103〕詳《舊唐書》卷七十正倫本傳，《唐會要》卷五十六〈省號下‧起居郎起居舍人〉類則續載於元年條之後，較省略。又二年時魏徵為尚書右丞兼諫議大夫，至三年二月遷秘書監，參預朝政，並監修五代史，他即再舉正倫調遷右丞以繼其缺（嚴耕望師，《唐僕尚丞郎表》（一），頁22～23），是則正倫以給事中知注記為時甚短，可謂移隸門下省後首任起居史官，且是兼知性質。

〔註104〕例如貞觀時代八個曾任起居郎的人中，即有杜正倫、褚遂良、馬周為太宗拜相；上官儀、李安期為高宗拜相，合共五相，比例甚高。有關史官人事遷轉等問題，請詳張榮芳《唐代的史館與史官》第四章。

他們擔任起居官，不必操慮省本部的其他工作，而得出入位於禁中的本省，獨立執行直筆修注的任務，不須事先請示上司侍中——與臺、諫獨立舉職的制度相似。他們作成紀錄的當時之簡，連皇帝也不能觀看，每季封送史館存檔，日後開修實錄或國史時，修史官始能得以參閱。預聞禁密是使到他們有歷練識見，以後遷官，乃至能拜相的原因。保護機密的措施，則使他們不致立即觸怒君相，免於刑罰的恐懼；相對的，禁中發生的事情他們依法不能泄漏，泄漏君相議政更是律有嚴罰。〔註 105〕於是導致國史重要事情外界無由得知，呈完全的禁密化，這也是使私修國史不禁而禁的最基本原因。

不過，即使純就制度看，修注制度仍有不可避免的妨礙因素。依制，沒有法令禁止皇帝絕對不許觀看起居注及實錄，監修宰相及修史官開修實錄或國史時，亦依法得參考起居注，是則修注的起居官仍須面臨秉筆的責任問題。雖然唐朝甚少為此追懲修注官，但對其日後昇遷前途的確仍有影響。其次，修注官是供奉官，依法由宰相薦進，皇帝特任，君相是否會薦用一個有史德的直筆者，讓他預聞機務而書其過惡？192 年王允惡留蔡邕在身邊以完成漢史而殺之，聲言「昔武帝不殺司馬遷，使作謗書流於後世」的中國首次殺史事件，迄今可令人獲得啟示。

貞觀體制下的修注與臺、諫三制度，配合運作，實為制衡君相、制裁過惡的理想制度。然而臺、諫彈諍於當時，記注卻褒貶於千載，故尤以後者為君相所關注，破壞得最早也最嚴重，而且皆歸咎於許敬宗和李義府。其實，修注制度創自太宗，而貞觀中期以後，原來的「以史制君」精神亦已開始有變化。

太宗未即位前即折節讀書，由於其地位與權力，故很早即重視史學。他由此具有極濃烈的歷史意識及豐富的歷史知識，是中國史上最能以史為鑒，並善加實踐，運用歷史教訓極為成功的君主。特重個人的歷史譽譽，擴而充之，特重本朝的歷史地位，又進而推及先世聲名，於是才有令史官禁密化以制君，開修五代史後再重修晉史之舉。貞觀九年（635）以天下太平，比較古

〔註 105〕《唐律・職制律》第十九條對泄密定有明罰，最重為絞刑，詳參長孫無忌等
　　　　著《唐律疏議》（臺北：臺灣商務印書館，民國 62 年 2 月臺二版）卷九，頁
　　　　81～82。案：所謂「應密者」當然不止禁中事，無忌等對此條文有法律解釋。
　　　　但是，禁中事情大體皆為「應密者」，兩省供奉官依法當遵守，否則即使功臣、
　　　　親戚、宰相皆需受罰。如《舊唐書》卷七十〈王珪列傳〉，轉侍中王珪在貞觀
　　　　七年，「坐泄漏禁中語」而左遷為刺史是也。

今君主之餘，自覺有超越前古的歷史地位，遂思「善始令終，永固鴻業」，「令數百年後，讀我國史，鴻勳茂業，粲然可觀，豈惟稱隆周、炎漢，及建武、永平故事而已哉！」他既已有此強烈的歷史意識，則在這年曾有親觀起居注之意，也是很自然的事。《唐會要》載此年十月諫議大夫朱子奢的抗表，說：

> 今（十）月十六日，陛下出聖旨，發德音，以「起居記錄書帝王臧否，前代但藏之史官，人主不見。今欲親自觀覽，用知得失。」臣以爲聖躬舉無過事，史官所述，義歸盡善。陛下獨覽起居，於事無失，若以此法傳示子孫，竊有未喻：大唐雖七百之祚，天命無改，至於曾、元（玄）之後，或非上智，但中主庸君，飾非護短，見時史直辭，極陳善惡，必不省躬罪己，唯當致怨史官。但君上尊崇，臣下卑賤，有一於此，何地逃刑？既不能效朱雲廷折、董狐無隱，排霜觸電，無顧死亡，唯應希風順旨，全身遠害。悠悠千載，何所聞乎？所以前代不觀，蓋爲此也。〔註106〕

按人君不能看起居注，不悉起於何代，隋唐則未見律令明文作規定，是則可能爲歷代修注慣例，所謂「故事」者是也。無法令約束君主的親觀，是修注制度不安的根本問題。這時太宗已表示欲打破慣例，親自觀覽，表面理由是「用知得失」，內裡意義應與上述強烈的歷史意識有關——欲確知史官對自己的評價是否可以永垂不朽也。朱子奢抗拒破例的理由非常直接，表示太宗要求雖然合理，但基於人性和修養，恐怕人君讀後會「致怨史官」，使之難以「逃刑」。此例既開，既有史德的史官不免一死，無史德的史官則全身遠害，坐致千載無信史，極有害於史學的最基本原則。這是後來館院學派所最究心，而劉知幾《史通》的〈直書〉、〈曲筆〉兩篇，所反覆申論者。

太宗這年雖理性地沒有堅持破例，但強烈的歷史意識既生，則情結自難開解。降至貞觀十六年（642），遂忍不住再欲破例觀注。當時修注官因魏徵推薦而被太宗親信的褚遂良，《唐會要》載此次談話說：

> 「卿知起居，記錄何事？大抵人君得觀之否？」
> 對曰：「今之起居，古之左右史，以記人君言行，善惡必書，庶幾人主不爲非法，不聞帝王躬自觀史。」
> 太宗曰：「朕有不善，卿必記之耶？」
> 遂良曰：「守道不如守官，臣職當載筆，君舉必書。」

〔註106〕見該書〈史館雜錄上〉該年條，卷六十三，頁1102。

黃門侍郎劉洎曰：「設令遂良不記，天下之人皆記之矣！」〔註107〕
遂良善能發揮魏徵、杜正倫堅守的精神，直截了當答以「以史制君」之意義，
以卻太宗的明知故問。或許太宗以為遂良是親信，對他向來如「飛鳥依人」，
可以通融破例；不意卻遭他和「性最堅貞」的劉洎所拒絕和教訓。〔註108〕至
此，太宗才死了親讀起居注之心，翌年轉而要求親閱實錄（容後詳）。不過在
這兩件事情轉變之間，太宗仍能向遂良作出「朕今勤行三事，望爾史官不書
吾惡：一則遠鑒前代敗事以為元龜。二則進用善人共成政道。三則斥棄群小
不聽讒言。吾能守之，終不轉也」之前述誓言，可見起居制度得適當史官人
選，其發揮「以史制君」作用竟至於此！然而，太宗在他主動授權創設的制
度下，能充分尊重制度的客觀性及修注官的自主性之同時，亦漸漸由恐懼被
制產生「不書吾惡」的要求，且也有由不書吾惡而漸至要求書吾美的傾向，
故貞觀二十二年（648），太宗平漠北，以為聲威至此，乃是中國史空前的紀
錄，遂謂群臣說：「今日起居記朕功業，亦為劬勞！」即此意向的表現。亦即
後來許敬宗等破壞制度後，修注制度及修注官記事原則發展的趨向。在這種
精神意識下，太宗雖未打破觀注慣例，卻打破了觀實錄的慣例，能破實錄例
即可能間接破記注例，故謂後來唐朝整個官修國史制度的破壞，可溯源至太
宗此期間的精神意識之變化，殆不為過。

五、館院制度的破壞及其意義

前序性修注系統已如上述，今試論其中介性與終程性，並由史館修史的
破壞變化，試論其影響於注院，乃至整個官修國史體制者，以見官修史的精
神變動及優劣良弊。

貞觀三年（629）閏十二月，史館由秘書省著作局移於門下省北，遷入禁
中直隸於宰相，由其監修，此即禁密化成為制度化。原掌史的著作局著作郎

〔註107〕引文詳見同上註該年條（頁1102～1103）。按此次談話，《貞觀政要》載之最
　　　　詳（參〈文史〉貞觀十三年條，卷七，頁7B～8A），有太宗「朕欲見此注記
　　　　者，將卻觀所為得失，以自警戒耳」自我解釋動機之語，但繫其事於十三年，
　　　　殆誤。今據《會要》繫於十六年四月二十八日，《通鑑》同之而更簡略，《舊
　　　　唐書》卷八十〈遂良傳〉採自《會要》。該傳載貞觀十年遂良為起居郎，十五
　　　　年遷諫議大夫兼知起居事，即談話時遂良官職是諫、注合於一身。
〔註108〕太宗認為遂良「甚親附於朕，譬如飛鳥依人」等，詳參《舊唐書‧長孫無忌
　　　　列傳》，卷六十五，頁8～9。

和佐郎，從此脫離法定的史任。〔註109〕由貞觀三年到七年，秘書省長官爲魏徵，他以秘書監・參預朝政而爲宰相，故中書於貞觀三年置秘書內省以修五代史，而史館則移入門下，疑與徵以秘書監充相職之事有關，因史料闕如，不能得知其詳。然而起碼可知魏徵以秘書省長官充相職，遂使該省原有的前朝史和本國史修撰職權遭到剝奪，隨他入相而移入禁中，分置於中書和門下也。當時國家大修撰中，以完成五代史最爲重大，國史修撰並未觸目，故魏徵仍以長官身份在中書的秘書內省監修五代史；雖至七年正拜侍中，仍舊跨省監修，以至完成。至於在門下省的史館，魏徵並未監修，而是以玄武門兵變第一功臣的左僕射房玄齡爲監修。至玄齡死爲止，皆其一人監修國史，似有深意焉。〔註110〕

　　不論如何，就有強烈歷史意識的唐太宗立場看，魏徵原爲太子李建成舊僚，曾爲己之死敵，既讓他以秘書省拜相，此時是否尚宜由他直接督導所屬著作局修國史，使據實直書開國及兵變事？誠值三思。若其不便，則奪史館以歸門下省，另置秘書內省於中書，使魏徵入內監修以慰其心，又令玄齡同爲總監以協助或牽制之，實爲良策。再者，史館既在門下省，省長官（侍中）當時是另一建成系統的王珪，則史館當亦不便被此人監督也。筆者或以小人之心度君子之腹，但史館此年重大改革，尤其魏徵在任而所屬史館被奪；既移門下省，復又不由侍中王珪以本省長官監修國史，反以與兩省無關的左僕射房玄齡監之，並另總監五代史，其巧如此，豈非可疑？初唐史曾被篡改而至隱晦，筆者所疑，容或非妄。何況魏徵始終堅持「以史制君」，曾因諫納鄭氏女而警告「君舉必書，所願特留神慮」！又曾警誡太宗，說「臣聞人主位居尊極，無所忌憚，惟有國史，用爲懲惡勸善。書不以實，嗣後何觀」！此對當時早已自覺當年非、而又有強烈歷史意識的太宗言，由魏徵或王珪監督國史修撰，實有不便、難言之處。〔註111〕

〔註109〕參《唐會要・史館上・史館移置》首條，卷六十三，頁1089。同書卷六十五〈秘書省・著作郎〉條誤爲貞觀二十三年，《舊唐書》卷四十三〈職官志〉有關稱官署、官稱條，可詳此變化。

〔註110〕魏徵以秘書省長官身份，及後來以侍中，在中書的秘書內省監修，並參與《隋書》修撰工作，蓋無疑問。因爲秘書省修五代史既移入內省，徵仍被委託，監督以竟全功也。或許修前代史繁重，故房玄齡與徵並爲總監；但魏徵卻未以舊長官身份，獲授權與玄齡監修國史。魏徵原爲太子建成心腹，太宗改革史館隸屬及監修，殆有深意。

〔註111〕諫納鄭氏女及太宗自覺其非事，請參本章第二節。至於王珪除了原是建成心

筆者上述臆論應具關鍵性。因爲遲至貞觀十六年,太宗向褚遂良索閱起居注不成,而尋向之宣示,要勤行三事,「望爾史官不書吾惡」,不久則監修國史的房玄齡就獻上實錄讓太宗看了。此事若換了魏徵、王珪,乃至遂良或劉洎,殆不可能發生。

照說房玄齡若如《隋書‧房彥謙(玄齡父)列傳》所言,當年常受其父「講說督勉」的庭訓,則玄齡必知國史不能隱惡曲筆之義。因爲該傳載其父致張衡書,批評北齊及陳朝,近臣隱惡,「史官曲筆,掩瑕而錄美」,使人君因蔽塞而導致國亡。〔註112〕《隋書》是魏徵監修,顏師古和孔穎達爲主力,而佐以敬播和許敬宗,始得以完成的。〔註113〕是書對房玄齡父頗有虛美之嫌,雖說敬播史才頗有聲譽,但「玄齡深稱播有良史之才,曰:『陳壽之流也!』」書成遷之爲著作郎‧兼修國史,不知是否酬其爲己父虛美?因爲當時許多有名的史臣中,玄齡特許僅有進士出身而無任官履歷的敬播,並竟比之於陳壽,超擢其兼修國史,寧無可疑?〔註114〕至於許敬宗,在貞觀八年任著作郎‧兼修國史時,即喜謂所親曰:『仕官不爲著作,無以成門戶!』顯示早有以文筆作求功名、立門戶之工具的意識。〔註115〕由此言之,敬播、許敬宗爲玄齡父虛美,而玄齡以兼修國史相酬,未必無可能。知幾後對五代史屢加批評,殆非率意之舉。

太宗不用魏徵或王珪監修國史,而用玄齡,初始即曾指示他修撰國史應該抱何種價值觀點、如何定選擇系統,從而判斷那些文章事蹟可以載錄。〔註116〕這種態度顯然與對魏徵、杜正倫和褚遂良論修注大不相同。及至太宗屢次索閱起居注不果,遂敢轉而向玄齡索閱國史。索閱國史的時間和情

腹外,他也是一個貞正之人,故被太宗尊敬。太宗請他評論玄齡以下諸相優劣,說到自己時,聲言「至如激濁揚清,嫉惡好善,臣於諸子,亦有一日之長」(《舊唐書》卷七十本傳)!其人格特色、歷史淵源,殆亦不便以侍中長官監修國史也。

〔註112〕 詳《隋書》卷六十六,頁 1561～1566。
〔註113〕 《隋書》中魏徵領銜,但主要爲顏、孔執筆,重要助手爲敬播。《舊唐書》卷八十二〈許敬宗列傳〉謂其曾參與五代史修撰,《新唐書》卷二二三上〈姦臣‧許敬宗列傳〉則謂曾參修《隋書》。
〔註114〕 詳參《舊唐書‧儒學上‧敬播列傳》,卷一八九上,頁 9～10。
〔註115〕 詳同註 102 所引敬宗兩傳,引文見新傳(頁 1)。
〔註116〕 詳《貞觀政要‧文史》貞觀初條(卷七,頁 6B～7A),《通鑑》將之繫於三年三月(卷一九三,頁 6063～6064),亦即拜左僕射‧監修國史後一個月的事也。

況，諸書記載頗異，但可肯定者乃是玄齡不敢拒絕。《貞觀政要‧文史》類云：

> 太宗謂玄齡曰：「朕每觀前代史書，彰善癉惡，足爲將來規誡，不知自古當代國史，何因不令帝王親見之？」
>
> 對曰：「國史既善惡必書，庶幾人主不爲非法。止應畏有忤旨，故不得見也！」
>
> 太宗曰：「朕意殊不同古人，今欲自看國史者，蓋有善事固不須論，若有不善，亦欲以爲鑒誡，使得自修改耳！卿可撰錄進來！」玄齡等遂刪略《國史》爲編年體，撰《高祖》、《太宗實錄》各二十卷表上之。〔註117〕

玄齡完成二實錄的兩個助手，正是敬播與許敬宗，他們在貞觀十七年（643）七月十六日奏上。劉知幾不知何據，頗謂二書取法開國時代溫大雅的《大唐創業起居注》，而「相次立編年體，號爲《實錄》」云云，以論唐世實錄之創始。〔註118〕其實隋唐之際，國史修撰原爲著作局職掌，知幾說「貞觀初，姚思廉始撰紀傳，粗成三十卷」國史，可知十七年以前已有國史修撰，但似不止思廉一人修撰而已。〔註119〕自史館移入門下隸玄齡監修，參修者即帶「修國史」或「兼修國史」銜，這是北朝以他官參修國史的慣例，至於另稱資淺者爲「修史學士」，則取南朝梁陳的名例。〔註120〕值得注意者，乃是唐朝此時

〔註117〕《政要‧文史》類將之繫於貞觀十四年（卷七，頁 8A～8B），《唐會要》繫於十六年與遂良、劉洎談親觀起居注的事後，在宣示勤行三事冀史官不書吾惡的事前（《史館雜錄上》，卷六十三，頁 1103）。《通鑑》在二實錄呈上日追述此語而較簡略，中間插入原爲貞觀九年發生的朱子奢拒親觀起居注表，較爲離譜，因太宗欲觀國史與觀注記是二事也。且太宗指示玄齡呈國史若爲九年事，幾不至越六、七年始「刪略」完成（參七月癸巳條，卷一九七，頁 6203）。劉知幾自謂他與吳兢等重修《則天實錄》爲三十卷，雖「舊史之壞，其亂如繩；錯綜艱難，期月方畢」，亦不過期月而已（《史通‧古今正史》，卷十二，頁 374），可知司馬光編次史事有疑。只是吳兢的《政要》與《唐會要》，不知以何者繫年爲是，且既稱爲《太宗實錄》而非《今上實錄》，即知此二書乃後來追記之筆，已非「當時之簡」矣。

〔註118〕詳《史通‧古今正史》，卷十二，頁 373。

〔註119〕思廉在貞觀三年以前任著作郎，十一年死，兩《唐書》有傳，而皆未及其修撰國史事。引語見同上註書頁，或許唐國史最早爲思廉任著作郎時開修，故用其名耶？

〔註120〕三年以後帶「兼修國史」者如令狐德棻、李延壽等，爲「修史學士」者如敬播、鄧世隆等，略可參《舊唐書》卷七十三〈令狐德棻列傳〉。

已有紀傳國史若干卷篇，而敬播、許敬宗皆爲兼修國史（敬播或稱「修史學士」）。北朝只有修注記及修國史二體系，唐承之，故原無修實錄此一程序。這時皇帝要破例觀國史，玄齡以「以史制君」精神和史官恐懼意識答之猶不能拒，於是在不破壞慣例而又能讓皇帝觀史的需求壓力下，只有變通爲「刪略《國史》爲編年體」的《實錄》，應非如劉知幾所言取法於溫大雅注記也。因爲《實錄》原由南朝梁武帝所創行，有以編年體作中介性撰述，沙汰一些不利於國朝統治聲譽的史實之作用，許敬宗出身梁陳史官世家，豈會有不知之理？玄齡創行唐朝實錄修撰，或與許敬宗及當時史官制度帶有南朝制度因子，頗有關焉。

　　二實錄的創行，原來已是玄齡不敢堅拒太宗之要求壓力，委曲變通而作。他自己是玄武門兵變主謀，個性畏愼而善知太宗意，當知太宗堅持要親閱國史，重要目的之一當在看史官如何述其玄武門兵變，故在眾修史官中獨選敬、許二人主持「刪略」，恐自有其道理。不意太宗看後，猶感不滿，《政要·文史》續云：

> 太宗見六月四日事（指兵變日）語多微文，乃謂玄齡曰：「昔周公誅管蔡而周室安，季友鴆叔牙而魯國寧，朕之所爲，義同此類，蓋所以安社稷，利萬人耳！史官執筆，何須有隱？宜即改削浮詞，直書其事！」

這段詞據，可以推知敬、許原本的「刪略」，尚有未盡令太宗滿意者，即在「語多微文」而尚未徹底削略也。太宗尋而指示監修，務必遵照其價值系統，另作「義」理判斷解釋，進行修改。據此原則修改，太子、齊王即變成不義，而太宗當日則義同周公，當然可「直書」秦王誅「三監」以救社稷，進一步刪盡「微文」和「浮詞」也。這眞是一件不幸，而又影響中國此下官修史發展甚深遠的事情。原本太宗奠定的史館制度——禁密化與宰相監修——發生變化，即國史記述縱令有誤，而民間史家已不可能立即討論更正；且修史官在宰相監督下，形勢上亦已不可能完全獨立自主。這時除此以外，更增加了皇帝親自干預史的惡例和因素。如此，國史尚有眞實的可能否？就此角度看，太宗誠爲中國史學的罪人，玄齡等不能拒之於前，復不能不遵從指示修改於後，雖云形勢比人強，但其破壞體制，曲從君意，亦罪無可逃。李樹桐先生一再撰文指責許敬宗，〔註121〕照此而看，實不能貶天子、退諸侯，只能討大

〔註121〕李師在臺灣中華書局出版《唐史考辨》諸書多種，內收諸文論唐初史實者，

夫而已，未必公平。

據天子指示而修改後的實錄，當然符合太宗之意，難怪太宗有讀之「感動流涕」，勅命秘閣收藏，並賜太子及諸王各一部，也准許三品以上京官抄寫之舉，國史的禁密性亦因而打破。〔註 122〕《高祖》、《太宗實錄》有問題，絕不能單獨歸咎於許敬宗後來的修改。〔註 123〕敬宗祖與父──許亨和許善心，原為梁陳史官，染有南朝為君隱諱之風，善心仕隋時，即倡言「國惡雖諱，君舉必書，故賊臣亂子，天下大懼」之說，對其子不無影響。〔註 124〕試想「國惡」已諱，雖書君舉，尚何制君效果之有？人君不懼而專制臣子，則亂源何日可息？飾主闕、逢君惡，自《漢書》起，此風即屢被批評，如此而講「以史制君」如玄齡者，尚有何意義可言？如此而求史官自主直筆，則又緣木求魚也。太宗為此「降璽書褒美（玄齡），賜物一千五百段」；敬宗為此「封高陽縣男，賜物八百段」；敬播亦獲賜物五百段，其後並奉命完成貞觀十五年至太宗死為止的《續貞觀實錄》，可謂愈受厚賞者愈應受上刑。〔註 125〕

這四個君臣之間，似乎獲得最大精神利益者為唐太宗，獲得最大現實利益者則為許敬宗。他原本早已為太宗未即位前著名的秦府學士，不知何故一直未能如其他秦府同僚般快速昇遷，此事令他獲得封賞之外，兼且尋即檢校黃門侍郎（原官給事中），自此仕途暢順，至於拜相。不過，他原本有隱諱史學的家學淵源，人格亦被稱為奸詐，由此機會而大得啟示，遂能逢君之惡，加促破壞修史體制，而因此大獲政治利益。所謂「仕宦不為著作，無以成門戶」，不此之謂歟？

貞觀晚期，陸續開修《晉書》及《五代史志》。《晉書》部份由房玄齡、褚遂良、許敬宗主持，太子舍人李義府參修，敬播則為條例詳訂者之一。義府為人亦稱奸詐，文筆之佳，則略同許敬宗；由於他「笑中有刀」，人稱之為

多極力批評敬宗，治唐史當耳熟能詳，此不贅。

〔註 122〕詳《唐會要・修國史》貞觀十七年條，卷六十三，頁 1092。

〔註 123〕《舊唐書》，卷八十二〈敬宗傳〉，說二實錄「敬播所修者頗多詳直，敬宗又輒以己愛憎，曲事刪改，論者尤之」云云，《新唐書》本傳略同。按：敬播、敬宗當日「刪略」國史，使成「微文」、「浮詞」，顯然已非敬宗一人所宜負之責任。即使後來據太宗指示再修改，亦應為太宗、玄齡宜負主責。敬宗誠姦，但就此事言，則是君相令其為姦也。隱君相之惡，略敬播之為，而虛增敬宗之惡，未為公允篤實。

〔註 124〕請詳第八章第四節。

〔註 125〕其事各參《舊唐書》本傳，不另贅。

「李貓」。他原本以文筆見稱，此次參修前代史，自此仕途暢順以成門戶，亦略與敬宗同。唐朝國史的修撰，他即在永徽二年（651）以中書舍人本官兼修，而許敬宗則同年因賣婚受金而被貶出爲刺史。〔註126〕當時，令狐德棻、敬播負責的貞觀續實錄——由十五年至二十三年太宗死——早已於永徽元年完成，爲長孫無忌領銜奏上矣。至此，除起居注，其他史料以外，《高祖實錄》、《太宗實錄》共六十卷亦已完成，可以進一步修撰終程性的國史了。

劉知幾說：「貞觀初，姚思廉始撰紀傳，粗成三十卷；至顯慶元年（656），太尉長孫無忌與于志寧、令狐德棻、著作郎劉胤之、楊仁卿、起居郎顧胤等，因其舊作，綴以後事，復爲五十卷。雖云繁雜，時有可觀。龍朔（661～663）中，（許）敬宗又以太子少師總統史任，更增前作，混成百卷。」〔註127〕

按自貞觀至永徽，臣僚以「兼修國史」名義，通籍禁門，入內修史者，前後相繼；而至貞觀二十二年（648）七月玄齡死爲止，皆始終由其一人監修，故有十七年「刪略」紀傳體國史而爲編年體的二實錄之事。玄齡死後，監修之任落在高季輔和張行成身上。〔註128〕稍後令狐德棻、于志寧、長孫無忌等加入爲監修，而僅德棻一人不是宰相，此時已是高宗永徽元年及二年之事了。〔註129〕由二年至三年，新拜宰相柳奭、來濟、韓瑗、褚遂良亦先後爲

〔註126〕事詳兩《唐書》義府本傳，《舊書》在卷八十二與許敬宗同傳，《新書》亦與之同列〈姦臣列傳〉的首、次位。當時高價婚娶風氣頗盛，敬宗嫁女受金被劾外放，兩書本傳均有載。

〔註127〕詳《史通・古今正史》，卷十二，頁373。

〔註128〕按貞觀十九年太宗親征高麗，留太子（高宗）在定州監國，並命宰相高士廉、劉洎、馬周輔助，東宮三個重要官員張行成（太子少詹事——相當於尚書省僕射）、許敬宗（左庶子——相當於門下省侍中）、高季輔（右庶子——相當於中書省中書令），各以東宮後備三省長官性質的官僚，「同掌機務」。《新唐書》卷六十一〈宰相表上〉，以爲張、許、高三人皆拜相，其實三人掌留守機務也，詳參拙著《唐代中央權力結構及其演進》，頁366～372，《舊唐書》卷七十八〈高季輔列傳〉謂其在貞觀二十二年遷中書令兼檢校吏部尚書兼修國史，據嚴歸田師考證，他在二十三年五月由右庶子・兼吏部侍郎・攝戶部尚書遷該官（參《唐僕尚丞郎表》，頁492），則監修國史亦當在二十三年遷官後，即玄齡死後之翌年。張行成亦同日兼侍中，檢校刑部尚書（同年表頁978），故其監修國史亦當同時。

〔註129〕《舊唐書》卷七十三〈令狐德棻列傳〉謂永徽元年復爲「禮部侍郎・兼弘文館學士，監修國史及五代史志，尋遷太常卿兼弘文館學士」。據嚴師前引表考證應爲少卿，在二年閏九月前遷（參頁845～846），除新官後不知是否仍監修。至於無忌、志寧太宗末即爲宰相，永徽二年監修國史，各本傳有記。張榮芳《唐代的史館與史官》對此語焉不詳（參頁52、270）。

監修國史，突破一相監修的慣例。多相監修乃於貞觀二十三年太宗死後出現，至永徽四年，竟有八相監修之局，爲唐朝之最高紀錄。〔註 130〕蓋爲修撰高祖、太宗《兩朝國史》故也。

　　自永徽三年（652）後，許、李二人皆在館兼修國史，適值武則天營求爲昭儀（五年）及皇后（六年），遂密贊其事，獲得帝、后的寵任，武氏既爲后，遂於永徽六年拜義府爲相，監修國史，稍後許敬宗也拜相監修國史，數年間密助武后誅逐其他諸相，至顯慶四年（659）殺長孫無忌，大權在握，遂能「總統史任」。

　　在許、李拜相監修之前，二人在諸相監修指導之下，當無裁奪史實的權力。而唐《國史》五十卷，連先前已粗成的三十卷，凡八十卷，則早於顯慶元年（656）七月三日——李義府監修後一年，許敬宗未拜相監修之前——由無忌等領銜奏上；該書斷限自開國，以止於太宗之死。〔註 131〕劉知幾對此書評價不算高，或許與房玄齡——玄武門兵變第一功臣——監修於前，另一位第一功臣長孫無忌監修於後，而善於曲筆篡改的許敬宗負責修撰等因素有關吧？要之，此時創始的唐國史始終有可疑之處，只是需待許敬宗「總統史任」以後，國史不實及官修制度不善的問題，始普遍明朗化而已。

　　上述初唐實錄、國史草成後，史館復修《高宗前實錄》。此實錄於顯慶四年（659）二月五日完成，由許敬宗以中書令名義領銜奏上。這時，于志寧已罷相，長孫無忌則「黔州安置」，許敬宗已「總統史任」，〔註 132〕武后與許敬

〔註 130〕張行成死於四年九月，同年十二月高季輔亦死，則永徽三年當有行成、季輔、志寧、無忌四相監修。行成死後，季輔死前，補入新拜的崔敦禮，連上述二相及柳奭等四相，則共有八相監修。行成、季輔之死，據《新唐書》卷六十一〈宰相表上〉在永徽四年。又令狐德棻在國史奏上時仍署名，不知是否仍爲監修，若是則爲八相九人監修矣。

〔註 131〕前引劉知幾言作八十卷（《舊唐書》卷七十三〈令狐德棻列傳附顧胤傳〉亦謂八十卷），據《唐會要》作八十一卷，可能有一卷爲序或奏表之類。此時令狐德棻繫銜國子祭酒，排名在無忌、志寧、崔敦禮三相之後，在李義府之前，皆未繫「監修國史」之職稱，參〈修國史〉該年月日條，卷六十三，頁 1093。

〔註 132〕諫立武后諸相中，無忌最後罷免。《舊唐書》卷四〈高宗本紀上〉繫其被「安置」——軟禁——在是年四月。高宗早年實錄二十卷完成時間據《唐會要·修國史》該年月日條（卷六十三，頁 1093），但領銜奏上時除敬宗外，另一相爲中書侍郎許圉師。按圉師在該年四月以黃門侍郎同三品，五月改中書侍郎同三品，《唐會要》作二月五日奏上，可能爲五月之誤。李義府則在去年十一月貶出，是年八月復相，未聞監修國史。圉師、義府官職變動，蓋據《新唐書》卷六十一〈宰相表上〉。

宗等密謀的連串政治整肅已經發動。此下許敬宗主持的《龍朔（高宗年號）國史》，其篡僞逐騰時人之口，史謂：

> 敬宗自掌知國史，記事阿曲，……虛美隱惡如此。初，《高祖、太宗兩朝實錄》，其敬播所修者，頗多詳直，敬宗又輒以己愛憎，曲事刪改，論者尤之。〔註133〕

按此段文字，表面似乎針對篡改兩朝實錄而發，其實批評者評及某事應入某傳此類問題，顯示是針對龍朔間的紀傳體國史而言也。即許敬宗據實錄修成國史，極盡顛倒刪篡之能事，以掩飾武后入宮以至居中整肅諸史實，修成二十卷的《龍朔國史》——斷限自貞觀二十三年至顯慶間。〔註134〕

八十卷本的《永徽國史》，原本在太宗君相史臣之下，恐已刪略篡改，於今與《龍朔國史》合成百卷，篡改之精神行爲前後一致，而敬宗始終參與或主持，是以亦最後獨尸其咎。

百卷本三朝國史（高祖、太宗及高宗前期）遭時人喧騰，而高宗本人也曾親閱過。篡僞之跡，連高宗也看不順眼，聲言「敬宗所紀，多非實錄」，稍後指令劉仁軌等監督修正。不過，高宗又從而指示切實修改之處及其原則：某事必須移某傳，使「垂之後昆」；某事「亦須入史」，使存實錄；必須令太宗的「盛業鴻勳，咸使詳備」云云。此事發生於咸亨三、四年（672～673）之間，許敬宗已死之後，值主要負責修撰的史官李仁實卒官而止。〔註135〕

從貞觀至咸亨凡半個世紀，唐朝官修制度及官修成果，暴露了重重問

〔註133〕詳《舊唐書》卷八十二本傳，《新唐書》本傳略同。

〔註134〕兩《唐書‧敬宗傳》指出《實錄》不實之處，其實爲紀傳《國史》的不實。《唐會要》亦同此誤，且繫事在顯慶四年的《高宗實錄》之後，殆更爲大誤（參卷六十三〈修國史〉該年條及〈史館雜錄上〉顯慶二月二月條）。按《舊唐書》，卷七十三〈令狐德棻列傳〉，知德棻參與「撰《高宗實錄》三十卷」，此與高宗《國史》二十卷不同。

〔註135〕《唐會要‧修國史》詳載高宗評論及指示劉仁軌等修改，但未繫明何年，只云「三月」（詳顯慶四年條，卷六十三，頁1093～1094）。按仁軌繫銜太子左庶子同三品，「並修史」諸臣李敬元爲吏部侍郎同三品，郝處俊、高智周分爲中書、黃門侍郎，則據《新唐書》卷六十一〈宰相表上〉，當爲咸亨三年十二月以後事，至遲不超過上元二年（675）八月，《會要》誠混亂也。許敬宗在咸亨元年致仕，三年死，年八十一。當時劉仁軌等用左史（起居郎）李仁實「專掌其事，將加刊改，會仁實卒官，又止。」仁實在《舊唐書》附於〈令狐德棻傳〉，《新書》無述，劉知幾則稱其「續撰于志寧、許敬宗、李義府等傳，載言記事，見推直筆」（《史通‧古今正史》，卷十二，頁373），卻未提其修正敬宗曲筆諸處。

題：

　　就制度言，官修的禁密化已遭到衝擊而破壞，太宗由於不能親閱具有第一禁密性的起居注，遂退而要求中介性的實錄，至高宗時且親讀國史，並且指示依照君主意旨修改。禁密之意義，不僅在集合極少數的史官入禁中秘密修史而已，抑且連君主也不許親觀本人起居注及當代國史。至此，經太宗、高宗的突破，不僅此傳統禁制被打破了，而且也允許其他臣工閱讀傳抄當代實錄與國史。禁密性破壞後，修史官的史德遂面臨重大考驗。

　　國史和實錄的禁密性破壞後，所引起的，乃是人們對官修國史的可靠性與真實性質疑，於是重修國史實錄之例遂由此開啓，以後史不絕書。史館的功能制度，遂一再面臨考驗。

　　另外，國史實錄的最重要史料根據為起居注，館臣在宰相監修，或人君指示下，獨立修撰權可說已喪失；但起居院院臣不受宰相監修，人君不得親閱，原有較充分的獨立修撰權及秉筆自主性，只要制度能維持，史實真相終能保存，以俟日後重修改正。不過，這種院臣獨立舉職情況，由於武后、敬宗的政治密圖，勢必也被上述衝擊所波及。前引蘇冕《會要》說許、李「用權，多妄論奏，恐史官直書其短」，遂為許、李所獨目，作為徹底破壞之焦點。顯慶三年（658）──整肅無忌等武后決百司事前夕之十二月十五日，創置起居舍人兩員於中書省，與原門下起居郎分侍左右為左、右史。唐左、右史修注制度自此固定，且表面上是獲得擴充與日臻完備，但其實與該年十一月許敬宗由侍中改授中書令，欲進一步改變修注制度有關。〔註136〕敬宗豈能容左、右史真的直筆記注，乃至入閣執行記錄君相密議的職權？於是二史完備之同時，而二史「與百官仗下俱退」的制度，亦隨同形成。院臣「不得備聞機務」，起居注的內容遂以宮中例行事務為主，雖仍屬禁中之事，不得外洩，但其重大史實的禁密性，可說已呈現衰化而乏意義矣。至此，館、院二系原先創置的精神與功能，可算大幅轉變，非昔日面貌了。

　　其次，就精神意識言，太宗改定官修制度，使國史修撰官方壟斷化及禁密化，原與其統一思想、發揚先世之美、彰明本朝光輝正義、入史不朽諸思

〔註136〕起居舍人《舊唐書‧高宗本紀》繫於顯慶二年十二月，《新唐書‧高宗紀》、〈百官志〉及〈職官志〉皆不載年月，今據《唐會要‧起居郎起居舍人》顯慶三年十二月十五日條（卷五十六，頁961）。許敬宗以擁立武后功，於二年八月拜侍中‧兼修國史，此年代李義府為中書令也。義府則因與同列宰相杜正倫爭訟不協，兩貶出之。事詳《舊唐書》各本傳。

想意識有關。太宗本人歷史感特濃,為了及身獲得歷史地位和不朽聲名,故有指示開修兩朝實錄之舉,並經刪略之後,將之遍賜子弟,允許大臣傳抄,以俾世人週知其美。成就感乃人所共有,但太宗對此過度強烈,不僅導致了上述禁密性的破壞,同時也啟示了以後的君主如此要求於史臣。

太宗、高宗父子互五十年間,所思如此,則館院制度的破壞,帶來的是「以史制君」精神的疲弱,更廣義的經世致用功能——如誅亂臣賊子,維護正義等——喪失。監修宰相的阿諛順從,秉筆史臣的曲意取媚,形成了此期間的官修史風,並最後危害到歷史必須是真實的史學第一原則。

由此二方面以觀,主張實錄主義的館院學派,及其所建立的嚴格史學批評,形成的背景和思想的中心已經是再明顯不過的了。他們在中國史學史上的價值和地位,不僅是為了反對或改革官修制度,而是欲徹底彰明史學存在與成立的真義,挽史學於存亡關頭的危機狂瀾之中。

六、武后時代的官修情況與館院學派的史學復辟

七世紀中葉是武后預政的開始,也是她酬庸許、李二人為相,二人復對修史及修注大動手腳,奠定以後官修之弊的時期。此下的發展,即根於許、李變動的基礎進行。

總章三年(670)三月一日改元咸亨,許敬宗是月以七十九歲高齡,辭宰相監修國史而致仕。同年底,唐高宗頒下〈簡擇史官詔〉,說:

> 修撰國史,義在典實,自非操履貞白,業量該通,讜正有聞,方堪此任。所以承前縱,居史官,必就中簡擇灼然為眾所推者,方令著述。如聞近日以來,但居此職,即知修撰,非唯編緝疎舛,亦恐漏泄史事。自今以後,宜遣史司於史官內,簡擇堪修史人,錄名進內,自餘雖居史職,不得輒令聞見所修史籍及未行用國史等事![註137]

據詔顯示,許、李「總統史任」之下,史館修史官德學俱有問題,並由此使國史「編緝疎舛」,且有「漏泄史事」之恐。亦即因修史官素質不佳,導致史學本身產生不良效果,而且有危害禁密化的傾向也。高宗已察知此情,而欲簡擇史官;又讀許氏監修的國史,而評為「多非實錄」,遂在三、四年以後,

---

[註137] 詔文見《唐大詔令集・經史》類,卷八十一,頁 467。此詔注謂頒於總章三年十月。按《唐會要・修史官》錄咸亨元年十一月二十一日詔,文辭文意同此詔而省略,殆為同一詔令,第繫月日不同耳,參卷六十三,頁 1100。

復詔劉仁軌等修改，如前述。

　　史館有法定編制的修撰和直館的建制，在唐朝後半期始形成，此時蓋無。玄宗以前，大體初入館者爲直史館，入館久或官高者爲兼修國史或修國史，例以他官充職，而由監修宰相總統其事。許、李二人總統史任，不知引用了那些人，且甫居職掌撰述，致成「近日」之弊。〔註138〕高宗對策，是君相加強史官人事管制，且竟至禁止不中選史官，不得聞見所修史籍及未發行的國史，增強其禁密性質。當然，就其詔書文字看是好的改革，──如劉仁軌等引用李仁實是也；但就其壞的一面看，則君臣易於置修史於絕對指揮之下，開啓了武后以降發展的傾向。即以劉仁軌等稍後負責修正敬宗所監修的國史爲例：仁軌引用了稱職的李仁實，但仁實必須承仁軌之命修改，而仁軌又必須遵高宗之意修改，且仁實更必須「錄名進內」始獲修撰授權。如此則史官縱「堪修史」，尚能獨立自主否？則知高宗的改革，利弊之間宜大可深究。

　　咸亨三、四年間（672～673）劉仁軌等修改國史，是繼長孫無忌、許敬宗以來的第三次，會李仁實死而止，自此至691年武后革命建周以後，始復聞修紀傳國史。在這二十年間，史館主要工作在修實錄。由許敬宗監修《皇帝（指高宗）實錄》三十卷成以後，史館似即持續再修。二十年間繼敬宗監修的宰相，先後計有劉仁軌、郝處俊、李敬玄、高智周、崔知溫、武承嗣、范履冰等人。承嗣爲武后侄，履冰爲武后「北門學士」系統，而助其以文宣建立權威者，〔註139〕二人皆在武氏以太后臨朝（683～690）末期拜相，故《高宗實錄》總共一百卷，由武則天以「大聖天后」名義領銜完成──繼皇帝撰史之後，創女后、女主撰史之紀錄。姑不論是否爲據實直書的實錄，即以武后親自領銜一事看，則是高宗欲加強的控制政策，已向壞的方向變動落實了，

〔註138〕兩《唐書》史官若另有事蹟則爲之立傳，無而或有修史之善者則附入某史官（如令狐德棻）傳中，故許、李用人不可詳。張榮芳《唐代的史館與史官》列百餘史官，高宗朝則有十二人（詳附錄二，頁254～255），除許、李二人外，餘十人皆未有惡劣修史事蹟見載，則高宗所批評者，或不在此十人之列耶？

〔註139〕監修宰相參張榮芳《唐代的史館與史官》附錄三，頁271～272。范履冰等「北門學士」一方面在禁中協助武后，分宰相權；另一方面爲武后撰寫《百僚新誡》、《臣軌》等書，以助其建立權威聲望，是許、李系統以後武后的第二個重要人事系統，請參拙著《唐代中央權力結構及其演進》，頁83～88、94～96。

此則劉知幾、吳兢等館院學派史臣，後來再奉詔重修的原因。〔註140〕

武氏一面領銜修高宗實錄，一面亦自修其實錄。爲臨朝太后修實錄，史無前例，修起居注則有之，創自東漢而例亦罕見。當時漢宗室劉毅承兩漢之際史學爲政治工具的潮流，於安帝元初五年（118）上書頌鄧太后德政，請令史官著《長樂宮注》——即鄧太后起居注。武后自683年高宗死而臨朝稱制，廢中宗、立睿宗，視天子爲無物，當有起居注。此時左、右史中，劉褘之、范履冰、苗神客、周思茂、胡楚賓等「北門學士」系統人物，皆曾先後任之，他們頌武后德政當無問題。至於在「革命」（天授元年，690）之際，由武后從甥宗秦客撰成的《聖母神皇實錄》十八卷，由於身份特殊，加上秦客是勸武后革命而拜相，故與沈約當年和梁武帝說「同公作賊」蹟似，是以「事屬當時，多非實錄」也應正同，〔註141〕也是後來一再重修則天實錄的原因。梁武帝創制在前，唐太宗、高宗、武后接續而加屬在後，實錄的創修，背後的精神意識殆大有共通處，可以知之。

武氏自684年以太后臨朝稱制，690年革命篡唐建周，至705年初被推翻，前後凡二十年多些，推行的是權威統治，高壓恐怖政策。〔註142〕革命之際修撰實錄既如上述，則終程性的唐國史，在革命成功後自應留意，或有通盤改寫的需要。兩《唐書》對此問題記載近乎闕如，恰好劉知幾等館院學派史臣在則天末參與修撰，略存概況。

〔註140〕《舊唐書》卷四十六〈經籍志‧乙部‧起居注〉類，謂許敬宗撰《高祖實錄》三十卷及「大聖天后撰《高祖實錄》」一百卷，皆唐高宗之誤。《新唐書》卷五十八〈藝文志‧乙部‧起居注〉類，謂「許敬宗《皇帝實錄》三十卷」。按敬宗修實錄時，高宗未死，故稱《皇帝實錄》殆是。又〈新志〉稱「武后《高宗實錄》一百卷」，與〈舊志〉稱「大聖天后」不同。按武后爲皇后後五年與高宗並稱「二聖」，上元元年稱「天后」，垂拱四年——太后臨朝第五年稱「聖母神皇」，兩年之後即帝位稱「聖神皇帝」。此實錄雖不知完成時間。但大體當在高宗死後，稱「聖母神皇」以前，始較符合「大聖天后」的名銜。

〔註141〕按武后在688年稱「聖母神皇」，兩年稱帝，則《聖母神皇實錄》殆記此二三年間「革命」之事。宗秦客既是勸導者，則是沈約的「同公作賊」意識矣。秦客在天授元年革命之月——九月拜相，翌月坐姦贓貶遵化尉（據《新唐書》卷六十一〈宰相表上〉），其人無傳，與其弟楚客附《舊唐書》卷九十二〈蕭至忠列傳〉；《新唐書》則附於卷一〇九〈宗楚客列傳〉。秦客被貶歲餘即死，故實錄必成於此二、三年間。

〔註142〕請參拙著《唐代中央權力結構及其演變》第一章第二節，及《狐媚偏能惑主——武則天的精神與心理分析》（臺北：聯鳴文化公司，民國70年1月初版），第四至六章。

　　知幾謂長壽年間（692～693），春宮（禮部）侍郎牛鳳及，斷自唐高祖，終於高宗死，撰爲《唐書》百有十卷——這時已是大周的第二、三年了，故不稱《國史》而稱《唐書》。牛鳳及是中唐牛、李黨爭要角僧孺的高祖，〔註143〕書成以後，「既而悉收姚（思廉）、許（敬宗）諸本，欲使其書獨行」。是則可以想見必得新天子支持，而以大周立場，整齊統一被篡的唐朝國史也。知幾當年未（或不敢）直接指出這個問題，但全力批評此書史料取材不當，行文如同文學作品而缺史才，編次如同文案，敘事參差倒錯，發言評論主觀鄙誕，亦即才、學、識皆無。故使人「披其章句，不識所以」；「由是皇家（指唐——知幾時已復辟）舊事，殘缺殆盡」云云。〔註144〕

　　牛鳳及此書「言皆比興，全類詠歌」，大約與投聖神皇帝武氏好尙文學的性格有關。至於其他缺點——尤其人物的編次、敘事評論方面，殆與鳳及承大周天子意旨而顛倒唐史有關耶？唐朝開國以來人物重新評鑒編次，史事「殘缺殆盡」，而猶欲收諸舊本，獨行此書，想區區牛鳳及不敢如此膽大妄爲也。當時館院學派紛起批評史官才德，知幾則亦力評此書，表示大周如此爲「勝朝」修國史，終不能服人之心，此即劉知幾、徐堅、朱敬則、吳兢等館院學派史臣，奉則天之命，重新再修，以成《唐書》八十卷的原因。不過，則天也未完全授權這些館院學派人物重修的，他特令武三思、李嶠等親信監修，可以知其至意矣。〔註145〕

　　武氏以天后名義爲先帝修實錄，又爲自己修聖母神皇——太后的實錄，這是史館修撰制度的兩個創舉。對於起居院修撰系統，長壽年間，她也創下了一個新創舉——宰相修《時政記》，以補起居官不能再預聞機務之缺失。對唐朝言，修《時政記》絕是一種非常創例，而非創制；亦即是一種臨時的「故事」，而非有法令依據的制度。因爲此下唐制，並非每一宰相皆持續撰修不絕的，也非他們敢隨意據實而修的。只是藕斷絲連，在君主授權下偶然循例修撰而已。所以有此怪異前例，主要因武后而起。

　　武氏因許、李等人密贊而成爲皇后，又以皇后在禁內控制高宗，漸至以「二聖」名義臨朝，整肅反對臣僚，因此在許、李幫助下，排除左右史預聞

〔註143〕參嚴師《唐僕尙丞郎表・輯考》，頁373。其人兩《唐書》無傳，事蹟亦罕見於他傳，情況不明。
〔註144〕詳《史通・古今正史》，卷十二，頁373～374。
〔註145〕詳同上註引書，頁374；及《唐會要・修國史》長安三年條，卷六十三，頁1094。

機密。由 655 年爲后，至 693 年——長壽二年，達三十八年間，起居官由是無法記錄大事眞相。姚璹爲姚思廉之孫，曾坐親屬同徐敬業之亂，於革命時由夏官（兵部）侍郎貶出，後投武后雅好符瑞、神道惑眾之好，使武后大悅，兩年之後（天授三年，692）復入爲天官（吏部）侍郎，同年八月拜相，至翌年九月坐事罷相。姚璹並未獲授權監修國史，卻對則天皇帝建議，以爲左右史不得預聞密議，但「帝王謨訓，不可遂無紀述，不宜自宰相，即史官疎遠，無從得書」，請伏下所言軍國政要，命宰相團中一人撰爲《時政記》，每月封送史館。〔註 146〕

尋姚璹原意，似欲以宰相中一人撰《時政記》送史館，俾史館修《實錄》或《國史》時參考之，可使史事眞相得明、本末無缺。但必須注意，《時政記》內容爲「帝王訓謨」和「軍國政要」，且必由眾多宰相中選擇一人主之，故創例開始即不健全。因爲君主可選擇他所親信或喜歡的宰相主撰，如武則天選擇討好取媚於她的姚璹是也。這個宰相能否直筆？如何選擇事情作記述？他若不敢或不便直書大事，則只能敷衍地記錄人君聖訓，淪爲訓詞虛美之書；而且也是因此而令宰相懼罪，《時政記》不斷中絕的原因。中唐憲宗朝，檢討姚璹先例，李吉甫以爲君相密議是機密，不可寫送史官；若建議出自臣下，宰相更不便自書以付史官；及事已頒行，則天下皆知，史官自己可記矣，故甚難實行。稍後勅旨更批評姚璹《時政記》「錄自宰臣，事同銘述，於是推美讓善之義行，而信史直書之義闕」。穆宗長慶間，宰相更乾脆建議修《聖政記》，「庶得睿謀所載，如日月高懸；聖政惟新，與天地廣運」云云，〔註 147〕遂成宋朝修《聖政記》的先例。

《實錄》原爲野心或有慚德的人君，爲掩飾其篡亂的創制；《時政記》則爲宰臣取媚人君的產物，金靜庵批評「不肖者假此迷眩千古，不惟難稱信史，且大侵史官所守矣」，甚是。〔註 148〕未有官修《實錄》及《時政記》以前，未聞歷朝《國史》不可得而修；二者既創行以後，史官常多議者，是則二者之

〔註 146〕詳《唐會要·史館雜錄上》長壽二年條，其人兩《唐書》有傳，不贅。
〔註 147〕詳《唐會要·起居郎起居舍人》貞元十二年、元和十二年條（卷五十六，頁962～963），及〈史館雜錄下〉元和八年、十二年、長慶元年等條（卷六十四，頁 1109～1111）。自姚璹《長壽時政記》始創，至元和十二年凡一個半世紀，中間只有賈耽、齊抗之修《貞元（德宗年號）時政記》，其中斷如此。姚璹後來再度拜相，亦未聞修時政記。
〔註 148〕詳金著《中國史學史》，臺北：鼎文書局，民國 72 年 10 月四版，頁 96。

創修，利弊誠可知之。自後史官、史家在處理龐雜史料之外，尤亟須勞費精思於考辨重要史實，重新建立價值標準諸問題。劉知幾奉詔修《唐書》和《則天實錄》，聲言「舊史（指唐史）之壞，其亂如麻」，「言無可擇，事多遺恨」，〔註149〕由此透露其嚴重性，而知館院學派所以興起的基因。

逮七世紀九十年代，唐、周史局一脈相承，發展壞亂如此，誠中國史學發展——尤其官修制度發展的危急存亡之秋，中國以後是否仍有信實的國史，端視這時代史官史家的反應與行動。其實，對史學有真切認識的史官史家，歷代不鮮見，所罕見者厥在專暴君主之下，能否有道德勇氣提出問題而躬行實踐而已。自魏晉設立專門官署——著作曹修撰國史及起居注以來，曹郎史官即為美職，至南、北朝竟為門第中人的起資官，遂使曹局修史權旁落，至唐為院、館二系統所取代。不過唐的館、院史臣，仍不失其官僚體系的一環，而且由於具有禁密化、直隸宰相、君主供奉機關諸性質，使其在官僚轉遷中更為重要，後至宰輔大臣者所佔比例亦不少。〔註150〕許、李以降，館、院史臣是文人所追求的轉遷美職，事關官宦前途，更關己身性命，故有勇氣提出意見者少，躬行實踐者更少，雖知幾亦不能完全自免。

館院史臣是重要官僚體制的一環，故魚目混珠、濫竽充數，爭相趨競而喜居史職者，遂成怪異風氣和現象。若欲整頓官修風氣和制度，此則必為首先被注意與批評者。劉知幾等人本不相識，後來相繼為館院史官，始有機會真切接觸此類問題，並凝融出共同的主張。劉知幾自謂「及年已過立，言悟日多，常恨時無同好，可與言者」，晚遇徐堅，遂成知音，復遇朱敬則、劉允濟、薛謙光、元行沖、吳兢、裴懷古，「亦以言議見許，道術相知，所有推揚，得盡懷抱。每云『德不孤，必有鄰』，四海之內，知我者不過數子而已矣」！〔註151〕此則數子互相論道講學，皆因館院為背景，而漸成一個學派，當然內中也有未曾任史官，徒以「道術相知」而論學的。

劉知幾初以文詞見稱，為武則天的寵倖張昌宗引用同修《三教珠英》。此

〔註149〕詳同註134。
〔註150〕左右二史在制度上是官，監修及修國史是職，既屬官職，當然列屬官僚體制之運作，禁密化等性質轉變，使其益形重要而已。張榮芳《唐代史館與史官》，對館院史臣轉遷有詳細分析，如起居官後至宰相者，開元以前為百分之十八點二（頁144）；修史官佔二十六點一（頁158）。
〔註151〕詳《史通·自敘》，卷十，頁289。按：知幾而立之年，正值大周革命（690）。稍後與徐堅參與修撰《三教珠英》，四十一歲（701）完成那年，遂由定王府倉曹遷著作佐郎、兼修國史，故謂晚遇此數子也。

書在大足元年（即長安元年，701）十一月奏上完成，不久知幾即首次出任史官——著作佐郎‧兼修國史，而與同列史官劉允濟、朱敬則等認識。這年知幾已四十一歲矣。知幾雖此前對史學「言悟日多」，但在史館則資歷不高，館院學派首先發難者爲允濟和敬則。

劉允濟與知幾同出彭城劉氏，亦擅屬文，與王勃齊名。他舉進士後累除左史，革命後一度爲來俊臣誣構坐貶，長安（701～704）中累遷著作郎兼修國史，未幾遷鳳閣（中書）舍人仍修國史。他早年自著《魯後春秋》二十卷，有撰史經驗，並以此遷左史，碰觸館院問題，因此在長安二年（702）任鳳閣舍人修史時，提倡「史權論」說：

> 史官善惡必書，言成軌範，使驕主賊臣，有所知懼。此亦權重，理合貧而樂道也。昔班生受金，陳壽求米，僕視之如浮雲耳。但百僚善惡必書，足爲千載不朽之美談，豈不盛哉！〔註152〕

此「史權論」的內容，論及史官官守原則、秉筆獨立、史家心術操守、史學功用與價值諸問題，旨在促使史官對這些問題的自覺，恢復史學的尊嚴，而再度強調史家的權力責任也。許、李以降凡五十年，久矣不聞此調。當然，這與則天晚年放寬言論、鬆弛酷法的趨勢有關。武則天在此論倡議不久，可能格於牛鳳及唐史的被人批評，遂於長安三年（703）正月一日，勅令武三思和宰相李嶠，領導朱敬則、徐彥伯、魏知古、崔融、徐堅、左史劉知幾、直史館吳兢等重修唐史，指令「採四方之志，成一家之言，長懸楷則，以貽勸誡」。兩年之後因「神龍復辟」、則天遜位而止。〔註153〕則天的指示末語，或許與允濟的倡論有關。

朱敬則原是大膽請武則天撤銷羅織法網之人，此時爲正議（諫議）大夫，修史不久——同年七月即拜同平章事爲相。重修唐史，監修者不明，至此可能即三思、李嶠與敬則三人。史謂「敬則知政事時，每以用人爲先」，這月他上書〈請擇史官〉，以垂名不朽的歷史意識投武則天之好，並由此提出欲使人

〔註152〕其人詳《舊唐書》卷一九〇中〈文苑中‧劉允濟列傳〉；《新唐書》以其除文筆外無他稱，故附之於卷二〇二〈文藝中‧李適列傳〉，並謂他提出此論後才遷舍人。今引文及時間官銜，從《唐會要‧修史官》該年條，卷六十三，頁1100。

〔註153〕勅令見《唐會要‧修國史》（卷六十三，頁1094）。《舊唐書‧徐堅列傳》（卷一〇二，頁8）謂「會則天遜位而止」，《史通‧古今正史》（卷十二，頁374）知幾則謂「勒成八十卷」。

君垂名，則必須選擇史才。他說「此才之難，其難甚矣」，「倘不遇良史之才，則大典無由而就也」，並舉北齊令魏收修史，聲言「好直筆，勿畏懼，我終不作魏太武誅史官（指崔浩史禍）」；又舉宇文泰納柳虯建議，「特命書法不隱，其志在懲勸如此」。最後建議「今若訪得其善者，伏願勗之以公忠，期之以遠大，更超加美職，使得行其道，則天下幸甚」！〔註154〕

敬則表面上提出的是「史才論」，但未闡明何者爲史才，此需劉知幾日後詳論。這裡他上承北朝史學思想，指出具有史德，能知秉筆意義及直筆不隱者，爲史才之善者，無異在發揮及落實去年劉允濟的「史權論」。只是允濟突出「以史制君」意識，講貶天子討大夫，敬則旨在投武則天所好，而使之同意選擇史才，免令唐史重修再落入奔競舞文者手中，故迴避此意識而已。不過，所以有前述怪異風氣和現象，基本問題即在史才選擇問題上，及雖有史才而未能讓他有環境與授權，得以從容獨立而撰述也。後來劉知幾即以「雖任當其職，而吾首不行；見用於時，而善志不遂」，「故退而私撰《史通》，以見其志」，〔註155〕可知敬則確爲發揮友好之論，欲確切改革半個世紀的積弊而上書的。他這時推薦「吳兢有史才，堪居近侍，因令直史館修國史」；後來吳兢也如知幾一般批評武三思等監修，使之「不得志」，亦退而私撰《唐書》及《唐春秋》二書。〔註156〕

由於朱敬則上書眞正意旨如此，且身爲宰相，故一時風氣，頗見回應，如同年不久，張易之、張昌宗欲譖宰相魏元忠——與朱敬則友善、共同推薦吳兢的人——引起大風暴，是導至神龍復辟、武后遜位導火線的事件。二張當時拉攏張說作爲人證，宋璟皆勸張說勿爲所用，起居郎劉知幾更以「無污青史，爲子孫累」爲言，堅定了張說翻供之意。翌日當殿對質，張說聲請「臣今日對百寮，請以實錄，因屬聲言魏元忠實不反」。朱敬則事後密申協助，遂使元忠、張說二人判流貶而免死。數年後張說拜相，讀知幾、吳兢等所撰的《則天實錄》記載當日此事，知兢所記，僞向吳兢謂劉生「株不相饒假，與

〔註154〕敬則上書前事，詳《舊唐書》卷九十本傳；表文見《唐會要·修史官》，卷六十三，頁1100～1101。

〔註155〕詳同註141所引書篇卷。

〔註156〕按敬則喜薦用人才，似不自拜相始，如武則天下勅重修唐史時，吳兢即已爲「直史館」。當時敬則猶未拜相，他與魏元忠二人皆器重吳兢，薦兢直史館，兢直史館累月，始除爲右拾遺（詳《舊唐書》卷一〇二、《新唐書》卷一三二〈兢傳〉）。而且敬則所曾薦用的人中，亦包括與知幾道術相知的另一好友裴懷古（《舊唐書》卷九十〈敬則傳〉）。

說毒手」,意欲暗示吳兢修改。吳兢表示是他所書,不可誣枉幽魂──知幾已死。同修史官驚異,許兢為「今董狐」。〔註157〕

中宗復辟後,韋、武用事,諫官賈受同樣本「以史制君」精神,以「史官執簡必直書」諫諍中宗追尊韋后父;徐堅亦以「君舉必書」,阻止中宗、武三思之欲殺韋月將。〔註158〕大約同時,宰相韋安石閱當年敬則上書之稿,感歎之餘,肯定了「史權論」的地位,稱贊敬則「董狐何以加!世人不知史官權重宰相。宰相但能制生人,史官兼制生死,古之聖君賢臣,所以畏懼也」!〔註159〕不論是否屬館院學派,一時文人學士、史臣宰輔,頗知董狐之事,「以史制君」及制臣的意識頗盛,而「今董狐」也頗出現矣。誠如朱敬則在〈請擇史官表〉所言,「董狐、南史,豈止生于往代,而獨無於此時?在乎求與不求,好與不好耳」!

劉允和朱敬則在官修危機之下,適時力挽狂瀾於既倒,所特重者在此,則知劉知幾後來理論,以董狐、南史高於左丘、司馬,良有以也。八世紀初期這種史學精神再興,可說是反武氏的政治復辟外的史學復辟──以貞觀初之史學精神為目標。二者皆形於大周之末,且史學復辟發難更早於政治復辟。此下劉知幾承此而開創史學批評,吳兢承此而徹底突破隋文帝禁制──私修《唐書》及《唐春秋》於史館工作之外,遂構成本期史學史上的兩大突破。開元中期,張說在家私修唐史,即承吳兢之風。開元十五年(727)宰相李元紘上奏:「國史者,記人君善惡、國政損益,一字褒貶,千載稱之。今張說在家修史,吳兢又在集賢院撰錄,令國之大典,散在數所。且太宗別置史館,在於禁中,所以重其職而秘其事。望勅說等就史館參詳撰錄,則典冊舊草不墜矣!」〔註160〕這是表示吳兢等突破過度,傷害了史館制度及其禁密性,故

〔註157〕事詳《舊唐書》卷一○二〈兢傳〉,及《唐會要》卷六十四〈史館雜錄〉長安三年條。

〔註158〕中宗首次被廢即因欲拜后父韋元貞為宰相之事而起,授武后以口實。此時復位,又追尊元貞,故賈受諫之,詳《唐會要‧左右補闕拾遺》神龍元年條(卷五十六,頁969)。韋月將上書中宗告武三思不臣,反為所陷,中宗即令殺之,幸徐堅以此為諫,改判決杖配流,事詳《舊唐書‧堅傳》(卷一○二,頁8)。

〔註159〕詳《新唐書》卷一一五〈朱敬則列傳〉,《舊書》本傳無載。

〔註160〕引文詳《唐會要‧在外修史》開元二十五年六月二十六日條(卷六十三,頁1099)。按李元紘以中書侍郎‧同平章事拜相,在開元十四年四月至十七年六月,《會要》謂二十五年,殆為十五年之誤。

李元紘重申之，同時也肯定了「史權論」的重要性。

　　史權如此重要，官修制度又對之如此妨礙，故吳兢、張說雖一時被勒令回歸史館工作，但私修國史勢卻未消。安史之亂，唐官方起居注、實錄、國史皆焚毀流失，所幸韋述私修國史一百一十三卷，抱史藏南山，遂使唐朝前期史終得不滅。韋述正是館院學派元行沖的表侄，幼年頗受行沖等影響，未舉進士前已私下修撰《唐春秋》者，蓋效法吳兢耶？〔註161〕由此可知館院學派的興起，影響唐史、官修制度及中國史學史，可云大矣。

〔註161〕韋述兩《唐書》有傳。按《舊唐書》卷一〇二本傳，謂述常至元行沖家中讀書，童年即立志撰《唐春秋》。當時其前輩劉知幾批評國史，吳兢則私修之，韋述承之撰成一一二卷，另承知幾啓示作〈史例〉一卷，合一一三卷，蕭穎士稱之爲「譙周、陳壽之流」。其書特色重視類例、事簡而記詳，勒成一家之言，似深受知幾史學理論啓發者，蓋爲館院學派後起之秀。至於官方藏史散失，詳《唐會要‧修國史》至德二載條（卷六十三，頁 1095）。

第十二章　結論：兼略論劉知幾實錄史學的回應

　　司馬談死前所言，對司馬遷日後整齊經子、論載歷史之動機，及成就、使命諸意識，影響啓示頗大。司馬遷創新史學諸思想觀念，胥由此出發而加深加闊。新史學之與當時的所謂經學——尤其春秋經學不同，一爲實錄，一爲空文。一爲由古今之變、天下之際中求道，是歷史的；一爲懸出超史之道，以繩人倫，以考萬物。司馬遷〈自序〉辯孔子作《春秋》，論之已審，經、史有差異，或致日後發展頗分道揚鑣，因子亦已伏下。

　　新史學又與古史學有不同，前者其性質在論述，而後者則爲記錄。前者以紀傳爲體，後者以編年爲綱。前者以總體全程之過去爲對象，後者以祀戎政教爲對象。要之，二者追求實錄之宗旨，前後大體一致。

　　所謂實錄，不僅在追求史實之眞實——所謂眞相是也；兼且追求史義之眞實——所謂眞理是也。由研求事與義之眞，而至據實記之，如實書之——即爲求眞、存眞以至傳眞之全部過程、方法與效果，然後稱爲實錄史學。班固謂劉向、揚雄之徒，服司馬遷「善序事理，辨而不華，質而不俚，其文直，其事核，不虛美，不隱惡，故謂之實錄」，是即足以奠定新史學的性質特徵，闡明其宗旨方向。如此之史學，故特重網羅史料、考論行事、稽明道理之三段法，以爲其方法論的根本。事理必須論而述之，始克究天人之際、通古今之變、成一家之言，此則新史學之所以爲論述史學，概可知也。

　　司馬遷爲何以人類歷史的總體全程作探究對象，此則另與其承受當時流行的天意史觀有關。三五相包說是三統論結合五行相剋說的學說，有歷史分

期論、命定論、循環論、型態論諸理念內涵,史公置之於歷史之總體全程,以作究論印證,遂創爲通史。其後班固亦本新三五相包說——三統論結合五行相生說,加上國家主義、本朝意識等,欲「究漢德之所由」與是否屬性型態爲火,遂別創爲斷代史;然其綜行事、貫五經、論述事理、洽通上下的新史學要旨尚存,章學誠謂其書「近方近智之中,仍有圓且神者以爲之制裁,是以能成家而可以傳世行遠也」。〔註1〕自漢魏以降,《史》、《漢》逐漸成與五經匹亞、師法相傳之學術,繼起日盛。

至三世紀末之陳壽,在巴蜀學派天意史觀、班氏史學理念及政治時忌啓示影響之下,如實傳述「天下鼎立」、「正朔有三」之歷史,本此構成三書分行的《三國志》,據實以記孫劉曹馬之事。於是,始爲時忌以減少析論,而突出讓史實說明眞相的史學特色,論述史學過渡爲敘述史學,此爲關鍵。班彪「慎覈其事,整齊其文,不爲世家,唯紀、傳而已」的史學改革論要旨,及單一紀傳體,獲得了首次最明確有效的彰顯與落實。

※　　　　　※　　　　　※

所謂時忌,就陳壽言,其當代即有吳主皓殺韋昭,其遠者則有王允殺蔡邕,更遠則有班固下獄幾死,史家安得不忌?馬、班所述孔子免時難之意,史公自已懷詩書隱約之旨,此所謂史禍意識者,史官史家大都明白。〈太史公自序〉只陳述大著作必起於發憤,而其作者多有禍患的現象;至韓愈〈答劉秀才論史書〉,即顯然自陳其懼,明稱「夫爲史者,不有人禍則有天刑,豈可不畏懼而輕爲之哉」!修史者心中長期有夢魘,由是可知。劉知幾頌直書而斥曲筆,倡史家寧直而死、不曲而生之說,必須要史家有死於直書爲仁,且安於仁而爲之的自覺,始克能之。故其標的典範,應是法齊太史兄弟及南氏史,而非以學幸遇賢大夫之董狐爲優先。若說中國史學有隱晦的一面,則此即其一,蓋其考驗人性之極致也。

知幾時代出一、二「今董狐」雖爲史壇之幸,但此「今董狐」居史官,所爲是否能實踐寧直而死之理,則尚需保留。知幾之退居別撰以申史義,或〈疑古〉〈惑經〉以影射當世弒奪,倡者自我表現亦如是而已,則陳壽等可知。

史家有此懼,史學有此晦,蓋與史學的經世致用特性有關。所謂經世致

〔註1〕 章氏論史學兩宗門爲圓而神和方以智,就新史學言,前者代表作爲《史記》,後者則爲《漢書》;不過又認爲《漢書》方智之中,仍有圓神特質。請詳《文史通義·書教》上、中、下三篇,引文見下篇。

用，約可分經世性與致用性而言。經世性偏重政教之道德教化意識形態，致用性則偏重知識主義實用論。唐初奠定史部獨立而分十三類，其職官、儀注、刑法、地理諸類，尤倚致用性之特質，爲劉知幾「書志致用說」所本，〔註2〕由其子據此理念撰爲《政典》，以下開三通之學。經世性則向爲王朝政、教之士所特重，更不待言。

其實，史著之能經世致用，史公創新史學已來，就保存了此古史學傳統，王鳳卻東平王求《史記》之請，揚、班之徒論史公謬聖非經，此義即明。致用性姑不論，其經世性則不得不言之。蓋近人或謂史家不應作道德批判，宜爲史學而史學，其論高唱之而又可謂高貴之矣，但尙知求眞之旨，最終必將直書存實及不隱傳眞者乎？此之眞實，則眞相眞理隨之亦明，政教大忌正坐此學術百旨本質而忌之，且不獨於史學然也，亦不僅於中國然也，讀者寧不知地球繞日說初出時之後果耶？孝文帝之制左右史而令擧職直書國惡，唐太宗之創修注官入閣制而令預聞機密，乃是確切瞭解及把握此史學要旨本質而爲之者。柳宗元所論甚是，所謂孔子「不遇而死，不以作《春秋》故也；當其時雖不作《春秋》，孔子猶不遇而死也」。至於「范曄悖亂，雖不爲史，其族亦赤；司馬遷觸天子喜怒，班固不檢下，崔浩沽其直以鬥暴虜，皆非中道」。〔註3〕是知上述高唱者，若非不明史學實錄之要旨本質，則是潛意識或意識之間有所畏懼。要之，此要旨本質若明，則政教力量干預控制、壟斷禁密於史學，而又勢所不能免者，其事理發展乃可得而體會推知。相反的，政教人士欲透過史學獲得甚麼或彰顯甚麼，也決非太難體會知悉之事。下文欲略論劉知幾的明鏡說與功用論的思想架構，即爲回應此要旨本質。

※　　　　　※　　　　　※

史官史家有整齊文化、存續史文之責任使命，往往又附帶經世致用，乃至貶天子退諸侯的思想觀念，魏晉以降尤甚。相對者，君主大臣亦有修史頌德，反制史權，使史書爲其王室或集團隱惡揚善之意志。兩者激盪，則政、教思想價值之涉入融涵於史學，不僅使其外部產生種種變化發展，亦使其內部結構出現種種變化，制度質量，皆有空前之盛。本書各章節，擇其尤重者

〔註2〕詳《史通》卷二〈書志篇〉。
〔註3〕詳〈與韓愈論史官書〉，《唐柳先生文集》卷三十一，上海商務印書館四部叢刊初編影元刊本，頁150。

略論之矣，此不復贅。

史學存在之初義，在存續天下史文、載述往昔人事設施，以待今之知古與後之知今。然而隨著世亂思繁，史學之層次範圍亦隨之擴張開拓，反過來有危害實質史學之核心宗旨者，究其大體，可得而論者有五焉：即天意史觀與神秘主義，權威主義與文獻崇拜，以及文才取向是也。

天意史觀之危害史學者，尤以其命定理念爲甚。古者天下政教、社經、文化變動，率有統治者主宰之，是以史公新史學特立「本紀」一體例。自史家立說論天統所予，人力所不可強，於是歷史變動之探究，其終極因素早已預存，可不待深論而知。班氏以後，史學之思想性日漸枯竭，由論述史學變爲敘述史學，此爲重要因素。

人類行爲設施既冥冥中因天而定、依天以行，則勢將激發史家形上神秘之思考，正史靈異載述日盛，而單行的志怪史學亦隨之興起蓬勃，蔚爲大枝，原因可悉。

是則史學之人文究變，搖搖乎可動矣。

確認史實不能不有所理據，亦即價值系統不能不有所主歸。價值有主歸，蓋謂研究論述之實事求是也；非謂獨尊某系統，並以之爲唯一絕對眞理，以較認行事、確正名實。史公是非頗謬於經，當由此處會意。自班彪以聖道自任，其子以儒術自辯，以批評史公的謬聖非義，於是歷史價值系統，遂有獨本官方所尊的儒家之趨向，不徒影響終極原因之追求，亦且常有導致事實不明、是非不分之虞。例如論漢衰亡，頗委諸政治腐敗、桓靈不德，是否另有其他如制度性因素、社會性因素等，則無有深究；至於曹馬寡德不仁，宜較漢朝更甚，卻又何以能興起建國，延其祚命？此皆不易一一分明也。中國史學特色之一，在與儒家價值關係密切，不徒影響歷史事理之研求，兼且有淪史著而爲道德教科書之虞。此史籍工具化的傾向，隨史學論述性之日枯，篡奪衰亂之日甚而漸明。劉知幾疑古惑經，考論三監之清君側、武庚之復君親，斯義尚可聞耶？余近者論釋匈奴劉淵之造反亂華，實爲其族人不堪奴役，文化不堪淪喪、國格不堪降辱，故大舉而復興其國族文化者也。〔註4〕類此中古史實，漢、晉諸史或因某種價值理念而偏見失眞，將來或因無定見之實事求是而發覆焉。

〔註4〕 詳拙著〈從漢匈關係的演變略論劉淵屠各集團復國的問題〉，《東吳文史學報》
　　　　第八號，臺北：東吳大學，民國79年3月，頁47〜91。

　　價值道德之獨尊，實爲權威主義的表現；而權威主義之施諸史料學，即爲文獻（史料）崇拜。史公創新史學，網羅天下放失舊聞，論述古史則折衷於五經，以示經傳與諸子雜說的史料價值不同，此旨遂爲劉知幾《史通・雜述》論據所本。然而，史公未嘗謂聖人所書、賢人之言，即爲絕對眞實而可據以論證者也；亦未嘗認爲所得史料，不待鑑證而可逕行引用於考論者也。非好學深思，能擇其尤雅，勢將無得於網羅考論，史公道之已審。〔註5〕但自劉向別創單行傳記，爲《高士傳》、《列女傳》與《列仙傳》，輕引文獻，率爾成書，或誤「言必有據」即爲實錄耶？風氣既開，史料不待考鑑，即遽爾引用成書者日眾；輕信、崇拜，以爲所述有據即驟可立言的觀念日盛。於是譙周引正經駁《史記》，而成其《古史考》；干寶據前人所述、探近人所言，而撰其《搜神記》，理念方法，余前已論之。漢魏以降，群才嚮慕，率爾繼起尤眾，終至因著作易成，而促成量增質變，最後使史學擴拓獨立爲學部，分爲十三類焉，實錄史學之宗旨方法，一時晦暗不明。

　　馬、班固爲文史大才，但二人治史，不以文才自傲炫人。陳壽質實，以其著作表彰此理；范曄「常恥作文士」，更作書以明其意。〔註6〕是則居史學經典地位之「四史」，內容蓋不以文才爲取向也。漢末大亂，博達之士各記所聞見，以備遺亡，於是未必有史之才學識，但以文才而載述者始多，自後文豪帝王，如曹丕父子、蕭梁家族，躬親修撰以鼓其風；心腹文人，奉敕載述以蕩其潮。加之上述因素，立言切而成書易，遂使文士相屬秉筆，著名者如晉之張華、陸機、皇甫謐、葛洪、袁宏、孫盛、郭璞、陶潛；宋之謝靈運、范曄；齊有江淹、任昉，梁有吳均、沈約、蕭子顯、子雲兄弟；陳隋之間，復有徐陵、姚察、許善心。至於北朝，文風或不及南，但其大才士崔浩、魏收、溫子昇、邢子才，與夫李德林、百藥父子，皆曾參與修史也。

　　劉宋之時，「史學」已立；梁、陳之間，「學士」已設，但文士修史之風則未戢，至唐餘風猶存。此則劉知幾等感嘆自古以來文士多史才少，而有慎擇史官之議論與行爲者也；知幾本人亦不免恥以文士得名，有談史減價之悲。〔註7〕

〔註5〕史公鑑別考論文獻史料常多見分散，《史記・五帝本紀・太史公曰》則頗有深論，余所述論即本於此。
〔註6〕范言參今《後漢書》代序，即其獄中與諸甥姪書也。
〔註7〕文才多對史壇的影響及擇史官等，上章已論之。自古文士多之嘆，見兩《唐書》知幾本傳；至於恥文、減價，則詳《史通・自敘》。

　　權威主義、文獻崇拜與文才取向，關係於史學之識、學與才，既有嚴重流弊，是亦爲劉知幾建立史學批評之原因。知幾評論史才史學處，茲不述之，今欲論其實錄史學之核心架構，以回應本書之始，以睹見中古史學之思想理念焉。

※　　　　　※　　　　　※

　　劉知幾（唐高宗龍朔元年～玄宗開元九年，西元 661～721 年）與吳兢（西元 670～749 年）爲武周復辟階段的史學兩大突破。然而知幾之突破，尤在中國史學史上舉足輕重。其所以能至此者，除了長期擔任館、院史官，多次參與修撰，獲得眞切的體會認知外，更與其本人之學術風格和思想關係密切。《史通》——首部完整的史學批評，大體成書於中宗神龍復辟時代，足以代表復辟史學的理論主張，也足以充分表達了知幾在外緣因素及內在思想的交激下，所形成的思想體系，但也招來了不少的誤會和批評。

　　首先，劉知幾爲追求「實錄」的思想、鍼貶時弊，引發出懷疑主義與批判精神，在宋祁的《新唐書》本傳內，被誤解爲「工訶古人」。後來章學誠爲了突出自己的史學地位，表示「自信發凡起例，多爲後世開山」，批評「劉言史法，吾言史意；劉議館局纂修，吾議一家著述」，二者不同。又謂「劉知幾得史法，而不得史意」，是其《文史通義》所爲作之一因。〔註 8〕錢賓四師遂順此二線索，予知幾與《史通》以低評。〔註 9〕實則皆不盡然。〔註 10〕此類批評解釋，幾使知幾永世蒙冤。

　　大陸學者，或是離譜至批評知幾「不只歷史哲學方面沒有度越前人外，就是在歷史編纂學方面，也沒有很多新的創舉」；〔註 11〕或是肯定知幾史法方面的地位，進而肯定其思想的價值貢獻。後者人數較多，但是大體皆推崇知幾的唯物主義思想，甚至以思想鬥爭以視知幾，以「戰鬥性著作」，以喻《史

〔註 8〕　參本書〈序論〉，頁 4。

〔註 9〕　詳其《中國史學名著‧劉知幾史通》部份，臺北：三民書局，民國 62 年 2 月初版，頁 153～164。

〔註10〕　知幾的實錄、懷疑、批判，自有中國史學及哲學上的思想傳統淵源（詳後文），宋祁不足以明之。章學誠之驚人語言，許冠三認爲只是「實齋自炫於兒孫輩之夸談」耳，或許過甚其辭，但未至完全失實，許氏於《劉知幾的實錄史學》一書中，曾專章比較劉、章二子，故敢作斯言（詳該書頁 163～201，香港中文大學出版社，1983 年初版）。賓四師則似接受宋、章二説，以發揮其譏評。

〔註11〕　劉節，《中國史學史稿》（中州古籍出版社，1982 年 12 月一版二刷），頁 164。

通》，〔註12〕殆亦有失於另一偏差之嫌。

　　要之，筆者頗同意白壽彝所謂「過去的人研究《史通》，多局限在『史法』方面，不知道劉知幾的史學思想是更值得注意的」之看法；〔註13〕也同意許冠三直以知幾的史學核心思想——實錄——以名其書，並從數方面析定「實錄」意義之處理。知幾論「實錄」的意義，其核心在追求史實之真實，並實錄此史實之真實也。〔註14〕

　　世所知而加以強調者，厥謂知幾因不滿官修制度，憤而建立史學批評。但學術批評必籍理據進行，向使知幾未嘗究心史學思想原理，倉卒之間，憑何對中國史學作廣泛批評？是知不滿官修只是導火線而已。知幾向來學風，及由此養成的學術思想，才是他膽敢和能夠建立史學批評的內在因素。關於此內外因素，《史通·自敘篇》已有充分自我說明。茲據〈自敘〉，略論其學風思想之特色淵源。

　　知幾自小性向近於史學，由《左傳》入手，不欲為章句儒而志在理解「大義」。由十二歲至十七歲，遂從《左傳》以降，讀《史》、《漢》、《三國》，以至皇家（唐）諸實錄；研讀之重點即在「古今沿革」，其方式是「觸類而觀，不假師訓」；「鑽研穿鑿，盡其利害」。正唯如此，所以自謂「自小觀書，喜談名理，其所悟者，皆得之襟腑，非由染習」，凡論史與人「有異同，蓄諸方寸」云。這種研學風格，明顯可知他決非屬於專家式的、編纂式的，或是史料學派。反之，他有史觀學派的傾向，有批評哲學的特質，所重視的是思想理念、分析批判、名實與獨斷等問題，頗有本書〈序論〉論孔子所謂「其義則丘竊取之矣」的取向，例如他總角時，批評《漢書》不應有〈古今人表〉一事，即反映了斷代原則及據理批判的精神，故其史學思想與批評，有著長期「蓄」養的內在發展。三十歲以後和朱敬則等館院學派好友論學，其思想體系和風格實已塑造完成，所謂與諸子「言議見許，道術相知」者，並非意謂自己毫無宗主，受人啟發；相反的是，自己有道有術，受人推崇相知，相得益彰也。

〔註12〕如《中國史學史論集（二）》（上海人民出版社，1979年）所收侯外廬等六文，基本上基調相同，其中侯外廬稱《史通》為「戰鬥性著作」（〈論劉知幾的學術思想〉，頁1），盧南喬更直以思想鬥爭名其文（〈劉知幾的史學思想和他對於傳統正統史學的鬥爭〉），可見一斑。
〔註13〕詳白氏〈劉知幾的史學〉，頁95；收入上註所引論集（二）。
〔註14〕許氏的析定，參《劉知幾的實錄史學》，頁4～10。

　　知幾自小找到並發展其性向，在史學鑽研過程中，也並非不受傳統哲學思想的薰陶，而至僅講究「史法」的層次。〈自敘〉推崇七部書——劉安《淮南子》、揚雄《法言》、王充《論衡》、應劭《風俗通》、劉劭《人物志》、陸景《典語》、劉勰《文心雕龍》——皆爲中國哲學及文學批評的重要著作，除了《典語》亡佚不詳外，《法言》恐怕對知幾意欲探求及確立史學正確原理之方向有所啓示，《論衡》則啓發知幾的批判精神和方法，《風俗通》對知幾論學的原始察始、追求本源有影響。且上述三者對知幾探究天人之際，反神秘主義、反命定論、反權威主義、反文獻崇拜及批評文才取向；主人文主義、唯物主義、經驗主義、懷疑主義、批判精神等思想和表現，有極密切的關係。這些書重人性、講唯物，重視證據與方法，是啓發了知幾將史學對象，自漢魏以來混雜了形上層次的色彩加以闢除，釐清爲形而下的人事層次，導歷史研究入正途的內在哲思。《人物志》及《典語》的影響，應與《史通》的重視歷史人物批評，乃至史家品質論的提出有學術關係。《文心》爲文學批評學的鉅著，其影響知幾蓄意建立史學批評，已不待贅言。

　　知幾性向風格及思想學術，根柢淵源如此，故「既朝廷有知意者，遂以載筆見推，由是三爲史臣，再入東觀」，殆遽難謂其幸或不幸也。

　　入史館前，與知幾「言議見許，道術相知」的，是朱敬則、劉允濟等人。是否他們見推，其事未明。要之，此時允濟以史官身份提出「史權論」，稍後敬則上書「請擇史官」，故史官選任，一時注目，知幾此時進身，其史學被推崇固可知之，自此仕途尚佳，或爲其幸的一面。〔註15〕但是，這種人格才性學養，而入當時的館院，必然會產生格格不入、鬱鬱發憤的結果；情志難伸，此則爲其個人的不幸也。

　　館院學派之吳兢、劉知幾，因應此種刺激，一者退而私撰《唐書》和《唐春秋》，以眞正在意識和行動上突破隋文帝禁令；一者退而私撰《史通》，建立史學批評。此則賴其人之不幸，轉化爲中國史學史之大幸。《史通・自敘》明確指出，引起他憤發的觸機爲修《武后實錄》。此時中宗雖已復辟，但貴臣監修則仍爲武三思等武后舊人事系統，知幾是有史學理念原則之人，於是問題逐觸發。故〈自敘〉說：

〔註15〕知幾弱冠取進士，爲獲嘉縣主簿，至四十一歲（長安元年）參修《三教珠英》時，本官擔任定王府倉曹，翌年劉允濟論史官，知幾遷著佐郎・兼修國史，長安三年遷左史，自此與館、院史臣結緣，至六十一歲貶爲安州別駕而死止。

　　凡所著述，嘗欲行其舊議，而當時同作諸士及監修貴臣，每與其鑿
　　柄相違，齟齬難入。……雖自謂依違苟從，然猶大爲史官所嫉。嗟
　　乎，雖任當其職，而吾道不行；見用於時，而美志不遂。鬱快孤憤，
　　無以寄懷！必寢而不言，嘿而無述，又恐沒世之後，誰知子者？故
　　退而私撰《史通》，以見其志。

大著作皆因於發憤，君子疾沒世而文采不傳於後，此正司馬遷〈太史公自序〉
及〈報任少卿書〉所論之旨，知幾所述，固有上通於史公當年之開創精神者，
而其書命名又因於史公的「史通子」，則知幾之精神意識上承於史公，可以知
也。〔註16〕至於未爲史臣以前，知幾一度欲總馬、班以降至唐初所修諸史，
而普加釐革，其不甘於爲斷代專家之學，而欲通達歷史總體全程，此則又爲
史公的志業及範疇。〔註17〕

　　劉知幾上宗史公開創史學的精神範疇，〔註18〕又取漢人推崇史公史學的
要旨——實錄——作爲其史學批評及思想學理發揮的核心，實極宜留意。

　　史學自史公以來，經八百年以上發展，因思想因素如神秘迷信，制度因
素如史館，政治因素如政治意識決定撰史原則，方法因素如摹仿古文、崇
尚時文、採證不當、體例無凡等等，皆已構成史學所以成立的重要影響，至
唐尤甚。知幾對史學之欲撥亂返正，必須回歸新史學創始時期，漢儒討論
批評司馬遷的實錄宗旨。他論史料結構、體裁凡例諸問題，遂溯本班彪而引
伸之。他論宗旨精神，亦由班氏史學而逆溯於劉向、揚雄等義理，加以擴
充發揚。如劉、揚、班諸人，服史公「善敘事理，辨而不華，質而不俚，其
文直，其事核，不虛美，不隱惡，故謂之實錄」。此扼要之論，正是《史通》

〔註16〕《史通》命名取源有二，一爲《白虎通》，一爲「史通子」，詳《史通‧原序》
　　　　（頁1）。《史記》的原創精神被時人肯定，王莽封其後爲「史通子」。
〔註17〕知幾指爲孔子的志業範疇，故不敢有僭聖之爲，實則史公之志業範疇亦如是，
　　　　第知幾借孔子以解釋其「不敢」爲的原因藉口罷了（詳《史通‧自敘》，卷十，
　　　　頁289～290）。後來鄭樵《通志》即明述孔子與史公此志業範疇，聲言繼之。
　　　　知幾「隱然以當代的司馬遷自命」，而有啓發於鄭樵者，白壽彝〈鄭樵對劉知
　　　　幾史學的發展〉（《中國史學史論集（二）》，頁343～352）頗論之。至於史公
　　　　頗論孔子志業範疇，自認有上承於孔子，而亦隱然有恐怕僭聖之處，請詳本
　　　　書第二章第三節。
〔註18〕世知劉知幾推崇《漢書》斷代爲史，不明知幾所重者乃通識之學（同上註白
　　　　氏文頗伸論之），至其不能寫通史，轉而私撰《史通》，內容上仍強調「總括
　　　　萬殊，包吞千有」也（詳後正文）。至於他推崇斷代，史學理據在其易於完成
　　　　總體而精確之史書也，請詳本書第十章第五節。

全書宗旨，及各篇分項批評之論據所本，其奠定敘述史學之方法論契機亦在此。

　　雖說如此，筆者無意謂知幾完全本於史公，不能超越。其實知幾學術批評以史學爲主，批評對象是自孔子以降全部史學發展，思想理據圍繞實錄核心，確深受漢代史學影響。不過，他並未囿於某一家法、某一權威，而至自受束縛，不能發揮也，故《史通・自敘》云：

> 若《史通》之爲書也，蓋傷當時載筆之士，其義不純，思欲辨其指歸，殫其體統，夫其書雖以史爲主，而餘波所及，上窮王道，下埌人倫，總括萬殊，包吞千有，自《法言》已降，迄於《文心》而往，固以納諸胸中，曾不蒂芥者矣。夫其爲義也，有與奪焉，有褒貶焉，有鑒誡焉，有諷刺焉。其爲貫穿者深矣，其爲網羅者密矣，其所商略者遠矣，其所發明者多矣。

以歷史爲範疇，以史學爲對象，以實際爲中心思想，此即「以史爲主」的指歸體統諸焦點。但是學理根據、批評方法，實已超越狹義的史學，而波及經子集諸學，大有發明也。例如《史通》多處批評《春秋》、《史記》以降的災異志怪，以爲不合人事經驗之原理，使史學確實降回人文層次，此即受揚雄、王充等思想方法之影響，借子學之道術以商榷史學，大有發明及影響者；而其宗旨即在闡明歷史必須是眞人實事，史學必須是有證可驗，以記述此眞人實事之實錄學術而已，這是孔、馬以降，史家多未引伸強調的史學原理。

　　實錄的意義在追求歷史的眞實，史必眞實然後史學才能成立及有作用。在求眞、存眞及傳眞這實錄過程中，知幾的思想學理即透過批評解釋而展開。

　　在求眞此一前提之下，他必然依循理性的懷疑，提出範疇批評——即上述之反神秘迷信、反形上層次；權威批評——即〈疑古〉、〈惑經〉等篇之所由作；以及於史料方法之批評——這是《史通》論之最多，連〈疑古〉〈惑經〉也可視作此範例者。至於價值批判，則貫穿於其間。

　　爲了存眞及傳眞之必藉史料與方法進行，故史料批評外，他另開闢了文筆與史簡等系列批判，將文才劃出史才之外，澄清了魏晉以降文、史不分的原理；並由此擴充成史家品質論——論史才、史學、史識（含史德），從而進行史家批評。

　　於是凡有違犯實錄過程之追求的，政教學術權威不論再大，如官方意識、

官修制度、經典聖言、馬班標準，皆在各順學理批評之列。由是，他提出了
「明鏡說」：

> 蓋明鏡之照物也，妍媸必露，不以毛嬙之面或有疵瑕，而寢其鑒也；
>
> 虛空之傳響也，清濁必聞，不以綿駒之歌時有誤曲，而輟其應也。
>
> 夫史官執簡，宜類於斯——苟愛而知其醜，憎而知其善，善惡必書，
>
> 斯爲實錄。〔註19〕

這是史家價值中立、文質相稱，強調史家獨立性與歷史自明性，近乎絕對客
觀主義的想法。這種說法可朔源於〈太史公自序〉所強調的「余所謂述故事，
整齊其世傳，非所謂作也」之旨，而由前述漢儒稱論史公實錄之言出發，大
有進展至將史家定位爲中介物，憑籍史料與客觀方法，以反射歷史之意，可
說是其核心的指導理念。

　　知幾的史學思想，與蘭克學派出發點不同。後者爲了反說教性歷史而發
展形成，〔註20〕相反的，知幾卻在大張鼓吹史學的經世致用，〔註21〕所同者
皆在追求史學之客觀眞實也。就知幾的史學思想系統觀察，史學之形成、發
展及成立，自與其本身具有大用的功能有關，正宜史家鼓吹發揚者。不過，
史學之有巨大作用，其基礎端在能否實錄；實錄即具有鑒誡褒貶功能，此爲
「明鏡說」要旨之一。另外〈申左篇〉的主旨之一，則在申述「義理必折衷
於史實」的要旨。〔註22〕史實明則義理可得而明，義理明則人可得而經世致
用，竊意確爲知幾思想體系之一，而由其實錄思想衍伸以出者。知幾由史學
的功能，進而論史家史著的分級，即據此理提出「史學功能三等說」：

> 史之爲務，厥有三途焉。何則？彰善貶惡，不避強禦，若晉之董狐，

〔註19〕參《史通・惑經》，卷十四，頁402。

〔註20〕Edward Hallett Carr, *What is Hisrory*? pp.2~3.

〔註21〕知幾是鼓吹史學功用論之理論家之一，不過，他的經世致用學說，世多忽視
　　　其具有兩層次，即經世性和實用性。《史通》多篇討論此問題，如〈史官建置
　　　篇〉開宗明義即申言「史之爲用，其利甚博，乃生人之急務，爲國家之要道。
　　　有國有家者，其可缺之哉！」所倡者乃史學的整齊人倫世道的經世性（卷十
　　　一，頁303～304）。至如〈書志篇〉，則據實用性作批評，並主張依實用原則
　　　增刪書志（卷三，頁56～80）。此類問題容後另文論述，於此不贅。

〔註22〕〈申左〉涉及的史學面向頗多，要之由史料批評進而確定史實，由史實以見
　　　義理，則爲知幾之一貫途徑也。讀此篇文字的態度，必須一一追究何以知幾
　　　如此提出解釋，方能見其背後的理念。至如〈書事篇〉，知幾本荀悅的五志說
　　　再提出三科說，不但彰明了史學有經世致用的功能，且此功能必須由史學而
　　　發揮。

> 齊之南史，此其上也。編次勒成，鬱爲不朽，若魯之丘明，漢之子
> 長，此其次也。高才博學，名重一時，若周之史佚，楚之倚相，此
> 其下也。苟三者並闕，復何爲哉？〔註23〕

等級愈高，愈關係第一手紀錄時的存眞度和史德的修養，也愈關係經世的效
果；等級愈低，則愈是智識主義傾向，致用性雖亦大而經世性卻低，編次勒
成介乎二者之間，兼有二者的特質。但是，若純就教化的態度取向看，而假
定董狐、司馬遷之作皆同爲實錄時，則以能正面積極發揮教化者爲上，反面
消極發揮制裁作用者爲次，因而知幾進一步評論，提出「教化取向主次說」：

> 禮云禮云，玉帛云乎哉？史云史云，文飾云乎哉？何則？史者固當
> 以好善爲主，嫉惡次之，若司馬遷、班叔皮（彪），史之好善者也；
> 晉董狐、齊南史，史之嫉惡者也。必兼此二者，而重之以文飾，其
> 唯左丘明乎？自茲已降，吾未之見也。〔註24〕

撰史不以文采自見於世爲主目標，而是以經世爲主目標，故能經世而有文采
爲最優；只能突顯經世教化者，則以好善取向爲優，嫉惡取向爲次。這裡對
史家及其著作的評價，與「三等說」次序大異，殆非知幾自我矛盾。其實他
的價值系統與史學思想系統前後甚清晰，即重視及發揮史學功用論之中，「教
化取向主次說」之前提爲「功能三等說」，「功能三等說」的前提則在「義理
必折衷於史實」的理念，而此理念則肇造於歷史必須是眞實的實錄思想上。
單就知幾此思想言，基本上是欲本於以實錄爲中心，以系統化、理論化自北
朝至唐初的經世致用思想，並據之以作史家批評，使能更彰顯大用者。

　　要讓史學成熟及完全奠定，則能否把握史學的第一成立原則以作批判思
想的核心，甚爲重要。知幾不論就時代環境及史學原理上，掌握「實錄」要
旨，以之爲中心而展開批評，這是正確的選擇。此外，要釐清諸種史學原理，
以導史學於正，則必須以全部史學史爲對象，以批評爲手段，始克有濟。既
然如此，雖聖人所作亦必須被拉降下來，平等視爲全部史學的一部份，而且
批評時尚需暫時撇開溫情與敬意，史學批評始能有效進行及建立。關於此方
式態度，知幾始終能夠自覺並貫徹。〔註25〕知幾於前引〈自敘〉，聲言作《史

〔註23〕《史通・辨職》，卷十，頁282。
〔註24〕《史通・雜說下・雜識》項，卷十八，頁528。
〔註25〕其實知幾內心仍有權威意識及溫情敬意，對孔子尤然，否則他不會爲了避僭
　　　　聖之名，而「不敢」效法孔子私修一部大歷史著作矣。近人研究知幾者，頗
　　　　有指出他內心的這種傾向，不贅引。

通》而「發明者多」後，續云：

> 蓋談經者惡聞服（虔）、杜（預）之嗤，論史者憎言班、馬之失，而
> 此書（《史通》）多譏往哲，喜述前非。獲罪於時，固其宜矣。猶冀
> 知音君子，時有觀焉！尼父有云：「罪我者《春秋》，知我者《春秋》！」
> 抑斯之謂也。

孔子以《春秋》貶損當世大人，而有知我罪我之歎。知幾此時以《史通》譏
評往哲前非，途出一轍，故有此自覺同感。世儒不滿知幾之訶前聖往哲，但
卻推崇孔子之貶天子退諸侯，殆有因人而異、雙重價值之嫌。

「訶」人並不難，「工訶」則極不易。知幾反權威主義，反學術鄉愿，這
是他敢訶前哲的原因；這是一種本於追求眞理的學術良知，其本人亦不諱言，
故對此風加以批評說：「蓋明月之珠不能無瑕，夜光之璧不能無纇，故作者著
書，或有病累，而後生不能舐訶其過，又更文飾其非，遂推而廣之，強爲其
說，蓋亦多矣！」〔註26〕是則其舐訶，顯然本於學術的良知自覺；訶而能「工」，
則是因有學理哲理之根據，與有文獻證據之按驗也。雖然如此，知幾殆未意
謂其所工訶必然絕對，對於學術上非故意的「失眞」「失實」，〔註27〕及批評
上的「自卜者審，而自見爲難」、「笑他人之未工，忘己事之已拙」，〔註28〕認
爲雖上智而不免，故亦有自覺及同情的瞭解。

自己批評前人的錯失，而自己的批評亦未必工審，將來或招後生舐訶，
這是健康的學術心態與正確的批評觀念。有此心態觀念，則權威鄉愿、溫情
敬意，自成次要的問題，而知幾之史學批評所以能建立者也。知幾《史通》，
透過批評史著而批評史家，透過批評史家而至批評制度與時代，以褒貶歷史
人事，建立史學理論和思想體系，最終回歸於司馬遷實錄史學之本旨，斯則
知幾所以能整頓一個史學時代，下開另一個史學時代的原因，且越復辟唐初
史學的目標而上之矣。

至於知幾的論館局和史法，只是其批評體系的一部份，就此論其器識格
局乃是不根之談。例如就其方法論中之考據法，目的在商榷史實之眞相，即
下啓宋代考異之學，過渡爲清代考據學。再如其方法論中之史筆需文簡意賅
說，結合了其史學功用論中之經世主義，遂下開歐陽修、朱熹一脈之史學，

〔註26〕《史通・探賾》，卷二十七，頁210。
〔註27〕詳《史通・雜說下・別傳》項，卷十八，頁516～517。
〔註28〕詳《史通・書事》，卷八，頁229～230。

至宋、明之間而極盛。又如其方法論中的表志單行說,結合其功用論中之致用主義,遂由其子劉秩的《政典》、杜佑的《通典》,而下開三通學派。他主張獨斷,推崇成一家之言,分別當時簡與後來筆,更是章學誠史學兩宗門諸理論的淵源。凡此種種,皆足以按余上述論斷之非妄也。

更重要的是,知幾透過批評建立理論,結束了史公以降的中古史學階段,下啓近古階段的發展,其諸種史學思想與理論,皆環繞「實錄」觀念以爲核心,進而層層展開者。此舉之意義,無異回歸了以史公爲代表的新史學學術,爲此傳統的史學「發明」理論根據也。知幾史學之全部,本書未遑論述,要之,大著作皆由憤發而生,必從傳統中來。知幾必須性近名理,有竊取史義之心,且閱讀廣泛而植根深厚,又遭遇時代變動,乃能有此重大突破貢獻,爲中國史學史爭光。此論殆可無爭議。

徵引及重要參考書目

甲、基本史料

1. 《十三經注疏》，臺北：新文豐出版公司影宋本，民國 67 年元月再版。

2. 《三國志》，陳壽撰，裴松之注，臺北：開明書店鑄版（簡稱開明版）。

3. 《五代史志》，于志寧，收入《隋書》，開明版；又臺北：鼎文書局新校本（簡稱鼎文本），民國 71 年 11 月四版。

4. 《文心雕龍》，劉勰撰，王久烈注，臺北：天龍出版社，民國 72 年 1 月再版。

5. 《文史通義》，章學誠，臺北：華世出版社，民國 69 年 9 月初版。

6. 《北史》，李延壽，開明版。

7. 《北周書》，令狐德棻，開明版。

8. 《北齊書》，李百藥，開明版。

9. 《北魏書》，魏收，開明版。

10. 《四書集註》，朱熹集註，臺北：世界書局，民國 57 年 9 月十三版。

11. 《史記》，司馬遷，臺北：臺灣東華書局，民國 57 年 10 月影三版。

12. 《史記會注考證》，瀧川龜太郎，臺北：洪氏出版社，民國 74 年 9 月（陳直《史記新證》附入此書）。

13. 《史通通釋》，劉知幾撰，浦起龍釋，臺北：里仁書局，民國 69 年 9 月。

14. 《全上古三代秦漢六朝文》，嚴可均校輯，日本・京都：中文出版社，1972 年 7 月初版。本書引文時簡稱《嚴校全某文》。

15. 《全唐文》，臺北：大通書局，民國 68 年 7 月四版。

16. 《宋書》，沈約，開明版。

17. 《貞觀政要》，吳兢，臺北：臺灣中華書局明校本，民國 68 年 7 月臺三版。

18. 《東觀漢記》，劉珍，臺北：臺灣中華書局輯校本，民國 56 年 11 月臺二版。

19. 《法言》，揚雄，臺北：世界書局《新編諸子集成》，民國 67 年 7 月新三版。

20. 《金樓子》，蕭繹（梁元帝），臺北：世界書局景輯《永樂大典》本，民國 64 年 7 月再版。

21. 《春秋經傳集解》，杜預，上海商務印書館《四部叢刊初編》。

22. 《春秋繁露》，董仲舒，上海商務印書館《四部叢刊初編》。

23. 《後漢記》，袁宏，上海商務印書館《四部叢刊初編》。

24. 《後漢書》，范曄，開明版；又鼎文本。

25. 《南史》，李延壽，開明版。

26. 《南齊書》，蕭子顯，開明版。

27. 《唐律疏義》，長孫無忌，臺北：臺灣商務印書館，民國 62 年 2 月臺二版。

28. 《唐會要》，王溥，臺北：世界書局，民國 53 年 11 月三版。

29. 《晉書》，唐太宗御撰，開明版；又鼎文本。

30. 《梁書》，姚思廉，開明版。

31. 《陳書》，姚思廉，開明版。

32. 《隋書》，魏徵，開明版；又鼎文本。

33. 《華陽國志》，常璩，臺北：臺灣中華書局顧校廖刻本，民國 67 年 4 月臺三版。

34. 《搜神記》，干寶，臺北：世界書局，《百子全書》新校本，民國 71 年 9 月七版。

35. 《新唐書》，歐陽脩，開明版。

36. 《新論》，桓譚，臺北：臺灣中華書局問經堂輯本，民國 58 年 2 月臺二版。

37. 《廣弘明集》，釋道宣，臺北：新文豐出版公司，民國 65 年 10 月初版。

38. 《漢紀》，荀悅，上海商務印書館《四部叢刊初編》。

39. 《漢書》，班固，鼎文本。

40. 《論衡》，王充，臺北：世界書局，民國 44 年 11 月臺一版。

41. 《顏氏家訓》，顏之推，臺北：世界書局，民國 63 年 7 月新二版。

42. 《舊唐書》，劉昫，開明版。

乙、一般文獻與論著

1. 《二十五史補編》，二十五史刊行委員會編集，臺北：開明書局，民國 56 年臺二版。

2. 《十七史商榷》，王鳴盛，臺北：廣文書局，民國 65 年 5 月再版。

3. 《十六國春秋輯補》，崔鴻撰，收入鼎文本《晉書》內。

4. 《人物志》，劉邵撰，劉昺注，臺北：世界書局，新編《諸子集成》，民國 67 年 7 月新三版。

5. 《才性與玄理》，牟宗三，香港：人生出版社，民國 59 年 6 月再版。

6. 《中古門第論集》，何啓民，臺北：學生書局，民國 71 年 2 月再版。

7. 《中西古代史學比較》，杜維運，臺北：東大圖書公司，民國 77 年 8 月。

8. 《中國文化對日韓越的影響》，朱雲影，臺北：黎明文化事業公司，民國 74 年 4 月初版。

9. 《中國中古思想史》，郭湛波，香港：龍門書店，1967 年 12 月初版。

10. 《中國史部目錄學》，鄭鶴聲，臺北：華世出版社，民國 74 年 9 月再版。

11. 《中國史學上之正統論》，饒宗頤，臺北：宗青圖書出版公司，民國 68 年 10 月。

12. 《中國史學史》，魏應麒，上海商務印書館，民國 29 年。

13. 《中國史學史》，金靜庵，臺北：國史研究室修訂本，民國 62 年 10 月 25 日臺二版。

14. 《中國史學史》，李宗侗，臺北：華岡出版有限公司，民國 68 年 12 月新一版。

15. 《中國史學史論集》（一）及（二），吳澤主編，上海：人民出版社，1979 年。

16. 《中國史學史論文選集》（一）、（二）及（三），杜維運等編，臺北：華世出版社，民國 68 年 10 月二刷。

17. 《中國史學史稿》，劉節，廣州：中州古籍出版社，1982 年 12 月一版二刷。

18. 《中國史學史資料編年》，楊翼驤編，天津：開南大學出版社，1987 年 3 月一版一刷。

19. 《中國史學名著》，錢穆，臺北：三民書局，民國 62 年 2 月初版。

20. 《中國目錄學史》，許世瑛，臺北：中華文化出版事業委員會，民國 43 年 10 月版。

21. 《中國知識階層史論》（古代篇），余英時，臺北：聯經出版公司，民國 69 年 8 月初版。

22. 《中國哲學史》，羅光，臺北：臺灣學生書局，民國 70 年 11 月初版。

23. 《中國思想史》，錢穆，臺北：臺灣學生書局，民國 69 年 9 月再版。

24. 《中國經學史的基礎》，徐復觀，臺北：臺灣生生書局，民國 71 年 5 月初版。

25. 《中國歷史研究法》（附補編），梁啓超，臺北：臺灣中華書局，民國 62 年 11 月臺十版。

26. 《中國學術思想史論叢》（三），錢穆，臺北：東大圖書有限公司，民國 66 年 7 月初版。

27. 《六朝士大夫的精神》，森三樹三郎，日本・東京都：同朋舍，昭和六十一年初版。

28. 《太史公書義法》，孫德謙，臺北：臺灣中華書局，民國 58 年。

29. 《二十二史箚記》，趙翼，臺北：世界書局，民國 60 年 5 月六版。

30. 《支那史學史》，內藤虎次郎，日本・東京：弘文堂株式會社，昭和三十六年十一月三版。

31. 《文獻通考》，馬端臨，臺北：新興書局影印本，民國 48 年。

32. 《日知錄集釋》，顧炎武撰，黃汝成集釋，臺北：世界書局，民國 57 年 11 月三版。

33. 《毛詩》，上海商務印書館景宋本，《四部叢刊初編》。

34. 《世説新語》，劉義慶撰，劉孝標注，世界書局新編《諸子集成》。

35. 《冊府元龜》，王欽若等，臺北：臺灣中華書局影印刻初印本，民國 56 年。

36. 《北周六典》，王仲犖，臺北：華世出版社，民國 71 年 9 月臺一版。

37. 《司馬遷之學術思想》，賴明德，臺北：洪氏出版社，民國 71 年 3 月初版。

38. 《司馬遷的史學方法與歷史思想》，阮芝生，臺北：臺大歷史研究所博士論文，民國 62 年。

39. 《司馬遷與其史學》，周虎林，臺北：文史哲出版社，民國 69 年 10 月再版。

40. 《史記研究》，張大可，蘭州大學，1984 年。

41. 《史學三書平議》，張舜徽，臺北：帛書出版社，民國 74 年 3 月。

42. 《申鑒》，荀悦，臺北：世界書局《新編諸子集成》。

43. 《列女傳》，劉向，臺北：臺灣中華書局，民國 69 年 6 月臺六版。

44. 《竹書紀年八種》，臺北：世界書局，民國 66 年三版。

45. 《西京雜記》，劉歆，臺北：臺灣商務印書館，民國 54 年臺一版。

46. 《呂氏春秋》，呂不韋，臺北：世界書局，民國 55 年 2 月再版。

47. 《兩漢思想史》，徐復觀，臺北：臺灣學生書局，民國 71 年 2 月六版。

48. 《東晉南北朝學術編年》，劉汝霖，臺北：長安出版社，民國 68 年 10 月臺一版。

49. 《抱朴子》，葛洪，臺北：世界書局《新編諸子集成》。

50. 《注史齋叢書》，牟潤孫，香港：新亞研究所，民國 48 年 8 月。

51. 《治史經驗談》，嚴耕望，臺北：臺灣商務印書館。

52. 《狐媚偏能惑主——武則天的精神與心理分析》，雷家驥，臺北：聯鳴文化公司，民國 70 年 1 月初版。

53. 《貞觀之治與儒家思想》，羅彤華，臺北：師大史研所專刊，民國 73 年 2 月初版。

54. 《貞觀政要》（新編本），雷家驥編寫，臺北：時報文化公司，《中國歷代經典寶庫》，民國 70 年元月。

55. 《昭明文選》，昭明太子蕭統撰，李善注，臺北：文化圖書公司，民國 68 年 4 月再版。

56. 《唐柳先生文集》，柳宗元，上海商務印書館《四部叢刊初編》。

57. 《陔餘叢考》，趙翼，臺北：世界書局，民國 59 年 6 月三版。

58. 《風俗通義》，應劭，臺北：臺灣中華書局《漢魏叢書》本，民國 58 年 2 月臺二版。

59. 《唐大詔令集》，宋綬、宋敏求編，臺北：景文書局，民國 67 年 4 月再版。

60. 《唐代中央權力結構及其演進》，雷家驥，臺北：中國文化大學史研所博士論文，民國 68 年。

61. 《唐代的史館與史官》，張榮芳，臺北：中國學術著作獎助委員會，民國 73 年 6 月初版。

62. 《唐史考辨》，李樹桐，臺北：臺灣中華書局，民國 54 年 4 月初版。

63. 《唐史新論》，李樹桐，臺北：臺灣中華書局，民國 61 年 4 月初版。

64. 《唐語林》，王讜，臺北：世界書局，民國 56 年 5 月再版。

65. 《唐僕尚丞郎考》，嚴耕望，臺北：中央研究院史語所，民國 45 年 4 月初版。

66. 《秦漢的方士與儒生》，顧頡剛，香港：古典文學出版社，1954 年修訂《漢代學術史略》版。

67. 《高士傳》，皇甫謐，臺北：臺灣中華書局，民國 67 年 7 月臺五版。

68. 《荀子集解》，王先謙集解，臺北：世界書局《新編諸子集成》。

69. 《國語》，韋昭註，臺北：臺灣商務印書館，民國 45 年。

70. 《曹集銓評》，丁晏編，臺北：世界書局，民國 51 年 4 月初版。

71. 《清代史學與史家》，杜維運，臺北：東大圖書有限公司，民國 73 年 8 月初版。

72. 《淮南子》，劉安，臺北：世界書局《新編諸子集成》。

73. 《通志》，鄭樵，臺北：新興書局影印本，民國 48 年。

74. 《通典》，杜佑，版本同上。

75. 《資治通鑑》，司馬光撰，胡三省注，臺北：宏業書局新校標點本，民國 61 年 4 月。又：雷家驥改寫本，收入《中國歷代經典寶庫》，臺北：時報文化出版事業有限公司，民國 70 年元月。

76. 《意林》，馬總編，上海商務印書館《四部叢刊初編》。

77. 《新語》，陸賈，臺北：臺灣中華書局，民國 60 年 2 月臺二版。

78. 《經今古文學問題新論》，黃彰健，臺北：中央研究院史語所，民國 71 年 11 月。

79. 《漢劉向、歆父子年譜》，錢穆，臺北：臺灣商務印書館，民國 69 年 4 月初版。

80. 《與西方史家論中國史學》，杜維運，臺北：中國學術著作獎助委員會，民國 55 年。

81. 《說文解字》，許慎，段玉裁注，臺北：藝文印書館，民國 55 年 10 月十一版。

82. 《劉知幾的實錄史學》，許冠三，香港：香港中文大學出版社，1983 年初版。

83. 《劉知幾史通之研究》，林時民，臺北：文史哲出版社，民國 76 年 10 月初版。

84. 《墨子》，臺北：臺灣中華書局畢氏校本，《四部備要》。

85. 《蔡中郎集》，蔡邕，陸心源校，臺灣商務印書館《萬有文庫薈要》，民國 54 年。

86. 《諸葛亮全集》，張澍輯，臺北：世界書局，民國 53 年。

87. 《歷史與思想》，余英時，臺北：聯經出版公司，民國 65 年初版。

88. 《歷史哲學》，牟宗三，香港：人生出版社，民國 59 年 6 月再版。

89. 《歷史學的新領域》，張玉法，臺北：聯經出版社，民國 68 年 12 月二版。

90. 《潛夫論》，王符，臺北：臺灣中華書局，民國 60 年 2 月臺二版。

91. 《韓昌黎集》，韓愈，臺北：河洛圖書出版社，民國 64 年 3 月台影印初版。

92. 《魏晉自然思想》，盧建榮，臺北：聯鳴文化有限公司，民國 70 年 3 月再版。

93. 《鹽鐵論》，桓寬，臺北：世界書局新編《諸子集成》。

丙、近人論文

（已收入本書之十六篇拙文，與參考而未及徵引者，皆不附列於此）

1. 毛漢光，〈五朝軍權轉移及其對政局之影響〉，《清華學報》新八卷第一、二期合刊，民國 59 年 8 月。

2. 白壽彝，〈劉知幾的史學〉，《中國史學史論集》（二），參見乙類。

3. 白壽彝，〈鄭樵對劉知幾史學的發展〉，《中國史學史論集》（二），參見乙類。

4. 尾崎康（蔡懋棠譯），〈關於虞世南的《帝王略論》〉，《國立編譯館館刊》二卷三期。

5. 牟潤孫，〈唐初南北學人論學之異趣及其影響〉，參見乙類所列《注史齊叢書》。

6. 牟潤孫，〈崔浩與其政敵〉，參見乙類所列《注史齊叢書》。

7. 何啓明，〈永嘉前後吳生與僑姓關係之轉變〉，參乙類所見《中古門第論集》。

8. 余英時，〈章實齋與柯靈烏的歷史思想〉，參見乙類《歷史與思想》。

9. 李宗侗，〈史官制度——附論對傳統之尊重〉，收入乙類《中國史學史論文選集》（一）。

10. 沈剛伯，〈說「史」〉，收入乙類《中國史學史論文選集》（一）。

11. 岑仲勉，〈校貞觀氏族志殘卷〉，《史學專刊》第一期。

12. 阮芝生，〈《史記》的特質〉，《中國學報》，1989 年。

13. 周一良，〈魏收之史學〉，收入乙類《中國史學史論文選集》（一）。

14. 侯外廬，〈呂才的唯物主義思想〉，《歷史研究》五十九卷九期，1959 年 9 月。

15. 侯外廬，〈論劉知幾的學術思想〉，收入乙類《中國史學史論集》（二）。

16. 唐長孺，〈讀抱朴子推論南北學風的異同〉，收入乙類所列其《魏晉南北朝史論叢》。

17. 徐復觀，〈原史——由宗教通向人文的史學的成立〉，收入乙類《中國史學史論文集》（三）。

18. 徐復觀，〈論史記〉，收入乙類《中國史學史論文集》（三）。

19. 陳衍，〈史漢研究法〉，《國學專刊》一卷一期，1926 年 3 月。

20. 陳寅恪，〈崔浩與寇謙之〉，收入乙類《陳寅恪先生論文集》上集。

21. 陳寅恪，〈唐代政治史述論稿〉，收入乙類《陳寅恪先生論文集》上集。

22. 傅振倫，〈章實齋之史學〉，《史學年報》第一卷第五期，1933 年 8 月。

23. 勞幹，〈史學的結構及史官的原始職務〉，收入乙類《中國史學史論文選集》（一）。

24. 逯耀東，〈裴松之與三國志注研究〉，收入乙類《中國史學史論文選集》（一）。

25. 雷家驥，〈中國史家的史德修養及其根源〉，《華學月刊》一一四期，民國 70 年 6 月。

26. 雷家驥，〈孔子究竟怎樣評價管仲——兼論史家評論人物之道〉，文化大學《大夏學報》創刊號，1980 年。

27. 雷家驥，〈從漢匈關係的演變略論劉淵屠各集團復國的問題〉，《東吳文史學報》第八號，民國 79 年 3 月。

28. 雷家驥，〈曹植贈白馬王彪詩并序箋證〉，《新亞學報》十二卷，1977 年 8 月。

29. 雷家驥，〈試論國史上的統治問題及其發展〉，《華學月刊》一二七、一二八期，民國 71 年 7 月、8 月。

30. 雷家驥，〈漢書撰者質疑與試釋〉，《華學月刊》一二二、一二三期，民國 71 年 2 月、3 月。

31. 廖吉郎，〈貞觀撰敕正史考〉，師大《國大學報》十二期，民國 72 年 6 月。

32. 鄭鶴聲，〈太史公司馬遷之史學〉，收入乙類《中國史學史論文選集》（一）。

33. 鄭鶴聲，〈各家後漢書綜述〉，收宏業書局新校本《後漢書》附錄。

34. 鄭鶴聲，〈漢隨間之史學〉，《學衡》三十三～三十六期，1924 年 9 月～12 月。

35. 蕭作贊，〈論劉知幾的史學〉，收入乙類《中國史學史論集》（二）。

36. 錢穆，〈袁宏政論與史學〉，收入乙類《中國史學史論文選集》（一）。

37. 錢穆，〈略論魏晉南北朝學術文化與當時門第之關係〉，收入其《中國學術思想史論叢》（三）參見乙類。

38. 錢穆，〈經學與史學〉，收入乙類《中國史學史論文選集》（三）。

39. 盧南喬，〈劉知幾的史學思想和他對于傳統正統史學的鬥爭〉，收入乙類《中國史學史論集》（二）。

40. 戴君仁，〈賈誼春秋左氏承傳考〉，收入戴君仁等編《春秋三傳研究論集》，臺北：黎明文化事業公司，民國 70 年元月初版。

41. 戴君仁，〈釋「史」〉，收入乙類《中國史學史論文選集》（一）。

丁、英文論著

1. Barnes, Harry Elmer, *A History of Historical Writing*，臺北：虹橋書店，民國 71 年 7 月第一版。

2. Carr, Edward H., *What is History?* 臺北：狀元出版社，民國 68 年 1 月。

3. Collingwoad R. G., *The Idea of History*, Oxford University Press, 1969.

4. Elton, G. R., *The Practice of History*, Sydney University Press, 1967.

5. Gardiner, Patrick, *The Nature of Historical Explanation*，臺北：虹橋書店，民國 60 年 4 月一版。

6. Marwick, Arthur, *The Nature of History*, Macmillan, 1970.

7. Nevins, Allan, *The Gateway of History*，臺北：宗青圖書出版公司，民國 68 年 10 月初版。

8. Smith, Page, *The Historian and History*, University of California at Santa Cruz, 1964.

附錄：重要名詞索引